FICHES BAC

2de

W0379918

Histoire Géographie

• **Françoise Bouron**
Professeur d'histoire
attachée à l'Institut d'histoire
des conflits contemporains

Hatier

SOMMAIRE

CHECK LIST

HISTOIRE

Penser la ville durable

OK ☐

Gérer les espaces terrestres

OK ☐

DÉPLIANT ET RABATS

- Les cartes du programme
- Grands personnages de l'époque moderne
- Frises chronologiques

Crédits iconographiques
Intérieur : p. 7 : ph © Wikimedia Commons • p. 11 : ph © Marie-Lan Nguyen / Wikimedia Commons • p. 27 : ph © Wikimedia Commons • p. 30 : ph © Valentyn Volkov / Shutterstock • p. 36, 37 : ph © Wikimedia Commons • p. 42 : ph © North Wind Pictures/Leemage • p. 44 à 52 : ph © Wikimedia Commons • p. 69 : ph © africa924 / Shutterstock • p. 71 : ph © Shifted / Shutterstock • p. 79 : ph © Diane Maire / Shutterstock • p. 87, 98 : ph © Wikimedia Commons • p. 110 : ph © P. Aventurier / Gamma
Rabats : I, VI : ph © Wikimedia Commons

Malgré nos efforts, il nous a été impossible, pour certains documents, de joindre les photographes ou leurs ayants droit, ainsi que les éditeurs ou leurs ayants droit, pour solliciter l'autorisation de reproduction, mais nous avons naturellement réservé en notre comptabilité des droits usuels.

Conception maquette : **Favre & Lhaïk** • *Édition :* **Claire Cornubert** *et* **Florence Bachatène** • *Schémas :* **Lasergraphie** • *Cartographie :* **Légendes Cartographie** • *Mise en pages :* **STDI**

© Hatier, Paris, 2018 – ISBN 978-2-401-04440-1

La place des Européens dans le peuplement de la Terre

1

Quelles sont les grandes étapes de l'évolution démographique de l'humanité, et plus particulièrement de l'Europe ?

1 Une population mondiale longtemps limitée : de l'Antiquité au XVIIIe siècle

Jusqu'au XVIIIe siècle, la population augmente pendant les périodes de stabilité politique et de prospérité agricole, et diminue pendant les phases de troubles et de guerres (car elles sont notamment à l'origine de pénuries alimentaires et d'épidémies).

La croissance de la population mondiale

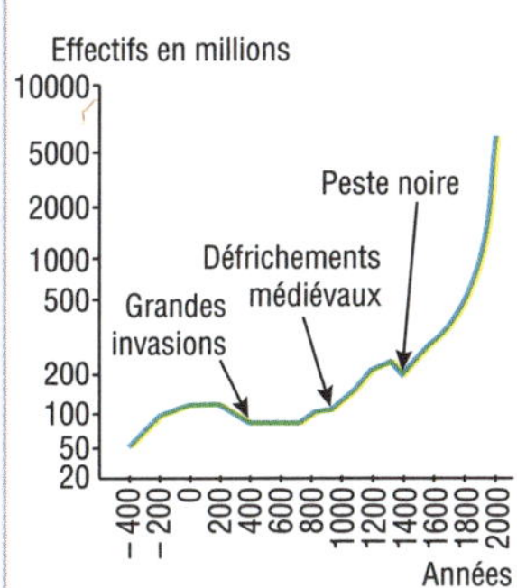

2 La poussée démographique au XIXe siècle

A La répartition de la population mondiale

▶ Entre 1800 et 1900, la population mondiale passe de 900 millions d'habitants à 1,6 milliard soit une **augmentation de 71 %** !
Les trois plus grands foyers de peuplement sont l'Asie, l'Europe et l'Afrique.

▶ Le continent asiatique rassemble plus de la moitié de l'humanité. Sa population passe de 749 millions en 1850 à 937 millions en 1900, soit une augmentation de presque 30 %.

▶ Au début du XIXe siècle, la population européenne représente un cinquième de la population mondiale (187 millions) et 27 % à la veille de la Grande Guerre.

▶ La population africaine augmente plus lentement : 100 millions d'habitants en 1850 et 120 millions en 1900.

B L'Europe, berceau de la transition démographique

La transition démographique est **amorcée au XVIIIe siècle** dans quelques pays d'Europe (Suède, Angleterre, France).

▶ La transition est marquée par un **recul durable de la mortalité** qui s'explique par :
- l'accroissement des subsistances et le recul des famines (en France, la dernière famine date de 1709) ;
- l'amélioration de l'hygiène individuelle et publique (égouts à Paris) ;
- les progrès médicaux (recours aux vaccinations contre la variole, la rage, la typhoïde).

▶ Pendant la transition démographique, les taux annuels de croissance sont de l'ordre de 1 à 1,5 %. La population de l'Europe passe ainsi de 140 millions en 1750 à 270 millions en 1840 et à 420 millions en 1900 soit trois fois plus ! Ces chiffres ne tiennent pas compte des millions d'Européens qui ont émigré (→ FICHE 2).

DÉFINITION CLÉ

La transition démographique

• La transition démographique commence par une baisse de la mortalité, la natalité restant élevée pendant une ou deux générations. Il en résulte un excédent des naissances sur les décès, ce qui a pour conséquence une croissance rapide de la population.

• Une fois la limitation des naissances répandue, la natalité plus basse équilibre à nouveau à peu près la mortalité et l'excédent se réduit ou disparaît.

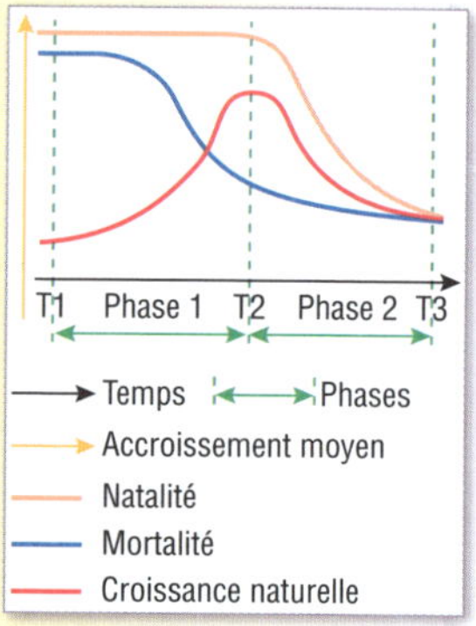

CONCLURE

Relativement stable jusqu'au XVIIIe siècle, la population, notamment européenne, connaît ensuite une croissance extrêmement importante.

L'émigration européenne au XIXᵉ siècle

2

(→ DÉPLIANT, I ET II)

Pourquoi l'émigration européenne du XIXᵉ siècle, et en particulier l'émigration irlandaise, est-elle un fait majeur de l'histoire de la démographie mondiale ?

1 *50 millions d'émigrants*

A Des motivations surtout économiques

▶ Pour **échapper à la misère**, une partie de la population émigre car l'Europe surpeuplée ne peut plus nourrir tout le monde et offrir du travail à tous.

▶ Les **migrations d'origine politique** sont réduites : Allemands (révolutions de 1848), juifs (persécutions en Russie), Russes (exilés en Sibérie), communards français (déportés en Nouvelle-Calédonie).

▶ L'émigration est **encouragée** par les gouvernements (émigration irlandaise au lendemain de la Grande Famine). Les **progrès** de la navigation rendent cette émigration possible.

B L'émigration prend de l'ampleur à partir de 1840

▶ Jusqu'en 1840, 20 Européens émigrent chaque année. 60 % de ceux qui partent sont originaires du Royaume-Uni.

▶ De 1840 à 1880, l'émigration **s'accélère**. 13 millions d'Européens s'expatrient. Le Royaume-Uni (50 % des émigrants), l'Allemagne et la Scandinavie fournissent l'essentiel des partants.

▶ À partir de 1880, l'émigration **s'intensifie et se diversifie**. Les 13 millions de migrants viennent désormais surtout d'Europe centrale et des pays méditerranéens.

C Les États-Unis, premier pays d'accueil

▶ **Les États-Unis accueillent plus des 2/3 des migrants.** L'Amérique du Sud attire les Espagnols, les Italiens et les Allemands. Ils sont 6 millions. L'Asie centrale et la Sibérie, l'Australie, la Nouvelle-Zélande, l'Afrique du Nord et l'Afrique du Sud reçoivent les autres émigrants.

INFO **Offerte par la France, inaugurée en 1886, la statue de la Liberté a accueilli à l'entrée du port de New York des millions d'immigrants.**

▶ En Europe, seule la France est une terre d'accueil (en 1886, 3 % de la population est d'origine étrangère).

2 L'exceptionnelle émigration irlandaise

A La « question irlandaise »

▶ L'Irlande fait partie du « Royaume-Uni de Grande-Bretagne et d'Irlande » (Acte d'Union de 1800).

▶ Les Irlandais sont divisés : alors que la grande majorité du pays est catholique, on compte un sixième de protestants.

▶ Le problème agraire (propriété des terres, mode d'exploitation du sol) fonde la « question d'Irlande ».
La terre appartient à des nobles venus d'Angleterre (donc protestants). Les exploitations sont très nombreuses et minuscules (multiplication des sous-locations des terres).

▶ Pour subsister, les paysans, de plus en plus nombreux, cultivent la pomme de terre. À la veille de la Grande Famine, la moitié de la population en vit exclusivement.

B La Grande Famine décime la population de l'île

▶ Parasitée par le mildiou, la production de pommes de terre s'effondre. En 1846, la récolte est totalement détruite.

▶ Le typhus et le choléra font des ravages.

▶ L'Irlande n'a pas d'activités de remplacement (machines rares, chemins de fer peu développés, charbon et minerai de fer absents du sous-sol…) et la population urbaine est réduite (Belfast, Dublin).

▶ La Grande Famine (1845-1849) fait 750 000 victimes.

C Une émigration jusque-là inégalée

▶ 1,8 million d'Irlandais partent pour les États-Unis (1re destination), le Canada et la Grande-Bretagne. L'émigration se poursuit après la Grande Famine.

▶ La population de l'Irlande chute. Elle passe de 8,1 millions en 1841 à 4,4 en 1901.

CONCLURE

Au XIXe siècle, l'Europe, et en particulier l'Irlande, connaît la plus grande migration de son histoire (→ DÉPLIANT, I ET II).

Les citoyens à Athènes (Ve-IVe siècles av. J.-C.)

3

? QUIZ p. 17

Que signifie être citoyen à Athènes ?

1 Le statut de citoyen

Pour être citoyen, il faut être un **homme né de père athénien** (et également de mère athénienne depuis la loi de Périclès de 451 av. J.-C, ce qui limite le choix du conjoint) et avoir atteint la **majorité légale de 18 ans.** Leur nombre est d'environ 25 000 au IVe siècle av. J.-C., 40 000 en 431 av. J.-C.

▶ Les **droits** et les **devoirs des citoyens** concernent :
– la participation aux cultes civiques (les carrières politiques exigent de belles liturgies) ;
– les obligations militaires (défense du territoire) ;
– les autres contributions financières : l'État peut décider d'un impôt de guerre exceptionnel (l'*eisphora*), les riches peuvent aussi faire des dons (pour la guerre, les bâtiments publics, les fêtes) ;
– le droit à la propriété foncière ;
– la participation à la souveraineté (ecclésia, accès aux magistratures…).

▶ Toutefois, les citoyens sont répartis en **4 classes censitaires** basées sur leur revenu annuel. Ainsi, au Ve siècle, l'accès aux magistratures est réservé aux classes les plus riches.

2 Les non-citoyens

A Les femmes

▶ La femme est **juridiquement mineure** : elle ne peut agir seule en justice ou conclure un contrat. Elle est soumise à l'autorité de son père, puis à celle de son mari.

▶ Elle ne participe **ni à la vie militaire ni à l'activité politique.**

▶ Dans le **domaine religieux,** elle est une citoyenne à part entière (associée au culte des dieux).

▶ La femme passe une grande partie de sa vie dans le **gynécée.**

B Les métèques

▶ Le métèque est un **homme libre** qui réside durablement dans une **cité autre que la sienne.** Athènes en compte 40 000 (120 000 avec les femmes et les enfants).

▶ Le métèque est **soumis à des obligations.** Il doit trouver un citoyen qui réponde de lui et qui sera son protecteur. Il doit payer une taxe personnelle (*metoikion*) et une autre pour vendre sur le marché (*xenikon*). Il est assujetti, comme les citoyens, au paiement de l'*eisphora*, et est incité à participer aux dons volontaires. Il est aussi soumis à des obligations militaires.

▶ Le métèque n'a **aucun droit politique** mais il participe, dans certaines limites, à la vie religieuse de la cité. Comme tous les étrangers, il est exclu de la propriété foncière et doit vivre en location. Toutefois, il est **protégé juridiquement** dans sa personne et dans ses biens.

▶ Le métèque tient une place importante dans le **commerce**, l'**artisanat.**

▶ **L'octroi de la citoyenneté est exceptionnel.**

C Les esclaves

▶ L'esclave est un **objet de propriété** : il peut être vendu, donné, hérité, loué. Il appartient soit à des propriétaires privés (citoyen, métèque) soit à la cité.

▶ L'esclave est un prisonnier de guerre, capturé par un pirate ou victime d'enlèvement, ou né à la maison.

▶ Juridiquement l'esclave n'a **aucun droit.** Il ne peut pas fonder une famille, ni disposer seul du pécule qu'il est autorisé à amasser. Toutefois, **une loi le protège** des mauvais traitements.

▶ Les **activités** des esclaves sont **variées.**

- Beaucoup sont **artisans**, soit dans des ateliers détenus directement par leur maître, soit à leur compte (moyennant le versement d'une redevance), soit loués à un entrepreneur.
- Les esclaves domestiques sont peu nombreux. À la campagne, ils aident leur maître dans les travaux agricoles.

▶ **L'affranchissement est très rare.**

CONCLURE

Athènes n'a octroyé le droit de cité qu'avec parcimonie, contrairement à Rome (→ FICHE 6).

La perception de la démocratie chez les Athéniens

4

(→ RABATS, II ET III)

? QUIZ p. 17

Les Grecs ont mis en place une nouvelle forme d'organisation politique : la démocratie.

1 Un régime politique nouveau

A Vers la démocratie

La démocratie athénienne est peu à peu mise en place.

▶ Depuis **Dracon** (fin du VIIe s. av. J.-C.), les lois sont écrites.

▶ **Solon** (vers 640-558 av. J.-C.) accomplit des réformes capitales. Il répartit les citoyens en quatre classes censitaires selon les revenus des terres. Il accorde le droit de vote et l'égalité de toutes les classes sociales dans l'assemblée du peuple. La boulè et l'héliée sont créées.

▶ **Clisthène** (2e moitié du VIe siècle av. J.-C.) procède au redécoupage de la cité en 100 dèmes regroupés en 10 tribus : le citoyen est désormais membre d'un dème et non d'une famille. L'assemblée des citoyens (l'ecclésia) acquiert l'autorité suprême.

▶ **Périclès** (Ve siècle av. J.-C.) est l'auteur de grandes réformes : confiscation des attributions politiques de l'aréopage (d'essence aristocratique) désormais réparties entre l'ecclésia, la boulè et l'héliée ; généralisation du tirage au sort.

B Les caractéristiques de la démocratie athénienne

▶ C'est une **démocratie directe**.

▶ Il n'existe **pas de séparation des pouvoirs**.

▶ Les caractéristiques de la démocratie sont :
– **l'isonomie**, la loi égale pour tous : chaque citoyen peut participer au pouvoir de l'assemblée du peuple et il peut être juge, conseiller, ou magistrat à tour de rôle grâce à un tirage au sort fréquent ;
– **l'isègoria** : la possibilité pour tous les citoyens de prendre la parole à l'assemblée pour contribuer au débat ou introduire une proposition ou un amendement.

CITATION « Nous sommes […] les seuls à penser qu'un homme ne se mêlant pas de politique mérite de passer […] pour un citoyen inutile. »
Périclès, Ve siècle av. J.-C.

2 Les principaux organes de la démocratie

A L'ecclésia, assemblée du peuple

▶ L'ecclésia est **ouverte à tous les citoyens.** Un quorum de 6 000 votants est exigé pour les grandes décisions. Au début du IVe siècle, on institue une indemnité de participation.

▶ Au Ve siècle, l'ecclésia se réunit une fois par prytanie (davantage si nécessaire) et quatre fois au IVe siècle.

▶ L'ecclésia est convoquée par les prytanes qui en établissent l'ordre du jour. Aucune décision ne peut être soumise au vote de l'Assemblée si elle n'a pas été préalablement examinée par la boulè ; l'Assemblée peut aussi inviter la boulè à lui soumettre un projet. **Tout citoyen peut intervenir dans le débat.** Quand tous les orateurs ont terminé leurs remarques, les citoyens votent à main levée.

▶ Au Ve siècle, l'ecclésia est souveraine. Mais au IVe siècle, ses pouvoirs sont limités par la création des nomothètes (législateurs) et le transfert à l'héliée du jugement des affaires politiques. Elle s'occupe alors surtout de la politique extérieure, d'affaires religieuses, des élections de magistrats.

B La boulè

▶ Composé de **500 membres tirés au sort,** le conseil se réunit tous les jours (à l'exception des jours de fêtes).

▶ **Ses fonctions sont nombreuses.** La boulè est chargée de préparer le travail de l'assemblée. Elle a aussi en charge la gestion de la communauté (organisation des fêtes, défense de la ville, gestion des sanctuaires). Elle assure le contrôle des magistrats (notamment en matière financière). C'est surtout elle qui mène la politique étrangère.

C L'héliée

▶ Le **tribunal du peuple** est un organe essentiel de la démocratie. Il est composé de citoyens tirés au sort pour un an. Au Ve et au IVe siècle av. J.-C., les héliastes sont 6 000. À partir de Périclès, ils reçoivent une indemnité.

▶ Il juge les procès civils, publics, pénaux. Le vote se fait à bulletin secret.

CONCLURE

La démocratie athénienne est une démocratie directe.
Tous les citoyens participent au gouvernement de la cité.

L'Empire romain (Ier-IIIe siècles)

5

QUIZ p. 17

Comment sont organisés l'Empire et la société romaine ?

1 L'Empire romain

A Auguste fonde l'Empire

▶ L'Empire débute en 31 av. J.-C ou en 27 av. J.-C. et s'achève en 476 ap. J.-C.

▶ **Auguste**, le fils adoptif de César, est le **premier empereur** (43 ans de règne).

▶ Au cours des deux premiers siècles, **la paix règne** dans l'Empire.

B Un Empire centré sur la Méditerranée

▶ À son apogée (IIe-IIIe siècles), l'Empire romain s'étend sur **5 millions de km²**.

▶ L'Empire comprend :
– **Rome** (la capitale) **et l'Italie** qui forment le centre ;
– **les provinces sénatoriales**, pacifiées et donc dépourvues de troupes, confiées à des proconsuls (nommés par le Sénat pour 1 an en principe) ;
– **les provinces impériales**, généralement les plus récentes, administrées directement par l'empereur qui nomme pour le représenter un gouverneur (légat d'Auguste propréteur) maintenu en fonction pendant plusieurs années.

▶ L'Empire romain compte **54 millions d'habitants** (dont 5 à 8 millions pour l'Italie). Rome (plus d'1 million d'habitants) est l'instrument essentiel du prestige impérial et donc le centre des grands travaux.

2 La société romaine

A Les esclaves

▶ La paix romaine contribue à **réduire le nombre des esclaves** mis sur le marché (captures de guerres plus rares).

▶ Les esclaves appartiennent à un homme libre et font partie de son héritage. Ils travaillent dans les grandes propriétés, dans les mines ou comme domestiques.

▶ Sous l'Empire, **leur situation s'améliore sensiblement** : l'esclave est protégé contre les violences de son maître.

B Les affranchis

▶ L'affranchi est un **ancien esclave qui a obtenu de son maître la liberté** (en raison de loyaux services, ou moyennant finances). Ses droits sont limités mais ses fils possèdent la citoyenneté complète.

▶ Le nombre d'affranchis ne cesse de croître et certains jouent un rôle politique et économique important.

C Les pérégrins

▶ Les pérégrins sont des **hommes libres** qui habitent dans l'Empire romain. Ils n'ont pas les mêmes droits que les citoyens romains mais certains ont le droit de propriété.

▶ Ils servent souvent dans les corps auxiliaires de l'armée et dans la marine.

D Les citoyens romains

▶ La citoyenneté romaine **s'acquiert par naissance** (si on est enfant d'un citoyen romain ou d'un affranchi romain) **mais elle peut aussi être accordée** à titre individuel ou collectif. Ainsi un homme libre peut devenir citoyen après avoir été magistrat dans une cité latine ou s'être engagé dans l'armée.

▶ En 91 av. J.-C, après la guerre sociale, presque tous les alliés italiens acquièrent le droit de cité. En 212, Caracalla étend la citoyenneté romaine à tous les hommes libres de l'Empire (à l'exception des déditices, des étrangers vaincus par Rome et qui se sont rendus).

▶ **Le cens**, matérialisé par les propriétés foncières et les biens immobiliers urbains, fonde le classement des citoyens.

▶ Les **citoyens romains** ont des **droits complets** : droit de mariage, droit de propriété et de commerce, droit de faire appel au peuple pour des procès criminels. Ils payent la taxe du vingtième sur les héritages (5 %).

CONCLURE

Ultime régime politique romain, l'Empire est structuré par le statut de ses territoires et de leurs habitants.

L'extension de la citoyenneté sous l'Empire romain

6

(→ RABATS, II ET III)

QUIZ p. 17

Les empereurs Claude et Caracalla ont joué un rôle important dans la romanisation.

1 *L'empereur Claude (41-54 ap. J.-C.)*

A Qui est l'empereur Claude ?

▶ Claude est né à Lyon le 1er août 10 av. J.-C. Il a donc 50 ans le jour de son avènement.

▶ Il développe l'administration royale et s'illustre dans la **conquête de la Bretagne** (actuelle Grande-Bretagne).

▶ Cultivé et de santé fragile, il a eu pour femmes Messaline, puis Agrippine (qui l'a empoisonné).

B Sa politique à l'égard de la citoyenneté

▶ Il maintient le **prestige de la citoyenneté romaine**.

▶ Il enlève la citoyenneté aux provinciaux qui ne connaissent pas le latin.

▶ Il interdit aux pérégrins de prendre des gentilices romains (nom de famille porté par tous les membres qui affirment descendre du même ancêtre) car c'est un moyen de se faire passer pour un citoyen.

▶ Il permet l'**acquisition de la citoyenneté romaine** aux Latins et même aux pérégrins à condition qu'ils soient suffisamment romanisés.

▶ L'attribution de la citoyenneté aux soldats des corps auxiliaires et aux marins, à la fin de leur service, est régularisée par la création des diplômes militaires. Cette attribution concerne aussi leur épouse et leurs enfants.

▶ Il l'accorde comme récompense aux Latins qui auraient fait construire un navire utilisé pour apporter du blé à Rome.

▶ Dans les provinces, un grand nombre de cités deviennent des **colonies romaines** (comme Cologne) ou des **municipes de droit latin** (comme Tipasa).

C L'accès au Sénat

L'**entrée des provinciaux dans le Sénat** est un autre fait majeur de l'histoire de l'Empire.

▶ Les notables des Trois Gaules, qui possèdent déjà la citoyenneté romaine, sollicitent l'accès aux magistratures romaines et au Sénat.

▶ L'empereur Claude intervient en leur faveur lors d'un discours prononcé devant le Sénat de Rome en 48 ap. J.-C. La « table claudienne » est la plaque de bronze sur laquelle a été gravé ce discours.

▶ L'empereur obtient que les Éduens (peuple de la Gaule) aient le droit d'entrer au Sénat. Les autres peuples gaulois en bénéficièrent par la suite.

2 *L'empereur Caracalla (211-217 ap. J.-C.)*

A Qui est l'empereur Caracalla ?

▶ Septime Sévère meurt en 211, laissant l'Empire à ses deux fils Caracalla et Géta. Mais un an après la disparition de Sévère, Caracalla fait assassiner son frère. Ainsi commence le règne de Caracalla (né à Lyon en 188).

▶ Caracalla **fait construire de nombreux monuments** à Rome, dont les thermes qui portent son nom.

▶ Il est assassiné en 217 par Macrin.

B L'extension de la citoyenneté sous Caracalla

▶ **L'édit de Caracalla de 212** est la mesure qui accorde la citoyenneté romaine à tous les hommes libres de l'Empire qui ne l'avaient pas encore, à l'exception des déditices.

▶ Les **raisons** pour lesquelles Caracalla a pris cette mesure sont **mal connues**.

- S'agit-il d'une mesure économique destinée à augmenter le nombre des contribuables (seuls les citoyens payent l'impôt sur les successions) et donc à renflouer les caisses de l'État ?
- Est-ce l'aboutissement final d'une politique progressive d'octroi du droit de cité, menée depuis longtemps par le pouvoir ?
- Ou l'objectif est-il d'alléger le travail des tribunaux en supprimant les procès relatifs au statut individuel des gens et les demandes d'octroi de la citoyenneté romaine ?

CONCLURE

Claude a reconsidéré l'octroi de la citoyenneté et a permis aux magistrats gaulois romains d'accéder au Sénat ; Caracalla a donné la citoyenneté romaine à tous les habitants libres de l'Empire.

Quiz express

7

Cochez la ou les bonnes réponses.

L'invention de la citoyenneté dans le monde antique

1 *Le citoyen athénien*

Pour être citoyen à Athènes, il faut :

☐ a. être riche
☐ b. être né à Athènes
☐ c. être âgé de plus de 18 ans et avoir accompli son éphébie

2 *La démocratie athénienne*

Quel est l'organe principal de la démocratie athénienne ?

☐ a. l'ecclésia ☐ b. la boulè ☐ c. l'héliée

3 *La boulè et l'héliée*

De quelle manière les membres de la boulè et de l'héliée sont-ils choisis ?

☐ a. Ils sont désignés de père en fils.
☐ b. Ils sont élus.
☐ c. Ils sont tirés au sort.

4 *Les citoyens romains*

Lesquels, dans cette liste, sont des citoyens romains ?

☐ a. les métèques
☐ b. les pérégrins
☐ c. les affranchis

5 *Les devoirs des citoyens romains*

Le citoyen romain doit :

	Vrai	Faux
1. payer des impôts	☐	☐
2. honorer les dieux	☐	☐
3. s'engager dans l'armée	☐	☐

6 *L'édit de Caracalla*

De quand l'édit de Caracalla date-t-il ?

☐ a. 202 ☐ b. 212 ☐ c. 222

Corrigés !

Score : ... / 8

1 *Le citoyen athénien*

Fiche 3

Réponse c. Pour être citoyen à Athènes, il faut être âgé de plus de 18 ans mais aussi être né d'un père citoyen et d'une mère fille de citoyen.

2 *La démocratie athénienne*

Fiche 4

Réponse a. Tous les citoyens peuvent assister aux séances de l'ecclésia. La boulè est un conseil populaire composé de 500 citoyens et l'héliée un tribunal de 6 000 citoyens.

3 *La boulè et l'héliée*

Fiche 4

Réponse c. La pratique du tirage au sort est un élément clé de la démocratie athénienne et détermine le choix des membres de la boulè et de l'héliée.

4 *Les citoyens romains*

Fiche 5

Réponse c. Les affranchis sont des anciens esclaves qui, en raison de leurs loyaux services ou moyennant finances, ont obtenu la liberté.

Ne sont pas citoyens romains les pérégrins (hommes libres qui habitent l'empire romain) et les métèques (étrangers libres domiciliés à Athènes).

5 *Les devoirs des citoyens romains*

Fiche 5

1. et 3. Vrai. Le citoyen romain doit payer des impôts et s'engager dans l'armée.

2. Faux. Honorer les dieux est un devoir du citoyen athénien.

6 *L'édit de Caracalla*

Fiche 6

Réponse b. L'édit de Caracalla de 212 accorde la citoyenneté romaine à tous les hommes libres de l'Empire.

La chrétienté médiévale

8

(→ RABATS, IV ET V)

QUIZ p. 25

Peut-on parler de renouveau chrétien ?

1 *L'Église et la société politique*

A La crise de l'Église au XIe siècle

L'Église traverse une grave crise morale qui se manifeste par :
– **la simonie** c'est-à-dire le trafic des charges ecclésiastiques ou des biens spirituels (sacrements…) ;
– **le nicolaïsme** c'est-à-dire le désordre des mœurs (mariage et concubinage des clercs astreints au célibat).

B La réforme grégorienne

Commencé par les papes Léon IX et Nicolas II, le **redressement de l'Église** est poursuivi **par Grégoire VII** (1073-1085).

▶ La réforme grégorienne est d'abord morale et disciplinaire : **obligation du célibat** et interdiction du concubinage des prêtres, condamnation de la simonie.

▶ La **libération de la tutelle des laïcs** est le second volet de la réforme : élection des papes par le collège des cardinaux, condamnation des investitures laïques. Ce point est à l'origine de la **querelle des Investitures** (elle oppose le pape et les empereurs germaniques qui se considèrent comme les représentants de Dieu sur terre).

2 *Le renouveau spirituel*

A Le succès du monachisme

Vers 1100, la vitalité du monarchisme est à son apogée.

▶ **L'abbaye de Cluny** (fondée en 910) est la plus grande d'Occident. Mais à force d'intervenir dans les affaires de la chrétienté, ses abbés perdent de vue l'idéal monastique fondé sur le retrait du monde.

▶ La richesse de Cluny et ses excès liturgiques sont critiqués. De nouveaux ordres se développent, comme **l'ordre cistercien** qui encourage l'ascétisme, la rigueur liturgique et le travail des moines.

B La montée des contestations

Au milieu du XIIe siècle, l'Église semble très puissante. Mais **de nouvelles difficultés apparaissent**. Le relâchement de l'observance de la règle de saint Benoît chez les clunisiens puis chez les cisterciens, la richesse de l'épiscopat, le faible niveau d'instruction du bas clergé sont à l'origine d'un désir de retour profond à l'Église des origines.

▶ Les principales **hérésies** sont le valdéisme et le catharisme.

• Pierre Valdo, un riche lyonnais, décide vers 1170 de tout quitter pour prêcher la pauvreté et le retour à l'Évangile. D'abord approuvée, sa doctrine est ensuite condamnée.

• Le catharisme est très répandu au XIIe siècle dans le midi de la France. Se sentant menacée, l'Église entreprend la croisade contre les Albigeois (1209-1244). **L'Inquisition** est instituée par la papauté pour lutter contre les hérésies.

C Les ordres mendiants

Apparaissant au XIIIe siècle, les ordres mendiants répondent à l'exigence de pauvreté volontaire, individuelle et collective. Les principaux sont les **dominicains** et les **franciscains**.

3 *La christianisation de l'Europe*

La christianisation (qui s'accompagne de la mise en place des structures ecclésiastiques) élargit progressivement la chrétienté latine aux régions périphériques du Nord et de l'Est de l'Europe païenne, et au Sud de l'Europe (aux dépens de l'islam et de l'Église byzantine).

▶ **En Europe centrale**, plusieurs appels à la croisade contre les populations païennes sont lancés au XIIe siècle (les **Chevaliers teutoniques**). La conversion est parfois obtenue par la violence et suscite de vives résistances.

▶ **En Espagne**, la conquête musulmane avait laissé subsister quelques petits royaumes chrétiens (Léon, Navarre, comté de Barcelone). Au nom de la foi religieuse, ces petits États entreprennent l'œuvre de la Reconquête (**Reconquista**). Elle se poursuivra jusqu'au XVe siècle (prise de Grenade en 1492).

CONCLURE

Un renouveau chrétien est visible dans le renforcement de l'autorité pontificale, le recul de l'hérésie et l'expansion de la chrétienté.

Sociétés médiévales et cultures rurales

9

? QUIZ p. 25

Quelles transformations le monde rural médiéval a-t-il connues ? Qu'est-ce que la féodalité ?

1 Les hommes et la terre

A L'essor rural

▶ Plusieurs facteurs contribuent à cet essor :

– **l'augmentation de la population** (22 millions d'habitants en 950, 54 millions au début du XIVe siècle) ;

– une meilleure **maîtrise des techniques** (fer, feu…) ;

– des **conditions politiques favorables.**

▶ Avec les **grands défrichements,** le paysage se transforme.

▶ Les **rendements doublent** entre le Xe et le XIIIe siècle. Les campagnes s'intègrent dans une **économie d'échanges** (commercialisation des céréales et du vin).

B La seigneurie

La nature du pouvoir des seigneurs évolue : à l'exploitation de biens fonciers (seigneurie foncière) s'ajoute une autorité nouvelle sur les paysans (seigneurie banale).

▶ **La seigneurie foncière** comprend **la réserve** (portion cultivée directement par le seigneur ou son fermier) et des **tenures** (portions occupées et cultivées par un tenancier et sa famille).

▶ **La seigneurie banale** s'exerce sur les hommes. À ce titre, les seigneurs :

– exercent la justice et la police, le droit de gîte (obligation de nourrir le seigneur en déplacement) ;

– lèvent les péages, les tailles, les taxes sur les marchés et les foires, et les banalités (redevances exigées pour l'utilisation des fours, des moulins, des pressoirs) ;

– réquisitionnent les hommes pour divers travaux.

▶ Les **franchises rurales** réglementent (ou suppriment) les droits que les seigneurs exercent au titre du ban.

C Les communautés rurales

▶ **Le village** est structuré autour du cimetière, de l'église et du château.

La **structure familiale** quant à elle connaît un changement important : l'**espace habitable** se subdivise en une salle, des chambres et une étable.

▶ Vers 1200, la masse paysanne se compose surtout de **serfs** qui ne peuvent se déplacer librement, aller en justice ou disposer librement de leurs biens.

▶ Trois charges pèsent sur les serfs : le **chevage** (redevance), la **main-morte** (droits perçus par le seigneur sur les biens du serf lors de son décès), le **formariage** (taxe prélevée lors de leur mariage avec un conjoint étranger à la seigneurie). Aux XIIe et XIIIe siècles, ces charges s'étendent à une grande part de la paysannerie.

▶ À partir du milieu du XIIIe siècle, le besoin d'argent pousse les rois ou les communautés religieuses à monnayer l'octroi de **franchises**.

2 *La féodalité*

C'est l'ensemble des **institutions** et des **usages** qui régissent les obligations réciproques entre un seigneur et son vassal.

A Rite...

La vassalité est un **contrat conclu** entre deux personnes pendant une cérémonie.

▶ Lors de la **cérémonie de l'hommage**, le futur vassal s'agenouille tête nue, sans armes et place ses mains dans celles du seigneur. Le second acte est le **serment de fidélité**.

▶ On distingue **l'hommage de la paix** (pour apaiser un conflit entre deux adversaires) de **l'hommage en marche** (des grands personnages se promettent sûreté réciproque).

B ... et obligations

▶ Le vassal doit **fidélité et services**. L'aide militaire revêt plusieurs formes : sécurité du territoire seigneurial, service de chevauchée (expédition offensive de courte durée), service de garde du château. L'aide, c'est aussi l'assistance judiciaire que le vassal doit au seigneur.

▶ En contrepartie, le seigneur lui accorde un **fief** (tenure).

CONCLURE

Les espaces cultivés se sont élargis et la condition paysanne s'est améliorée. La féodalité est caractérisée par l'existence de seigneuries et de fiefs.

Sociétés médiévales et cultures urbaines

10

? QUIZ p. 25

Comment s'organisent les villes médiévales ?

1 *L'essor urbain*

Après l'Antiquité, les villes occidentales entrent dans une phase de repli. Le **renouveau des villes** débute au Xᵉ siècle.

A Naissance ou renaissance des villes médiévales

Les villes médiévales ont des origines diverses.

▶ Dans les régions fortement romanisées (Sud de la France), le réseau des villes a suffisamment perduré pour que le renouveau se fasse à partir de cet héritage.

▶ D'autres villes sont des **créations** :
– nées près d'un monastère (Saint-Omer), d'un château (Gand), dans une nature hostile pouvant servir de refuge (Venise) ;
– issues d'entreprises de défrichement (bastides du sud-ouest et villes neuves du Bassin parisien) ;
– résultant de préoccupations stratégiques et politiques (certaines villes de Flandre).

B La ville médiévale

▶ La ville ne vit pas directement du travail de la terre. Elle rassemble des édifices publics et privés dans un territoire souvent délimité par une enceinte.

▶ Un **réseau urbain inégal** se met en place.
- **L'Italie** (favorisée par son héritage antique) et la Flandre connaissent l'expansion la plus précoce et la plus dense. C'est là que se trouvent les plus grandes villes médiévales : Venise, Milan, Florence, Naples (plus de 100 000 hab. à la fin du XIIIᵉ s.), Sienne, Bologne, Bruges et Gand (plus de 40 000 hab.).
- **En France**, l'urbanisation est inégale. Au sud, les centres urbains sont nombreux et peu peuplés. Au nord de la Loire, le réseau est moins dense mais les villes plus importantes (Paris atteint 200 000 hab.). L'urbanisation est tardive dans les régions frontalières ou isolées (Massif central).

2 Les sociétés urbaines

A Le mouvement communal

▶ Le mouvement communal dote les urbains d'une personnalité collective (la commune), leur reconnaît des droits et des **compétences pour se gouverner**.

▶ Les **chartes de franchises**, qui règlent les rapports entre les autorités et la communauté nouvelle, portent sur :
– la liberté des personnes (souvent obtenue par rachat) ;
– la liberté de circulation des biens et des personnes ;
– le partage des responsabilités de gestion ;
– le maintien de l'ordre public et l'exercice de la justice.

▶ Ces libertés sont généralement obtenues au terme de longues **négociations** ou de **conflits.**

• Les seigneurs laïcs et les rois ont parfois favorisé les communes comme le fit Philippe Auguste dans les provinces limitrophes du domaine des Plantagenêts.

• En Italie du Sud, au contraire, Frédéric II empêche l'affranchissement des villes. Pendant longtemps, les clercs ont aussi fait obstacle au mouvement communal (qui dépouille l'évêque de son autorité).

B Les hommes des villes

Les villes voient naître des catégories sociales diversifiées.

▶ **Le clergé urbain** contrôle l'enseignement et la bienfaisance, gère les hôpitaux.

▶ **L'élite urbaine** (parmi laquelle on trouve des nobles urbains) domine le gouvernement, contrôle les activités économiques et les relations avec l'extérieur. Elle possède le sol urbain, tire de la terre et des maisons de gros revenus.

▶ Le groupe urbain le plus nombreux comprend des **boutiquiers**, des **gens d'office**, des **clercs urbains**, des **artisans.**

▶ **Les pauvres** (artisans et compagnons qui n'ont pas de revenus réguliers, domestiques), **les immigrants** (décidés à tenter leur chance en ville) et **les marginaux** constituent le dernier groupe.

CONCLURE

Du XIe au XIIIe siècle, les villes se multiplient et se structurent ; cette période est majeure dans l'histoire de leur développement.

Quiz express

Cochez la ou les bonnes réponses.

11

Sociétés et cultures de l'Europe médiévale

1 La chrétienté médiévale

Quel événement a eu lieu le premier ?

- ☐ a. la croisade contre les Albigeois
- ☐ b. la fondation de l'abbaye de Cluny
- ☐ c. la fin de la Reconquista

2 Les principales hérésies

	Vrai	Faux
1. L'Inquisition pourchasse et juge les hérétiques.	☐	☐
2. Le valdéisme prône le retour à la pauvreté évangélique.	☐	☐
3. Le catharisme est toléré par l'Église catholique.	☐	☐

3 Le pouvoir des seigneurs

Comment appelle-t-on l'obligation de nourrir un seigneur en déplacement ?

☐ a. la taille ☐ b. les banalités ☐ c. le droit de gîte

4 Les serfs

Comment nomme-t-on le droit perçu par le seigneur sur les biens du serf lors de son décès ?

☐ a. le chevage ☐ b. la mainmorte ☐ c. le formariage

5 L'essor des villes

Quelle est la plus grande ville médiévale de l'Occident ?

- ☐ a. Paris
- ☐ b. Naples
- ☐ c. Gand

Corrigés !

Score : ... / 7

1 La chrétienté médiévale

Fiche 8

Réponse b. L'abbaye de Cluny a été fondée en 910, la croisade des Albigeois se déroule en 1209-1244 et la Reconquista prend fin avec la prise de Grenade en 1492.

2 Les principales hérésies

Fiche 8

1. Vrai. L'Inquisition est instituée par la papauté pour lutter contre les hérésies.

2. Vrai. Les Vaudois se veulent pauvres et mendiants. Ils se nomment eux-mêmes les « pauvres de Lyon ».

3. Faux. En 1208, le pape Innocent III appelle à la croisade contre les Cathares, aussi nommés les Albigeois car on les rencontre surtout dans le midi de la France.

3 Le pouvoir des seigneurs

Fiche 9

Réponse c. Le droit de gîte permet au seigneur en déplacement d'être logé par ses gens.
Les banalités sont des redevances exigées pour l'utilisation des fours, des moulins et des pressoirs et la taille est la taxe prélevée par le seigneur sur les paysans en échange de sa protection.

4 Les serfs

Fiche 9

Réponse b. En vertu de la mainmorte, le seigneur hérite, en partie ou en totalité, des biens de ses serfs.
Le chevage est une redevance que les serfs paient au seigneur et le formariage une taxe prélevée sur les serfs qui se marient avec un conjoint étranger à la seigneurie.

5 L'essor des villes

Fiche 10

Réponse a. La majorité des villes médiévales de l'Occident ont entre 5 000 et 10 000 habitants.
Paris, avec 200 000 habitants, est alors la plus grande ville médiévale. Naples en compte plus de 100 000 et Gand plus de 40 000.

Voyages et découvertes (XVe-XVIe siècles)

12

QUIZ p. 39

À la fin du Moyen Âge, des conditions favorables permettent aux Européens de se lancer à la découverte du monde.

1 Les conditions de l'expansion européenne

▶ **L'Orient est très présent dans l'imaginaire européen.** Les aventures extraordinaires de Marco Polo à la fin du XIIIe siècle font rêver.

▶ Ces voyages sont rendus possibles grâce aux progrès dans les techniques de navigation :

– la **boussole** et **l'astrolabe** (instrument qui mesure la hauteur des astres au-dessus de l'horizon) permettent aux marins de se repérer et de se diriger. La découverte du monde est facilitée par l'usage de cartes marines (les **portulans**) ;

– la **caravelle**, un navire très maniable mis au point par les Portugais, permet de naviguer contre le vent et sur de longues distances.

2 Les grandes découvertes : Espagne et Portugal

Dès la fin du XVe siècle, des navigateurs portugais et espagnols cherchent une **nouvelle route maritime pour aller aux Indes**. Mais ils veulent aussi connaître le monde.

A L'initiative portugaise

▶ C'est avec **Henri le Navigateur** (1394-1460), un prince portugais, que débutent de façon organisée les grandes découvertes.

▶ En 1487, **Barthélémy Diaz** atteint le cap de Bonne-Espérance. Il démontre ainsi que les eaux de l'océan Atlantique et de l'océan Indien se rencontrent.

▶ Dix ans plus tard, **Vasco de Gama** parvient à contourner ce cap et à atteindre les Indes. Il a trouvé la plus courte route des Indes. En 1500, **Cabral** découvre le Brésil.

INFO Cabral appellera le Brésil ainsi à cause du bois de *brasil*, un bois à partir duquel on produit une teinture « couleur de braise » et que l'on trouve en abondance.

B La découverte de l'Amérique par les Européens

Au XVIe siècle, **la prépondérance espagnole s'affirme.**

▶ Alors que les Portugais détiennent les clés de la route maritime des Indes, **Christophe Colomb** (1451-1506) prépare une expédition pour les Indes en naviguant vers l'ouest.

▶ En avril **1492**, il réussit à persuader les souverains espagnols de le laisser partir. Trois mois après avoir quitté l'Espagne, il atteint les Bahamas, puis accoste à Cuba (qu'il croit être la Chine) et à Haïti. Lors des voyages suivants (de 1493 à 1504), il découvre l'île de Trinidad et débarque en Amérique centrale.

▶ La découverte du **Nouveau Monde** par Christophe Colomb marque le **début de la colonisation** du monde par les Européens.

C Magellan et le premier tour du monde

En **1519**, Fernand de Magellan, un navigateur portugais au service de l'Espagne, entreprend le premier voyage autour du monde.

▶ Il traverse l'Atlantique, explore la côte du Brésil, trouve un passage qui portera son nom (**le détroit de Magellan**) entre l'Amérique et la Terre de Feu.

▶ En 1521, il atteint les Philippines où il est tué. Son second poursuit le voyage. En 1522, il est de retour à Séville. Le voyage a duré trois ans et la **rotondité de la Terre** est prouvée, ce que beaucoup refusaient encore de croire.

3 *Les grandes découvertes : Angleterre et France*

Les Anglais et les Français se livrent à **l'exploration de l'océan Pacifique** à la recherche de nouveaux passages pour les Indes.

▶ Dès la fin du XVe siècle, le Vénitien **Jean Cabot** et son fils explorent, pour le compte du roi d'Angleterre, les côtes américaines de l'Hudson et de la Floride.

▶ **Jacques Cartier** (au service du roi de France), parti avec la mission de trouver un passage par le nord-ouest pour atteindre l'Asie, découvre le Canada.

CONCLURE

En moins d'une génération, les Européens (Espagnols et Portugais surtout) ont découvert de nombreux pays outre-Atlantique et ont accompli le premier tour du monde.

Les conséquences des grandes découvertes

13

QUIZ p. 39

Quelles sont les conséquences politiques, économiques et humaines des grandes découvertes ?

1 Le nouvel horizon de l'Europe

A Le partage du monde

Le **traité de Tordesillas (1494)** a pour objectif de stabiliser les relations entre l'Espagne et le Portugal à l'issue des grandes découvertes. Il divise le monde en deux :
– les terres découvertes à l'ouest d'un méridien situé à l'ouest des îles du Cap-Vert, qui reviennent à l'Espagne (toute l'Amérique du Sud à l'exception du Brésil, découvert en 1500 par le Portugais Cabral) ;
– celles découvertes à l'est de cette ligne, qui reviennent au Portugal.

B La découverte de nouveaux mondes

Les Européens prennent conscience des dimensions du monde, de sa diversité, et de l'immensité de l'océan. Les Européens découvrent en Amérique une nature différente et luxuriante. Les Espagnols rencontrent sur le continent américain des civilisations brillantes (les **Mayas**, les **Aztèques** et les **Incas**).

2 La domination européenne en Amérique

Pour les peuples colonisés, **cette expansion est fatale** à leurs civilisations et à leur existence.

▶ Avec des effectifs militaires réduits et des armes (canons) qui terrifient les Indiens (qui ignorent la métallurgie du fer), les **conquistadores** parviennent à **dominer** et à **détruire** les grands empires précolombiens.
• En 1519, **Hernán Cortés** renverse par la force et la ruse l'empereur aztèque et occupe la capitale Tenochtitlan.
• En 1532, **Francisco Pizarro** conquiert l'empire inca, s'empare de sa capitale, Cuzco, et de ses fabuleux trésors.

▶ Dans les colonies, les Espagnols appliquent le système des **Encomiendas** : la couronne attire les colons en leur accordant des terres et en les autorisant à faire travailler les Indiens. Le travail forcé (mines et plantations) et les épidémies transmises par les Européens (variole…) entraînent la **disparition de populations entières** (25 millions d'habitants au Mexique en 1519, 1 million en 1605).

3 Les conséquences économiques

A Vers une économie mondiale

▶ La géographie économique de l'Europe est modifiée : la façade méditerranéenne subit un déclin relatif alors que les ports ouverts sur l'Atlantique se développent. **Anvers** devient ainsi le **1er port européen** et la plus grande place financière d'Europe. C'est là que les épices, l'or d'Afrique et l'argent d'Amérique sont échangés contre des produits manufacturés (tissus, objets en métal) destinés aux colonies.

▶ L'expansion du commerce, la croissance de la masse monétaire, l'augmentation du niveau de vie, le développement des activités industrielles (Nord de l'Europe) sont à l'origine d'une **augmentation des prix en Europe** de 300 à 400 %.

B Vers une unification alimentaire du monde ?

Lentement, les produits d'Amérique et d'Afrique entrent dans la consommation des Européens.

▶ De **nouvelles plantes**, comme le maïs (vite adopté car il permet deux récoltes par an contre une seule pour le blé), la pomme de terre, le haricot, la tomate, le tabac, le piment et le dindon arrivent en Europe. Des **produits importés** (café, cacao, vanille, thé, épices) contribuent à modifier le régime alimentaire.

INFO
Le cacao, rapporté du Mexique par le conquistador Herman Cortès vers 1524, sert au départ de médicament.

▶ Les Européens ont eux aussi profondément **transformé l'économie américaine** en introduisant le blé, le café, le riz et la canne à sucre.

CONCLURE

L'expansion européenne a provoqué une révolution dans l'histoire de l'humanité : découverte de nouveaux mondes et de nouveaux modes de vie, unification alimentaire… Mais pour les peuples américains, la colonisation a souvent été dramatique : civilisations détruites, population décimée.

À la rencontre des civilisations (XVe-XVIe siècles)

14

Aux XVe et XVIe siècles, les Européens entrent en contact avec deux nouveaux mondes : les grands empires d'Asie et les civilisations américaines.

1 La Cité interdite au cœur de Pékin

Les Européens découvrent la Chine et sa Cité interdite.

A La Cité interdite, œuvre d'un empereur Ming

▶ En 1405, l'empereur Yongle (1403-1424) décide de transférer sa capitale de Nankin à Pékin. Ses raisons sont essentiellement stratégiques : **assurer la défense de l'Empire** contre les peuples du Nord et du Nord-Est.

▶ Il édifie, au cœur de la nouvelle capitale, la Cité pourpre interdite. **Sa construction dure 14 ans** (de 1406 à 1420). Près de 200 000 ouvriers auraient travaillé sur ce chantier.

▶ Entre 1420 et 1912, 24 empereurs **Ming** (1368-1644) et **Qing** (1644-1912) vivent dans la Cité interdite ; le dernier est le jeune empereur Puyi. Seuls l'empereur, sa famille, la cour et les hauts dignitaires ont le droit d'y pénétrer.

▶ Ouverte au public depuis 1924, la Cité interdite est inscrite au **patrimoine mondial de l'humanité** (1987).

B La Cité interdite, une ville dans la ville

▶ La Cité interdite forme un **immense rectangle** de presque 1 km de long (sud-nord) sur 760 m de large (est-ouest), entouré d'une **muraille** de près de 10 mètres de haut et d'un large fossé (52 m). La muraille est percée de 4 portes monumentales aux points cardinaux.

▶ La Cité interdite comprend :

– la cour extérieure (sud). C'est la **partie officielle de la Cité** où le souverain reçoit ses ministres et préside aux grandes cérémonies officielles. Une rivière artificielle la traverse ;

– la cour intérieure (nord). Cette **partie privée** sert de cabinet de travail à l'empereur et d'appartements à la famille impériale et aux concubines.

▶ La Cité interdite rassemble de nombreux palais, temples et jardins. La plupart des édifices sont en bois, de plain-pied et montés sur une terrasse en maçonnerie.

2 Cuzco, la capitale des Incas

A Un Empire de courte durée

▶ D'après une légende, la capitale de l'Empire inca, Cuzco, aurait été fondée au XIIe siècle.

▶ Jusqu'au XIVe siècle, les Incas établissent leur suprématie sur leurs voisins immédiats. Ce n'est qu'au début du XVe siècle qu'ils se lancent dans une suite de conquêtes et constituent ainsi **le plus grand État** de l'Amérique précolombienne.

▶ En 1527, le 11e empereur inca Huayna Capac s'éteint, laissant l'empire à ses deux fils, Huascar et Atahualpa. Mais une guerre civile éclate entre les deux héritiers qui revendiquent la totalité du royaume. En 1532, après de sanglants combats, **Atahualpa s'empare du pouvoir**.

▶ Profitant de l'affaiblissement de l'empire inca, le conquistadore espagnol **Francisco Pizarro** (1475-1541) marche sur Cuzco. Atahualpa est exécuté malgré le versement d'une énrome rançon et le 14 novembre 1533, les Espagnols entrent dans Cuzco.

B La cité précolombienne face à la conquête européenne

▶ Au moment de la conquête espagnole, **Cuzco**, perchée à **3 600 mètres d'altitude**, comprend 15 000 à 20 000 personnes, essentiellement des membres de l'élite et leurs serviteurs. On y trouve les palais des Incas décédés.

▶ Les sociétés sont **hiérarchisées et centralisées**. Les infrastructures agricoles (terrasses, canaux d'irrigation…) et routières **dépassent** ce que **les Européens** connaissaient jusque-là. Les Incas maîtrisent le tissage. Ils pratiquent le culte des ancêtres, des montagnes et des astres.

▶ **Les Espagnols détruisent une partie de la ville**, érigent une cathédrale. Ils pillent les temples et les tombeaux royaux. Les Indiens sont exploités dans les mines d'argent de Potosi.

CONCLURE

En moins d'une génération, les Européens ont pris conscience de la diversité des civilisations du monde.

De Constantinople à Istanbul

15

QUIZ p. 39

Conquise par les Turcs ottomans, Constantinople retrouve sa position essentielle au sein d'un nouvel empire et devient un carrefour entre les cultures et les religions.

1 La conquête d'Istanbul et ses lendemains

A De Byzance à Istanbul

▶ **Byzance** est une colonie grecque fondée au VIIe siècle av. J.-C. sur le Bosphore.

▶ En 330, l'empereur romain Constantin Ier crée **Constantinople** qui devient la capitale politique, religieuse et intellectuelle de l'Empire romain d'Orient (Empire byzantin). Sa richesse provoque l'admiration, puis la convoitise des croisés qui en font la capitale de l'Empire latin d'Orient (1204-1261).

▶ Au milieu du XIVe siècle, les **Turcs ottomans**, qui ont déjà pris possession de la totalité de l'Asie mineure, s'emparent de la péninsule des Balkans. Le **29 mai 1453**, Constantinople tombe aux mains des Turcs ottomans conduits par Mehmed II. La chute de Constantinople marque la fin de l'Empire byzantin.

▶ **Istanbul** devient (de 1453 à 1923) la capitale de l'Empire ottoman. Plusieurs sultans se succèdent à sa tête dont Mehmed II (1444-1481) et Soliman Ier le Magnifique (1520-1566).

B Le repeuplement de Constantinople par Mehmed II

La moitié de la population que comptait la ville avant la conquête a été massacrée, réduite en esclavage ou s'est enfuie.

▶ **Mehmed II** proclame que les Grecs ayant fui les pillages pourront regagner leur domicile et pratiquer librement leur religion. Il déclare aussi dans tout l'Empire que ceux qui viendront s'installer à Istanbul bénéficieront d'habitations à titre gratuit.

▶ Mais ces mesures sont insuffisantes. L'ordre est donc donné de procéder dans chaque province à des **déportations**.

▶ 25 ans après la conquête par les Turcs ottomans, la population d'Istanbul a doublé, atteignant **100 000 habitants**.

C Une ville cosmopolite

▶ La **diversité de la population** d'Istanbul reflète celle de l'Empire : Turcs, Arméniens, Grecs, Arabes, Albanais…

▶ **Les ethnies se côtoient mais leur habitat est distinct.** Le regroupement se fait en effet par ethnie et par religion autour des lieux de culte (mosquées, églises, synagogues).

▶ **Les minorités ne sont pas inquiétées.**

2 *Istanbul, capitale d'Empire*

A L'islamisation de la ville

La **ville grecque** devient peu à peu une **ville turque**. À l'époque de Soliman Ier, Istanbul est le cœur du monde musulman.

▶ Vers 1455, sous Mehmed II, la construction du **palais de Topkapi** commence. Ses successeurs multiplieront les pavillons, les cours et les jardins. La construction du harem débute sous Soliman Ier.

▶ Plusieurs églises sont transformées en mosquées comme la **basilique Sainte-Sophie**.

▶ Dans chaque quartier, on trouve des bains publics gratuits, les **hammams**, et un marché qui assure l'approvisionnement des habitants même si le cœur commercial de la ville est le **Grand Bazar**.

B Istanbul, plaque tournante des échanges commerciaux

Istanbul est située au **carrefour** des voies maritimes et terrestres qui relient l'Europe, l'Asie et l'Afrique.

▶ Le **marché intérieur** de la ville est alimenté par des marchandises (agneaux des Balkans, dattes d'Égypte…) et des matières premières qui viennent de **province** (fer de Bulgarie, bois de charpente des monts du Taurus…). Ces produits font aussi l'objet d'un **commerce avec l'Occident** par le biais de marchands étrangers (Vénitiens, Français…).

▶ Ces derniers, qui s'approvisionnent aussi en **produits venus d'Extrême-Orient** (musc, épices…), fournissent en retour à Istanbul de quoi répondre aux besoins d'une ville en expansion et d'une cour avide de luxe (miroirs de Venise…).

CONCLURE

La position stratégique d'Istanbul a fait de la ville un carrefour d'hommes, d'idées, de religions et de marchandises.

Humanisme, Renaissance et Réforme

16

QUIZ p. 39

Aux XVe et XVIe siècles s'élabore une nouvelle conception de la culture dans les domaines littéraire, artistique, scientifique. En Allemagne, Luther déclenche une profonde réforme religieuse.

1 L'humanisme, une nouvelle vision du monde

A La redécouverte des auteurs grecs

▶ En **1453**, **l'Empire byzantin s'effondre**. Les savants grecs fuient alors en Occident, emportant avec eux des manuscrits antiques parfois oubliés.

▶ Les **humanistes** redécouvrent les auteurs de **l'Antiquité** (en particulier Platon, Aristote ou encore Cicéron). Ils revendiquent le retour aux **textes originaux**.

B Les idées des humanistes

▶ Les humanistes placent **l'homme**, et non Dieu, **au centre de leurs réflexions** et veulent son épanouissement.

▶ Ils veulent tout savoir, tout connaître. Ils aiment la beauté, les œuvres d'art. Ils accordent une grande importance à **l'éducation**.

C L'invention de l'imprimerie

▶ L'invention de l'imprimerie par l'Allemand **Gutenberg** vers **1450** contribue à la diffusion rapide des idées.

▶ Dans la deuxième moitié du XVe siècle, 15 à 20 millions d'ouvrages sortent des ateliers (45 % de livres religieux). Ils sont chers et ne sont accessibles qu'aux plus riches.

2 La Renaissance, fille de l'humanisme

La Renaissance **débute en Italie au XIVe siècle** et touche tous les pays d'Europe au XVIe siècle.

▶ Elle concerne **tous les domaines**, particulièrement les lettres, les arts et les sciences. Les architectes et les sculpteurs s'inspirent de l'Antiquité. **Nicolas Copernic** démontre que la Terre tourne autour du Soleil. **Ambroise Paré** améliore la connaissance du corps humain en pratiquant la dissection.

▶ Grâce aux **mécènes**, les artistes développent leur art.

• En Italie, **les Médicis** leur passent des commandes. Ainsi Laurent le Magnifique fait de Florence la capitale intellectuelle de l'Europe.

• En France, **François Ier** (roi de 1515 à 1546) attire à la Cour des peintres et des poètes comme Léonard de Vinci (→ RABATS, VI).

3 La Réforme, conséquence religieuse

A La Réforme luthérienne

Elle est née en Allemagne de l'action du moine Martin Luther (1483-1546).

CITATION « **Nous avons tous le même baptême, le même Évangile, la même foi, et nous sommes tous égaux comme chrétiens. […] Nous sommes tous prêtres.** » **Luther, 1520**

▶ En 1517, **Luther** (→ RABATS, I) déclenche la Réforme en affichant ses **95 thèses contre les Indulgences**. Ces thèses circulent en Europe grâce à l'imprimerie. Comme le pape refuse de l'entendre et l'excommunie, il se résigne à une rupture.

▶ Luther ne retient comme sacrements que **le baptême** et **l'eucharistie**. Il nie le Purgatoire, refuse le culte de la Vierge et des saints. Il rejette les pèlerinages, les jeûnes, l'abstinence et les vœux monastiques. Il refuse aussi le célibat des prêtres.

▶ **La Réforme luthérienne** se répand en Allemagne et dans le Nord de l'Europe (où se constituent des Églises nationales).

B Le courant réformé

Il naît en Suisse sous l'impulsion de Zwingli et s'étend en France, en Écosse, aux Pays-Bas. L'influence de **Jean Calvin** (→ RABATS, I) est prépondérante.

▶ **Calvin reprend le message de Luther** sur le salut gratuit de celui qui croit en Jésus-Christ. Comme Luther, il affirme que l'Écriture est le seul fondement de la vérité. Il rejette le purgatoire, les prières pour les morts et le culte des saints.

▶ Il règle l'organisation de l'Église sur celle du gouvernement civil.

CONCLURE

Au XVIe siècle, la Renaissance atteint son apogée. L'humanisme, qui place définitivement l'homme au centre de toute réflexion, favorise la Réforme de Luther.

L'essor d'un nouvel esprit scientifique et technique

17

QUIZ p. 39

En quoi les découvertes et les inventions du XVIe au XVIIIe siècles ont-elles révolutionné la connaissance que l'on avait du monde et de l'homme ?

1 Découvertes et inventions (XVIe-XVIIe siècles)

Au XVIe, et surtout au XVIIe siècle, on assiste à la naissance de la science moderne.

A Mathématiques, physique et astronomie

▶ De **nouveaux outils mathématiques** sont mis au point comme les résolutions des équations du 3e et du 4e degrés. La théorie des nombres progresse. Les Français **Pierre de Fermat** et **René Descartes** (auteur du *Discours de la méthode*, 1637) fondent la géométrie analytique.

▶ **Newton** fait trois découvertes fondamentales : la théorie de la lumière, le calcul infinitésimal et la gravitation universelle.

▶ Avec le Polonais **Copernic, l'astronomie** fait un grand bond : pour lui, toutes les planètes tournent autour du Soleil, et la Terre est une planète animée d'un mouvement de rotation sur elle-même. En introduisant l'emploi de la lunette, l'Italien **Galilée** (→ RABATS, VI) révolutionne l'observation du ciel.

B Médecine

La connaissance de **l'anatomie humaine** se développe grâce au Flamand **André Vésale** qui dissèque des cadavres. Le Français **Ambroise Paré** fonde sa pratique chirurgicale sur l'observation et l'expérience, rompant ainsi avec les anciennes pratiques.

CITATION
« L'expérience est la seule interprète de la nature. Il faut donc la consulter toujours et la varier de mille façons. »
L. de Vinci, XVIe siècle

2 Sciences et techniques au XVIIIe siècle

A La diffusion des sciences

▶ Au XVIIIe siècle, la révolution scientifique est portée à la connaissance d'un public plus large grâce à des **vulgarisateurs** comme Fontenelle et la marquise du Châtelet.

▶ L'*Encyclopédie* entend jouer le même rôle en proposant un bilan des acquis scientifiques et techniques.

B Les grandes avancées scientifiques

▶ Les **mathématiciens** tirent les conséquences du calcul infinitésimal.

▶ Grâce aux **astronomes** et aux expéditions, la forme de la Terre est mieux connue. Les observations confirment que l'univers est infini.

▶ Dans le domaine de la **physique**, l'Américain Benjamin Franklin met au point le paratonnerre. Le Français Réaumur invente le thermomètre à alcool (invention perfectionnée par l'Allemand Fahrenheit et le Suédois Celsius).

▶ En **chimie**, le Français **Lavoisier** découvre la nature et le rôle de l'oxygène. Il établit la composition de l'eau.

▶ Dans le domaine des **sciences naturelles**, le siècle est dominé par le Français **Buffon** (et son *Histoire naturelle*) et le Suédois Linné (et sa classification des espèces végétales).

▶ La **connaissance du globe** s'améliore. Des explorations ont lieu dans les mers du Sud. L'Anglais Cook, les Français Bougainville et La Pérouse découvrent l'Océanie et démontrent qu'il n'y a pas de continent austral.

C Les progrès techniques

▶ **Dans l'industrie**

- L'idée d'utiliser la vapeur est née en France au XVIIe siècle mais c'est en Angleterre, au XVIIIe siècle, que la machine à vapeur est mise au point par **James Watt** (→ RABATS, VI).
- De nouveaux procédés sont mis au point (fonte au coke…).
- De nouvelles découvertes sont faites (fabrication de l'acide sulfurique…).

▶ **Dans les transports**

L'ingénieur Cugnot met au point le premier véhicule automobile à vapeur. Les premières conquêtes des airs ont lieu grâce à l'utilisation de ballons (frères Montgolfier).

CONCLURE

Au XVIe siècle, et surtout au XVIIe siècle, on assiste à la naissance de la science moderne et à une plus large diffusion des connaissances. Les progrès techniques permettront la révolution industrielle du XIXe siècle.

Quiz express 18

Cochez la ou les bonnes réponses.

Nouveaux horizons géographiques et culturels des Européens à l'époque moderne

1 *Les techniques de navigation*

Comment se nomme la carte marine où figurent les côtes et les emplacements des ports ?

☐ a. la caravelle ☐ b. l'astrolabe ☐ c. le portulan

2 *De Constantinople à Istanbul*

	Vrai	Faux
1. Byzance était le nom de l'ancienne Constantinople.	☐	☐
2. La prise de Constantinople a eu lieu en 1455.	☐	☐
3. Le cœur commercial de la ville est le hammam.	☐	☐

3 *Le traité de Tordesillas*

Quand a été signé le traité de Tordesillas ?

☐ a. 1492 ☐ b. 1494 ☐ c. 1522

4 *L'invention de l'imprimerie*

Qui a inventé l'imprimerie à caractères mobiles ?

☐ a. Copernic
☐ b. Gutenberg
☐ c. Galilée

5 *L'essor d'un nouvel esprit scientifique et technique*

Qui est James Watt ?

☐ a. Il est l'inventeur du premier véhicule automobile à vapeur.
☐ b. Il découvre la nature et le rôle de l'oxygène.
☐ c. Il a mis au point la machine à vapeur.

Corrigés !

Score : ... / 7

1 Les techniques de navigation

Fiche 12

Réponse c. Le portulan est une carte représentant l'espace maritime.
L'astrolabe détermine la latitude et donne la position du navire.
La caravelle est un navire maniable et rapide.

2 De Constantinople à Istanbul

Fiche 15

1. Vrai. Istanbul s'est d'abord appelée Byzance, puis Constantinople à partir de 330 en l'honneur de l'empereur Constantin Ier.

2. Faux. La prise de Constantinople date de 1453. En 1455, débute la construction du palais de Topkapi.

3. Faux. Un hammam est un bain public. Le cœur commercial de la ville est le Grand Bazar, sorte de grand marché.

3 Le traité de Tordesillas

Fiche 13

Réponse b. Signé en 1494, le traité de Tordesillas établit le partage des conquêtes coloniales castillanes et portugaises en Amérique et en Océanie. Le Brésil, découvert en 1500 par Cabral, revient aux Portugais.
1492 est la date de départ de Christophe Colomb et 1522 celle du décès de Magellan.

4 L'invention de l'imprimerie

Fiche 16

Réponse b. Gutenberg a inventé la typographie, ce qui a permis la naissance de l'imprimerie.
Copernic a défendu la théorie selon laquelle toutes les planètes tournent autour du Soleil y compris la Terre. Galilée a perfectionné la lunette (en 1609) et a établi la loi de la chute des corps dans le vide.

5 L'essor d'un nouvel esprit scientifique et technique

Fiche 17

Réponse c. Au XVIIIe siècle, James Watt met au point une machine à vapeur performante tandis que Cugnot construit, en 1770, la première voiture automobile à vapeur. Père de la chimie moderne, Lavoisier identifie et baptise l'oxygène.

Les Lumières et la contestation de l'absolutisme

19

QUIZ p. 59

Quelles idées les philosophes des Lumières défendent-ils au XVIIIe siècle ?

1 Les hommes des Lumières

A Que sont les Lumières ?

▶ Au XVIIIe siècle, les philosophes des Lumières critiquent la **monarchie absolue**, l'organisation de la société en ordres et l'Église catholique (dont les mystères sont traités de « superstitions »).

▶ Ils pensent que la raison peut éclairer le monde et réclament la tolérance religieuse, la liberté d'opinion, de presse et de réunion. Ils défendent les droits des personnes, luttent contre la torture et les erreurs judiciaires. Ils exaltent l'individu et affirment son droit au bonheur. Dans le domaine économique, ils préconisent la suppression des douanes intérieures.

▶ Le régime politique de l'Angleterre (une monarchie parlementaire) est un **modèle** pour les philosophes.

B Une remise en cause de la monarchie absolue

▶ **Montesquieu** (1689-1775) est l'auteur de *De l'esprit des lois*, une œuvre majeure dans laquelle il défend l'idée d'une monarchie tempérée et souligne la nécessité de séparer les trois pouvoirs (exécutif, législatif et judiciaire). L'ouvrage est dénoncé par la censure.

▶ **Voltaire** (1694-1778) rejette l'idée du pouvoir de droit divin. Il met son talent au service des victimes de l'intolérance (affaire Calas) et de l'injustice. Son admiration pour le régime anglais, sensible dans ses *Lettres philosophiques*, lui vaut une lettre de cachet.

▶ Pour **Rousseau** (1712-1778), ce n'est pas le roi qui est souverain mais la nation. L'idéal politique qu'il défend dans *Du contrat social* est celui d'une démocratie de citoyens égaux. Il connaît un large écho, notamment pendant la Révolution.

▶ Pour **Diderot** (1713-1784), le roi ne peut gouverner qu'avec le consentement de la nation. Sa *Lettre sur les aveugles* lui vaut d'être emprisonné pour délit d'athéisme au château de Vincennes.

2 Le rayonnement des Lumières

A L'*Encyclopédie*, l'œuvre des Lumières

Animée par Diderot et d'Alembert, elle rassemble toutes les **connaissances de l'époque dans tous les domaines** et sous une forme accessible. Elle exprime aussi l'état d'esprit des Lumières.

B La diffusion des idées nouvelles

▶ La diffusion des Lumières dans la société française se fait par le biais de **la conversation** (salons, clubs, cafés).

▶ Le mouvement des Lumières touche **les élites cultivées d'Europe.** L'usage du français comme langue internationale favorise la diffusion de leurs œuvres.

CITATION « Aie le courage de te servir de ton propre entendement ! Voilà la devise des Lumières. Or pour répandre ces lumières, il n'est rien requis d'autre que la liberté. »
E. Kant, 1784

▶ La Déclaration d'indépendance des **États-Unis** en 1776 puis la Constitution de 1787 apparaissent comme le triomphe des idées des Lumières.

CHRONOLOGIE

Les progrès de la notion de liberté

• 1679 En Angleterre, l'*Habeas corpus* garantit les individus contre les emprisonnements arbitraires.
• 1688-1689 Seconde révolution anglaise et *Bill of rights*. Instauration d'une monarchie parlementaire.
• 1776 Déclaration d'indépendance des États-Unis.
• 1787 Constitution américaine qui instaure la séparation des pouvoirs : pouvoir exécutif (président élu), pouvoir législatif (Congrès), pouvoir judiciaire (Cour suprême).
L'édit de tolérance accorde un état civil aux protestants de France.

CONCLURE

Les Lumières ont forgé quelques idées fortes : bonheur, nature, progrès... et liberté.

Le déclenchement de l'événement révolutionnaire (1788-1789)

20

(→ RABATS, IV ET V)

QUIZ p. 59

Comment la France entre-t-elle en Révolution ?

1 La France en crise

À la fin des années 1780, la monarchie française connaît une crise sans précédent.

A Une monarchie en difficulté

▶ Les idées des philosophes des Lumières **ébranlent la monarchie.** La guerre d'Indépendance en Amérique a été passionnément suivie en France.

▶ Louis XVI manque de prestance et de clairvoyance.

▶ La monarchie est affaiblie par la **crise financière.** Les impôts (qui reposent essentiellement sur le tiers état) ne suffisent plus à couvrir les dépenses publiques dont le déficit a été aggravé par la guerre d'Amérique. Tous les ministres échouent à réformer le système fiscal car il faudrait remettre en cause les privilèges de la noblesse et du clergé.

▶ Les accidents climatiques (grêle de l'été 1788) compromettent les récoltes. La poussée démographique contribue à la **hausse des prix.**

B La convocation des États généraux

▶ Pour trouver une solution à la crise, Louis XVI convoque les représentants des trois ordres de la société française (clergé, noblesse, tiers état).

▶ Les **cahiers de doléances** permettent au peuple d'exprimer ses revendications.

2 L'effondrement de l'Ancien Régime

A Les États généraux

▶ Dès l'ouverture des États généraux à Versailles le **5 mai 1789**, les députés du tiers état sont humiliés (le cérémonial souligne leur infériorité) et déçus (les États généraux ont été réunis pour trouver des remèdes à la crise économique). La bataille commence aussitôt, les députés du tiers état refusant le vote par ordre qui les pénalise.

▶ Le 17 juin, rejoints par quelques représentants de la noblesse et du clergé, les députés du tiers état se proclament « **Assemblée nationale** ». Leur salle ayant été fermée par le roi, ils investissent la salle du **Jeu de paume** et font le **serment** de ne pas se séparer avant d'avoir donné une Constitution à la France (20 juin).

CITATION « Qu'est-ce que le tiers état ? Tout. Qu'a-t-il été jusqu'à présent ? Rien. Que demande-t-il ? À être quelque chose. » Abbé Sieyès, 1789

▶ Après une tentative de résistance, le roi capitule et ordonne la réunion des trois ordres (27 juin). L'Assemblée nationale se proclame alors **Assemblée nationale constituante** (9 juillet).

B Le soulèvement du peuple

▶ La concentration de troupes autour de Paris et de Versailles, et le renvoi de Necker (11 juillet) font douter les Parisiens de la sincérité de Louis XVI. À la recherche d'armes pour se défendre, ils prennent d'assaut **la Bastille** (symbole de l'arbitraire royal) le **14 juillet**.

▶ Le roi rappelle Necker et accepte la cocarde tricolore.

▶ Dans les campagnes, des rumeurs annoncent l'arrivée de brigands à la solde des aristocrates pour brûler les blés. Pendant cette **Grande Peur** (20 juillet au 6 août), les paysans attaquent les châteaux.

C La fin de l'Ancien Régime

▶ Pour rétablir le calme, l'Assemblée nationale vote l'abolition des privilèges, des droits seigneuriaux et de la dîme (**nuit du 4 août**).

▶ Les grands principes qui doivent fonder les institutions nouvelles sont regroupés dans la **Déclaration des droits de l'homme et du citoyen (26 août 1789)**. La Déclaration se veut universelle c'est-à-dire qu'elle s'adresse à tous les hommes. Ses grands principes sont l'égalité devant la loi, le respect des libertés fondamentales (culte, presse, réunion) et le droit à la propriété. Elle reconnaît la souveraineté nationale et la séparation des pouvoirs.

▶ Les 5 et 6 octobre, Louis XVI est ramené à Paris par une foule en colère.

CONCLURE

En cinq mois, la monarchie absolue s'est effondrée.

L'échec de la monarchie constitutionnelle (1790-1792)

21

(→ RABATS, IV ET V)

La France est transformée selon les principes de la Déclaration des droits de l'homme.

1 Une nouvelle France (1790-1791)

A L'organisation des partis

▶ La presse connaît un **essor considérable** (250 titres).

▶ Des clubs se développent : celui des **Jacobins** (Robespierre) et celui des **Cordeliers** (Marat, Danton et Desmoulins).

▶ L'Assemblée fait l'apprentissage du travail parlementaire. Des regroupements s'effectuent parmi les députés.

B La Fête de la fédération (14 juillet 1790)

Elle a lieu au Champ-de-Mars à Paris pour célébrer le nouveau régime. Le roi, contraint, prête serment de fidélité à la Nation.

C La Constitution de 1791

▶ La Constitution (appliquée jusqu'au 10 août 1792) est élaborée de juillet 1789 à septembre 1791.

▶ Elle instaure la **séparation des pouvoirs**. Le pouvoir exécutif est confié au roi qui l'exerce avec 6 ministres. Intouchable, largement irresponsable, il dispose du veto suspensif. L'Assemblée vote des lois, établit l'impôt et les dépenses.

▶ Mais **le suffrage est censitaire** et les femmes sont exclues du droit de vote.

D La réorganisation de la France

▶ Le territoire est réaménagé en **83 départements**.

▶ La justice est moins coûteuse. Les juges sont élus. La peine de mort subsiste mais la torture et les supplices sont interdits.

▶ Pour **régler les dettes de l'État**, les biens du clergé sont mis en vente (biens nationaux) et doivent garantir l'émission d'assignats.

▶ Avec la Constitution civile du clergé (1790), les évêques et les curés deviennent des **salariés de l'État** et doivent prêter serment à la Constitution.

▶ Le **libéralisme économique** est consacré par la loi Le Chapelier qui vise à garantir la liberté d'entreprise.

2 La fin de la monarchie (1791-1792)

A L'opposition grandit

▶ L'agitation est importante : tentatives de soulèvement militaire au camp de Jalès, révolte en Vendée. Les **prêtres réfractaires** refusent la Constitution civile du clergé condamnée par le pape. Les émigrés intriguent pour obtenir une intervention militaire.

▶ La fuite du roi, dans la nuit du 20 au 21 juin 1791, et son **arrestation à Varennes** marquent la rupture entre le roi et son peuple.

B L'entrée en guerre

Le 20 avril 1792, la France déclare la guerre à l'empereur d'Autriche.

▶ Les **partisans de la guerre** sont nombreux. Les Girondins estiment que la victoire libérera les peuples d'Europe de l'absolutisme. Le roi espère qu'une aide extérieure lui permettra de retrouver son autorité.

▶ Les **opposants** sont rares. Robespierre craint que la guerre coûte cher et qu'elle ait pour conséquence le retour de l'Ancien Régime.

C La chute de la monarchie

▶ Les **premières défaites** dressent le peuple contre le roi. À la menace autrichienne au nord s'ajoute la menace prussienne à l'est. Le 11 juillet, l'Assemblée déclare la « **Patrie en danger** ».

▶ À la suite du « **manifeste de Brunswick** » qui somme Paris de se soumettre au roi sous peine d'une répression exemplaire, les fédérés et les sans-culottes prennent d'assaut le palais des Tuileries (10 août 1792). Le roi est emprisonné.

▶ Sa suspension rend la **Constitution de 1791 inapplicable**. Une nouvelle Assemblée, la Convention, est chargée de rédiger une nouvelle constitution.

▶ En septembre, la France remporte une victoire à Valmy. La Révolution est sauvée. Le 21 septembre 1792, la **Convention proclame la République**.

CONCLURE

En septembre 1792, la Révolution est sauvée mais la nation n'a plus de roi. La France devient une République.

La République en péril (1792-1794)

22

(→ RABATS, IV ET V)

La jeune République est fragile et évolue vers le régime de la Terreur.

1 *La Convention girondine (septembre 1792-printemps 1793)*

A La Convention

▶ La Convention est élue au **suffrage universel masculin** mais peu d'électeurs ont voté (par peur ou par ignorance).

▶ Rapidement, les **Girondins** (droite de la Convention) et les **Montagnards** (gauche de la Convention) sont en désaccord sur l'attitude à adopter face aux sans-culottes : les Girondins s'en méfient depuis l'été 1792, alors que les Montagnards pensent que la Révolution ne peut pas triompher sans eux.

▶ Entre les deux groupes, les députés de la **Plaine** (dont Sieyès) sont en position d'arbitres.

B La politique girondine

▶ **À l'extérieur**, la politique des Girondins est audacieuse. Après la victoire de Jemmapes (6 novembre 1792), l'armée se lance à la conquête de la Belgique. La Rhénanie et Nice sont occupées. Ces succès inquiètent les peuples d'Europe qui forment une coalition.

▶ **À l'intérieur**, les Girondins sont plus prudents. Ils tentent d'éviter le procès du roi alors que les Montagnards (dont Robespierre) réclament sa mort. Jugé pour trahison, **Louis XVI** est condamné à mort et **exécuté le 21 janvier 1793**.

C La chute des Girondins et l'ascension des Montagnards

▶ La République est assiégée par **l'Europe coalisée**. Le pays est aussi ravagé par la guerre civile. La Vendée, qui refuse de répondre à la levée de 300 000 hommes ordonnée par la Convention, entre en rébellion (**guerre de Vendée**).

▶ Au printemps 1793, les sans-culottes, par la voix des **Enragés**, réclament la taxation des denrées (grains rares et chers). Les députés de la Plaine se rapprochent alors de la Montagne pour voter des mesures d'exception : création d'un **tribunal révolutionnaire** pour juger les suspects, maximum du prix des grains et des farines, formation d'un **Comité de salut public**...

▶ Mais ces mesures ne calment pas les sans-culottes qui obtiennent l'arrestation de 29 députés girondins (2 juin 1793). La Convention passe alors aux mains des Montagnards.

2 La dictature de Salut Public (juin 1793-juillet 1794)

A Le redressement par la Terreur

▶ La **Terreur** est mise à l'ordre du jour (4-5 septembre 1793). La **loi des suspects** (17 septembre 1793) ordonne l'arrestation de tous les ennemis de la République. La liberté de la presse est suspendue. La **loi du maximum** (septembre 1793) fixe un prix pour les produits de base. Une nouvelle levée en masse est votée (23 août). La Terreur est aussi religieuse.

▶ Fin 1793, **la Révolution est sauvée** :
– l'ennemi est repoussé : les Autrichiens à Wattignies (octobre) et les Austro-Prussiens à Wissembourg (décembre) ;
– les opposants de l'intérieur sont vaincus : l'insurrection royaliste est réprimée (Lyon et Toulon reprises), les Vendéens sont écrasés et les chefs girondins se suicident (Condorcet) ou sont guillotinés (Brissot).

B La fin de la Terreur

▶ Début 1794, le Comité de Salut public est attaqué par les **Indulgents** (derrière Danton et Camille Desmoulins) qui protestent contre les excès de la Terreur et par les **Enragés** (conduits par Hébert) qui veulent aller encore plus loin. En mars-avril, ces deux factions sont éliminées par Robespierre.

▶ Mais **Robespierre** est affaibli. Son autorité est de plus en plus contestée. Arrêté le 9 Thermidor an II (27 juillet 1794), il est **guillotiné** le lendemain. Saint-Just et 19 autres députés connaissent le même sort. La Terreur a fait 50 000 victimes.

CONCLURE

Le 9 Thermidor qui met fin à la Terreur représente une rupture capitale dans l'histoire de la Révolution française. Un nouveau régime politique est mis en place, le Directoire.

La République bourgeoise (1794-1799)

23

(→ RABATS, IV ET V)

Comment la Révolution française s'est-elle terminée ?

1 *La réaction bourgeoise*

A L'esprit du Directoire

▶ La chute de Robespierre et des Montagnards est suivie par la mise en place d'un régime conservateur : le **Directoire**. La Terreur est interrompue, car devenue inutile, et ses principaux responsables sont guillotinés. La loi des suspects et la loi du maximum sont abrogées. En matière religieuse, les **Thermidoriens** tolèrent l'exercice du culte pour tous les prêtres qui ont fait acte de soumission aux lois de la République.

▶ Mais les députés sont **attachés à la Révolution** : une insurrection royaliste sera écrasée à Paris le 13 vendémiaire an IV (5 octobre 1795) par le général Bonaparte.

B La Constitution de l'an III

La **Constitution (1795)** consacre la **séparation des pouvoirs**.

▶ Pour éviter qu'il ne soit trop puissant, le pouvoir législatif est partagé entre le **Conseil des Cinq-Cents** (qui a l'initiative des lois) et le **Conseil des Anciens** (qui vote les lois et le budget).

▶ Le pouvoir exécutif est confié à **cinq directeurs** (le Directoire) nommés par le Conseil des Anciens sur présentation du Conseil des Cinq-Cents.

▶ Aucun rapport entre les deux pouvoirs n'est prévu.

▶ Seuls peuvent voter 30 000 riches propriétaires.

2 *L'échec du Directoire (1795-1799)*

A Des débuts difficiles

▶ **À l'intérieur**, le Directoire fait face à des oppositions multiples.

• La **menace royaliste** pousse à exiger que les deux tiers des membres des nouvelles assemblées soient pris dans l'ancienne Convention (1795) ou à casser l'élection dans 49 départements (1797). Dès le départ donc, le principe libéral de l'élection est violé.

• La **peur du peuple** exigeant du pain et le retour à la Constitution de l'an I, et se dressant contre la jeunesse dorée conduit à l'écrasement par l'armée des émeutes de la faim (1795). C'est cette même peur qui conduit à l'élimination de **Babeuf** (1797) qui rêvait de l'établissement d'une dictature populaire, de la suppression de l'héritage et la mise en commun des richesses du sol (la Conjuration des Égaux).
• Pour conserver la majorité à la Convention, le Directoire annule l'élection des députés jacobins (1798).

▶ **À l'extérieur**, la situation s'améliore. Après Fleurus (juin 1794), des victoires assurent la sécurité du territoire national.

B Le coup d'État du 18 Brumaire

▶ Le régime est **discrédité** (corruption de la classe politique) et le fossé entre les riches et les pauvres augmente. La guerre civile reprend dans l'ouest du pays.

▶ Convaincu de l'urgence de réformer la Constitution, Sieyès (un des directeurs) persuade le général Napoléon Bonaparte (de retour d'Égypte) de mener à bien le coup d'État du 18 Brumaire an VIII (9 novembre 1799) qui **met fin au Directoire.** Le pouvoir exécutif est confié à trois consuls provisoires : Bonaparte, Sieyès et Roger Ducos.

Biographie

Napoléon Bonaparte (1769-1821)

• Corse de petite noblesse, officier avant 1789, il adhère aux idées de la Révolution. Il se distingue lors du siège de Toulon contre les Anglais (décembre 1793). L'année suivante, il est promu général. Il se range alors aux côtés de la Montagne contre les Girondins.
• Après le 9 Thermidor, il tombe en disgrâce, mais après avoir réprimé l'émeute du 13 Vendémiaire (1795) il obtient, grâce à Barras, le commandement de l'armée d'Italie, ce qui lui donne l'occasion de révéler ses talents militaires. Après la campagne d'Égypte en 1798, il mène à bien le coup d'État du 18 Brumaire.
• Après son coup d'État, il dirige le pays pendant quinze ans : sous le Consulat (1799-1804), puis l'Empire (1804-1814).

CONCLURE

Le 18 Brumaire met fin à la décennie révolutionnaire (1789-1799) et ouvre l'ère napoléonienne (1799-1814).

Le consulat de Napoléon Bonaparte (1799-1804) 24

QUIZ p. 59

Napoléon Bonaparte s'appuie sur la Révolution pour construire un nouveau régime.

1 La France reprise en main par Bonaparte

A La Constitution de l'an VIII (1799)

▶ **Bonaparte fonde le Consulat** et prend le titre de Premier Consul. Il concentre entre ses mains un pouvoir exécutif renforcé. Il a aussi l'initiative des lois. Le reste du pouvoir législatif est partagé entre trois assemblées. Le suffrage universel est rétabli mais les Français n'élisent pas directement leurs représentants.

▶ La Constitution sera à peine modifiée en 1804. Toutefois, le rôle des assemblées sera de plus en plus négligeable (→ RABATS, IV ET V).

B La centralisation renforcée

▶ Bonaparte nomme, à la tête des départements, des **préfets** qui sont responsables devant lui. Les sous-préfets et les maires sont également nommés.

▶ La **censure** frappe les journaux et les livres. Désormais, aucun journal ne peut paraître sans autorisation préalable (décret du 17 janvier 1800).

▶ La **police** traque les opposants au régime.

C Vers l'Empire

▶ Disposant d'un appareil d'État efficace, apprécié pour avoir rétabli la paix (pour la première fois depuis 1792, la France n'est plus en guerre), Bonaparte se fait désigner par plébiscite **consul à vie** (2 août 1802).

▶ Le 2 décembre **1804**, il se fait sacrer **Empereur héréditaire des Français** sous le nom de Napoléon Ier.

2 Une France réorganisée et pacifiée

A La réorganisation des finances

▶ Bonaparte réforme la perception des **impôts** pour procurer à l'État des rentrées régulières. Des fonctionnaires d'État assurent la répartition et la perception des contributions directes. Le rétablissement d'impôts indirects (les « droits réunis ») alourdit la charge fiscale.

▶ La **Banque de France** (1800) favorise la reprise des affaires en consentant de larges avances d'argent à un taux modéré. Elle prend aussi en charge une partie de la dette publique. Une monnaie stable, le **franc germinal**, est instituée en 1804.

B La politique de réconciliation

▶ L'autorité de Bonaparte s'appuie sur une politique d'apaisement : amnistie pour les anciens Montagnards, armistice avec les chefs de l'insurrection vendéenne, autorisation du retour des nobles émigrés. Mais il se montre impitoyable à l'égard des irréductibles.

▶ En 1801, il signe avec le pape le **Concordat** qui rétablit la paix religieuse.

CITATION « **Il faut une religion au peuple. Il faut que cette religion soit dans la main du gouvernement.** »
Napoléon, 1801

C Une France nouvelle

▶ Afin de terminer la Révolution, Bonaparte entreprend des réformes qui encadrent la société, maintiennent l'ordre et la cohésion sociale.

▶ Le **Code civil** (connu sous le nom de « Code Napoléon ») est promulgué en 1804. Il confirme les principes de 1789 (liberté, égalité devant la loi) et reconnaît l'abolition de la monarchie. Il garantit le droit de propriété. Il rétablit l'autorité du père sur sa femme et ses enfants.

▶ Les **lycées** remplacent les écoles centrales jugées trop indépendantes. Ils forment les futurs cadres de la nation.

▶ Créée en 1802, la **Légion d'honneur** récompense les services militaires ou civils rendus à la Nation.

▶ Depuis 1803, un **livret ouvrier** (sur lequel sont inscrits les lieux et les dates d'embauche) contrôle les salariés.

CONCLURE

L'époque napoléonienne fixe pour plusieurs décennies les bases d'une nouvelle société.

La France dans la première moitié du XIXe siècle

25

? QUIZ p. 59

Quels régimes se succèdent de 1804 à 1852 ? Qu'en est-il des principes de 1789 ?

1 *Le Premier Empire (1804-1815)*

▶ **Napoléon Ier exerce un pouvoir autoritaire.** Les libertés sont étouffées : les Français sont surveillés par la police impériale et les journaux sont censurés.

▶ Napoléon vainc l'Autriche et la Russie (Austerlitz), la Prusse (Iéna), l'Autriche (Wagram) **mais il est vaincu à Trafalgar.** La campagne de Russie tourne à la tragédie.

▶ Les vaincus se coalisent contre la France qui est envahie en 1814. **Napoléon abdique** et est exilé à l'île d'Elbe. Un an plus tard, il s'échappe et reprend le pouvoir pour Cent Jours. Vaincu par les Anglais à Waterloo (1815), il abdique.

2 *Le retour de la monarchie (1815-1848)*

A La Restauration (1815-1830)

▶ **Louis XVIII (1815-1824).** La Charte constitutionnelle de 1814 reconnaît les principes de 1789. L'organisation des pouvoirs donne au roi le pouvoir exécutif et l'initiative des lois. Deux assemblées discutent ces lois. Trois courants politiques coexistent : les **ultras** (à droite), les **libéraux** (à gauche) et les **constitutionnels** (au centre).

▶ **Charles X (1824-1830).** Les principes de 1789 sont remis en cause : la liberté de la presse est limitée, les émigrés sont indemnisés. Comme les élections de juillet 1830 donnent le pouvoir aux libéraux, Charles X proclame **4 ordonnances** qui provoquent une insurrection à Paris. Après ces « **Trois Glorieuses** » (27, 28 et 29 juillet 1830), Charles X abdique.

B La monarchie de Juillet (1830-1848)

▶ **Louis-Philippe Ier** est proclamé roi des Français. Le pouvoir des Chambres est renforcé (initiative des lois). La censure est supprimée. Le cens électoral est abaissé. Le drapeau tricolore est rétabli.

▶ Mais le régime ne satisfait pas tout le monde. Les manifestations populaires (canuts lyonnais, 1831) et républicaines sont réprimées.

La crise économique (mauvaises récoltes, chômage) accentue le mécontentement populaire. Pour contourner la loi qui interdit les réunions publiques, les libéraux organisent une campagne de banquets afin de faire connaître leur programme. L'interdiction d'un banquet conduit à une révolution (22, 23 et 24 février 1848) qui chasse Louis-Philippe Ier.

3 La IIe République (1848-1852)

A Une République démocratique...

La République est proclamée. Un gouvernement provisoire appelle à l'élection d'une Constituante au suffrage universel, proclame la liberté de la presse et de réunion, abolit la peine de mort et l'esclavage dans les colonies. Des ateliers nationaux pour aider les chômeurs sont mis en place.

B ... mais fragile

▶ Les élections d'avril 1848 consacrent la victoire des républicains modérés. Mais rapidement le climat se détériore sous l'effet des difficultés économiques et financières. La fermeture des ateliers nationaux (considérés comme des foyers d'agitation) provoque une insurrection populaire à Paris qui est violemment réprimée.

▶ La Constitution du 4 novembre 1848 confie le pouvoir exécutif à un président de la République (élu pour 4 ans au suffrage universel) et le pouvoir législatif à une assemblée unique. En décembre, Louis Napoléon Bonaparte devient président de la République.

C Le coup d'État de décembre 1851

▶ Aux élections législatives de mai 1849, les républicains modérés subissent une grande défaite alors que le parti de l'Ordre triomphe. Le droit de grève est interdit. Le suffrage universel est restreint. La liberté de la presse est remise en question.

▶ Le président et l'Assemblée entrent rapidement en conflit. Le 2 décembre 1851, un coup d'État dirigé par Louis Napoléon Bonaparte met fin à la IIe République.

CONCLURE

Les principes de 1789 sont remis en cause à plusieurs reprises sous trois régimes politiques différents.

L'Europe des Nations

26

QUIZ p. 59

Dans toute l'Europe, des tensions se manifestent entre souverains et peuples autour de la question de nation.

1 *La reconstruction européenne*

Après la chute de l'empire napoléonien, le congrès de Vienne (octobre 1814-juin 1815) réorganise l'Europe.

A L'Europe de 1815

▶ **La carte de l'Europe est redessinée.**

- Les acquisitions sont importantes pour la Russie, l'Autriche et la Prusse.
- L'Angleterre conserve Malte et les îles Ioniennes, mais la plupart de ses acquisitions sont situées outre-mer.
- La France est ramenée à ses frontières de 1789 et entourée d'États-tampons pour empêcher toute velléité expansionniste.
- La Belgique est rattachée à la Hollande.

▶ Voulue par le chancelier autrichien Metternich, la « **Sainte Alliance** » est conclue en septembre 1815 entre les souverains de Prusse, d'Autriche et de Russie. Leur but est de se garantir mutuellement contre toute nouvelle offensive révolutionnaire ou libérale en Europe. Le pacte évolue vers une alliance à quatre (avec l'Angleterre) puis à cinq (avec la France).

B Des nationalités opprimées et divisées

Le droit des peuples à disposer d'eux-mêmes est bafoué : les Polonais sont partagés entre la Prusse, l'Autriche et surtout la Russie ; les Allemands et les Italiens sont divisés entre plusieurs États ; les Hongrois et les Grecs qui aspiraient à l'indépendance sont abandonnés…

2 *L'agitation nationale (1815-1848)*

La réorganisation de l'Europe est contestée.

▶ Dans les États italiens, un mouvement libéral, le ***Risorgimento*** (réveil), se regroupe en sociétés secrètes et organise des soulèvements durement réprimés par l'armée autrichienne.

▶ La Grèce, alors sous domination ottomane, devient indépendante en 1829.

B Les révolutions de 1830

La révolution parisienne des Trois Glorieuses (juillet 1830) **encourage les peuples à se soulever**.

▶ Les Belges proclament leur indépendance (août 1830).

▶ Ailleurs, les révolutions échouent : en Pologne où l'armée russe écrase l'insurrection (1831), en Italie et en Allemagne.

3 *Le Printemps des peuples (1848)*

Au printemps 1848, une nouvelle vague révolutionnaire embrase l'Europe.

A La révolution se propage dans toute l'Europe

Partie de France (février), la vague révolutionnaire gagne **l'Allemagne, l'Autriche, l'Italie**.

▶ L'Empire d'Autriche-Hongrie est déstabilisé. À Vienne, de violentes émeutes obligent Metternich à s'enfuir. Les Hongrois et les Tchèques réclament leur indépendance.

▶ En Allemagne et en Italie, les nationalistes cherchent à réaliser l'unité de leur pays.

▶ Les princes allemands sont contraints d'accepter l'élection du parlement de Francfort et le principe de l'unité allemande.

▶ Les Autrichiens sont chassés de Milan et de Venise. Le roi du Piémont prend la tête d'une croisade contre l'Autriche.

B L'échec du Printemps des peuples

En moins d'un an, **le Printemps des peuples est écrasé**.

▶ L'armée autrichienne reconquiert Prague, Vienne puis Budapest.

▶ En Italie, les troupes piémontaises sont écrasées par cette même armée. Une intervention française provoque la chute de la République romaine dirigée par Mazzini et défendue par Garibaldi.

▶ Le parlement de Francfort est divisé entre les partisans d'une grande Allemagne et d'une petite Allemagne. Le rêve d'une unification allemande s'effondre.

CONCLURE

En 1848, les souverains parviennent à restaurer leur autorité. Mais partout, des mouvements de libération nationale s'organisent.

Les abolitions de la traite et de l'esclavage

27

Quels processus ont mené à l'abolition de la traite et de l'esclavage ?

1 *La contestation de l'esclavage*

A Avant 1789

▶ La traite atlantique débute au XVe siècle mais c'est à partir du dernier tiers du XVIIe siècle qu'elle prend véritablement son essor. Près de **15 millions d'Africains** sont ainsi déportés vers l'Amérique ou les Antilles. Leur vie est réglée par le Code noir (promulgué en 1685 par Louis XIV).

▶ Dans l'*Encyclopédie*, partisans et adversaires du système esclavagiste s'affrontent.

▶ En 1789, la **Société des amis des Noirs** (créée en 1788) revendique l'interdiction de la traite et de l'esclavage.

B Un espoir déçu

Le 26 août 1789, la Déclaration des droits de l'homme et du citoyen est votée. Mais l'article 1 (« Les hommes naissent libres et égaux en droits ») n'est pas étendu aux esclaves des colonies. Des **révoltes d'esclaves** ont lieu en Martinique.

C La première abolition de l'esclavage (1793-1794)

▶ En **1793** (29 août, Saint-Domingue) et en **1794** (4 février), la République décrète l'affranchissement des esclaves. Cette mesure est inséparable de la guerre : sur le plan extérieur (entrée de l'Angleterre dans le conflit mondial en février 1793) et sur le plan intérieur (conséquences de la révolte des esclaves dirigés par Toussaint Louverture en août 1791). Pour la première fois en Europe, l'**abolition de l'esclavage** au nom du principe de liberté est décrétée.

▶ La Martinique, occupée par les Anglais en 1793, ne connaît pas l'abolition de l'esclavage.

2 *Le rétablissement de l'esclavage*

▶ Devenu gouverneur de la colonie de **Saint-Domingue** (1797), Toussaint Louverture proclame en 1800 l'autonomie de l'île et prend le titre de gouverneur général de Saint-Domingue. La promulgation de la Constitution autonomiste amène Bonaparte à réagir.

• En mars 1802, un corps expéditionnaire français débarque à Saint-Domingue. Toussaint Louverture est arrêté (juin) et déporté en France.

• En **Guadeloupe**, les troupes de couleur sont désarmées. L'esclavage est rétabli ainsi qu'en **Guyane**.

▶ À Saint-Domingue, les officiers de couleur reprennent les armes. Un an plus tard (janvier 1804), l'indépendance de Haïti est proclamée. C'est la **première République fondée par des esclaves**.

3 La fin de la traite et de l'esclavage

A L'abolition de la traite

▶ L'Angleterre abolit la traite en **1807**.

▶ En 1815, les puissances réunies à Vienne signent la convention qui met la traite des noirs hors-la-loi. En **1817**, la traite est **déclarée illégale** par la France.

▶ Mais la traite illégale s'organise. Elle se poursuit jusque dans les années 1860.

B L'abolition définitive de l'esclavage

▶ En 1833, l'esclavage est aboli dans les colonies anglaises.

▶ En France, après le choc de la perte de Saint-Domingue et de l'effondrement de l'empire napoléonien, la remise en cause de l'esclavage est difficile. Le retour de la République (février 1848) amène au pouvoir des abolitionnistes convaincus (Victor Schoelcher et François Arago).

▶ Le 27 avril **1848**, **l'esclavage est définitivement aboli**. Le Code noir est aboli. Les affranchis obtiennent le droit de vote. Les anciens esclaves sont inscrits sur les registres d'état civil. Les anciens planteurs seront indemnisés.

▶ Le Portugal abolit l'esclavage en 1861 et les Pays-Bas en 1863.

CONCLURE

Les idéaux de liberté circulant en Europe désavouent le système esclavagiste. Celui-ci perdure un temps mais l'action politique et les soulèvements d'esclaves en viennent à bout. En France, la traite est abolie en 1817 et l'esclavage en 1848.

Quiz express 28

Cochez la ou les bonnes réponses.

Révolutions, libertés et nations à l'aube de l'époque contemporaine

1 *Montesquieu*

Qu'a écrit Montesquieu ?

- ☐ a. *Du Contrat social*
- ☐ b. *De l'Esprit des lois*
- ☐ c. *Les Lettres philosophiques*

2 *L'année 1789*

Quel événement a eu lieu le premier ?

- ☐ a. la prise de la Bastille
- ☐ b. le Serment du Jeu de Paume
- ☐ c. la Déclaration des droits de l'homme et du citoyen

3 *Les réformes de Napoléon*

Que doit-on à Napoléon ?

	Vrai	Faux
1. le Code civil	☐	☐
2. la Légion d'honneur	☐	☐
3. la création des départements	☐	☐

4 *Les rois de France*

Dans quel ordre chronologique ces rois ont-ils régné ?

- ☐ a. Charles X
- ☐ b. Louis-Philippe Ier
- ☐ c. Louis XVIII

5 *Le « Printemps des peuples »*

Que désigne le « Printemps des peuples » ?

- ☐ a. la contestation des années 1820
- ☐ b. les révolutions de 1830
- ☐ c. la vague révolutionnaire qui touche l'Europe en 1848

Corrigés !

Score : ... / 7

1 *Montesquieu*

Fiche 19

Réponse b. Dans son œuvre majeure *De l'Esprit des lois*, Montesquieu se prononce pour une séparation des pouvoirs exécutif, législatif et judiciaire.
Du Contrat social est écrit par Rousseau et les *Lettres philosophiques* par Voltaire.

2 *L'année 1789*

Fiche 20

Réponse b. Après la fermeture de leur salle de réunion, les députés se réunissent dans la salle du Jeu de Paume et prêtent serment le 20 juin 1789.
Le 14 juillet, les Parisiens prennent la Bastille. La « Déclaration des Droits de l'homme et du citoyen » (26 août) jette les bases d'une nouvelle organisation de la société.

3 *Les réformes de Napoléon*

Fiche 24

1. et 2. Vrai. Napoléon prend de nombreuses mesures dont le Code civil (1804) et la Légion d'honneur (1802) qui récompense les services militaires ou civils rendus à la Nation.

3. Faux. La création des départements remonte à 1790.

4 *Les rois de France*

Fiche 25

Réponses c, a et b. Après la chute de Napoléon, la monarchie est rétablie. Louis XVIII (1815-1824) monte sur le trône. À sa mort, Charles X (1924-1830) lui succède. À la suite de la Révolution des Trois Glorieuses, Louis-Philippe Ier est proclamé roi des Français.

5 *Le « Printemps des peuples »*

Fiche 26

Réponse c. Le « Printemps des peuples » est la vague révolutionnaire qui partie de France gagne l'Allemagne, l'Autriche, l'Italie en 1848.
Dans les années 1820, la Grèce devient indépendante et le *Risorgimento* prépare l'unité italienne.
En 1830, l'insurrection parisienne renverse les Bourbons, les Polonais se révoltent contre le tsar.

Un développement inégal et déséquilibré

29

(→ DÉPLIANT, III ET IV)

? QUIZ p. 67

Qu'est-ce que le développement ?
Comment identifier les écarts de développement ?
Le schéma opposant le Nord et le Sud est-il suffisant ?

1 L'indice de développement humain

▶ L'IDH prend en compte trois indicateurs :
– **l'espérance de vie à la naissance** qui mesure la satisfaction des besoins essentiels de l'homme ainsi que l'accès à une alimentation saine, à l'eau potable, à un logement décent, à une bonne hygiène et aux soins médicaux ;
– **la durée moyenne de scolarisation** qui évalue le niveau d'éducation de la population ;
– **le PIB par habitant** qui donne une indication sur le niveau de vie moyen du pays.

▶ L'IDH permet de distinguer les **pays du Nord** qui ont un fort IDH (Norvège : 0,949) et les **pays du Sud** qui en ont un faible (République centrafricaine : 0,352).

2 Nord-Sud : l'inégal développement

A Des inégalités de richesse et de niveau de vie

▶ Le **Nord**, qui abrite 20 % de la population mondiale, détient 80 % des richesses du globe. Il produit également l'essentiel de la richesse.

▶ À l'inverse, dans les pays du **Sud**, une grande partie de la population n'a pas accès aux services de base (santé, scolarité…) et aux ressources (eau potable, électricité…). La population est fragilisée par la sous-nutrition et les maladies.

B Des inégalités dans la structure de la population

▶ Au Nord, **la population vieillit**. Le taux de fécondité parvient à peine à renouveler les générations. Les taux de natalité et de mortalité sont bas.

▶ Le Sud est caractérisé, au contraire, par une croissance démographique importante et **une population jeune**. L'espérance de vie atteint rarement 60 ans. Les taux de natalité et de mortalité sont encore élevés.

C Des inégalités face aux risques naturels et politiques

▶ Les **aléas naturels** (sécheresses, inondations, séismes) ont un impact plus grand sur les populations du Sud.

▶ **Instabilité politique** et **guerres** touchent davantage le Sud.

3 Des inégalités à différentes échelles

A Des Sud

INFO « Le Brésil, la Chine et l'Inde combinés devraient représenter 40 % de la production mondiale en 2050 contre 10 % en 1950. »
Rapport sur le développement humain

Parmi les pays du Sud, on distingue quatre ensembles :
– **les pays émergents** à forte croissance économique comme la Chine et l'Inde ;
– **les pays en développement** (PED) dont la croissance est modérée et qui ont un net retard socio-économique ;
– **les pays producteurs de pétrole** qui se développent grâce aux pétrodollars ;
– **les pays les moins avancés** (PMA) qui vivent en marge de l'économie mondiale.

B Les inégalités à l'échelle d'un pays

À l'intérieur d'un pays, on oppose généralement :
– **un ou plusieurs centres**, attractifs, où sont concentrés les activités, l'essentiel des pouvoirs politiques, les sièges sociaux des entreprises, les bourses de commerce et d'industrie ;
– **les marges périphériques**, plus ou moins bien reliées aux régions dynamiques, et dont les niveaux de développement sont variés.

C Les inégalités à l'intérieur d'une agglomération

▶ Des quartiers, sous-équipés en service de base, abritent les **classes moyennes ou pauvres** (logements collectifs, bidonvilles). Le chômage et la précarité y sont plus importants qu'ailleurs.

▶ D'autres quartiers accueillent au contraire les **populations aisées** (zones pavillonnaires, résidences de standing). Dans les pays pauvres, les transitions sont souvent très brutales.

CONCLURE

Des inégalités de richesse et de développement existent entre les pays du Nord et les pays du Sud. Mais il existe aussi des inégalités à l'échelle des pays ou des villes.

De nouveaux besoins pour 9 milliards d'hommes

30

QUIZ p. 67

La population de la Terre augmente très rapidement et devrait atteindre 9,8 milliards d'habitants en 2050. Cette croissance démographique a de nombreuses conséquences économiques et sociales.

1 *La croissance de la population mondiale*

A La population mondiale actuelle

▶ En 2016, la population mondiale avoisine les 7,4 milliards d'habitants, dont 4,4 milliards en Asie et 1,2 milliard en Afrique.

▶ Les deux pays les plus peuplés sont la **Chine** (1,37 milliard d'habitants) et l'**Inde** (1,29 milliard).

B La très forte croissance prévue d'ici 2050

▶ En 2050, la population mondiale devrait atteindre 9,8 milliards d'habitants.

▶ Cette croissance concernera **surtout l'Asie** (5,2 milliards d'habitants) et l'Afrique (2,4 milliards). L'Inde devrait devenir le pays le plus peuplé (1,7 milliard) devant la Chine (1,35 milliard).

▶ **En Europe**, en revanche, la population devrait **diminuer** (706 millions d'habitants en 2050 contre 738 millions en 2016).

C La progressive concentration dans les villes

▶ **1 homme sur 2** dans le monde vit aujourd'hui en ville contre 1 sur 10 en 1900 ! L'urbanisation est plus ou moins avancée selon les continents : les plus développés (Europe, Amérique du Nord) sont aussi les plus urbanisés ; l'Amérique latine, quoique moins développée, est également très urbanisée ; en revanche, l'Afrique et l'Asie comptent encore une majorité de ruraux.

▶ D'ici 2030, l'effectif de la population urbaine devrait atteindre **60 % de la population mondiale.** Dans les pays du Sud, cette croissance sera sans précédent : 84 % de la population des pays en développement vivront dans les zones urbaines.

2 *Les Objectifs du millénaire pour le développement : où en sommes-nous ?*

Les 8 Objectifs du millénaire (Nations unies, 2000) sont une promesse faite par les dirigeants pour trouver, à l'horizon 2015, des solutions à cette forte croissance démographique.

▶ Objectif 1 : **éliminer l'extrême pauvreté et la faim**. Le nombre de personnes vivant avec moins d'1 dollar par jour est passé de 1 926 millions en 1990 à 836 millions en 2015.

▶ Objectif 2 : **assurer l'éducation primaire pour tous**. Elle progresse dans les pays du Sud. Les filles vont moins souvent à l'école, mais l'écart avec les garçons se réduit.

▶ Objectif 3 : **promouvoir l'égalité des sexes et l'autonomisation des femmes**. La part de femmes occupant un emploi précaire a diminué de 13 %. Le nombre de femmes siégeant dans un Parlement a doublé.

▶ Objectif 4 : **réduire la mortalité des enfants de moins de 5 ans**. Les résultats sont encourageants.

▶ Objectif 5 : **améliorer la santé maternelle**. La mortalité maternelle a diminué de 45 % depuis 1990.

▶ Objectif 6 : **combattre le VIH/sida, le paludisme et d'autres maladies**. En 2014, 13,6 millions de personnes vivant avec le VIH reçoivent un traitement, contre 800 000 en 2003. Le taux de mortalité dû au paludisme a diminué de 58 % entre 2000 et 2015.

▶ Objectif 7 : **assurer un environnement humain durable**. Il s'agit notamment d'améliorer l'accès à l'eau potable et à des installations d'assainissement. Par rapport à 1990, 1,9 milliard de personnes supplémentaires sont approvisionnées en eau potable courante.

▶ Objectif 8 : **créer un partenariat mondial pour le développement**. L'aide publique au développement (APD) est passée de 81 milliards de dollars en 2000 à 135 milliards en 2014.

CONCLURE

Face à l'accroissement de la population dans les pays du Sud, les Nations unies se sont fixé des objectifs visant à améliorer la vie des hommes. Mais malgré de nombreux succès, les personnes les plus vulnérables sont laissées de côté.

Le choix du développement durable 31

QUIZ p. 67

Que faire pour aider l'homme à vivre mieux aujourd'hui et demain ?

1 *Émergence théorique et politique*

A Pourquoi le choix du développement durable ?

▶ Le développement durable préconise le maintien d'un équilibre entre l'homme et son environnement, et **une meilleure répartition des richesses** entre les pays riches et les pays moins développés.

▶ Le **rapport Brundtland** (« *Our Common Future* », ONU, 1987), généralement considéré comme le point de départ du concept de développement durable, proposait la mise en place d'un « mode de développement qui répond aux besoins du présent sans compromettre la capacité des générations futures de répondre aux leurs ».

B Les sommets de la Terre : une approche internationale

▶ La **conférence des Nations unies** sur l'environnement et le développement (CNUED) s'est tenue à **Rio en 1992**. C'est le premier sommet consacré au développement durable. Il aboutit à la **déclaration de Rio** qui fixe des lignes d'action pour assurer une meilleure gestion de la planète face à la déforestation, la désertification, le réchauffement climatique et pour la biodiversité.

▶ La conférence a aussi donné naissance à l'**Agenda 21** (ou Action 21), qui fixe un programme d'action pour le XXIe siècle orienté vers le développement durable : lutte contre la pauvreté et l'exclusion sociale, production de biens et de services durables, protection de l'environnement.

▶ Le **sommet de Johannesburg** (2002) a incité les États à réitérer leur engagement politique en faveur du développement durable. Mais cette rencontre est suivie de peu d'engagements.

▶ Le dernier Sommet de la Terre s'est tenu en 2012.

2 *Les trois piliers du développement durable*

Le développement durable repose sur trois piliers : économique, social et environnemental (→ SCHÉMA, P. 66), auxquels s'ajoute la dimension culturelle (le dialogue interculturel est le meilleur gage pour la paix).

A Le pilier économique

Le pilier économique repose notamment sur une **utilisation raisonnée** des ressources et des milieux naturels et sur une évolution des relations économiques internationales (en favorisant le **commerce équitable**).

Les trois piliers du développement durable

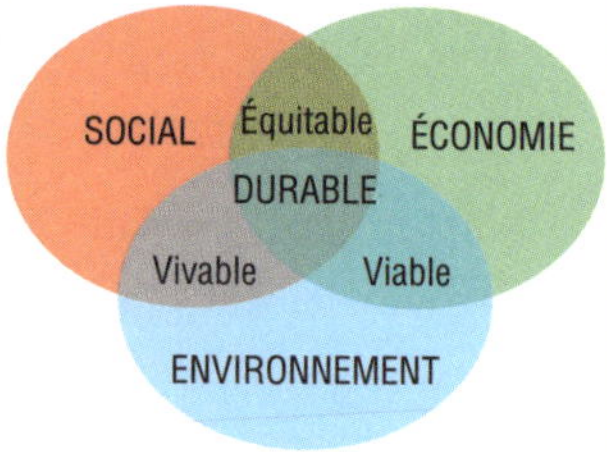

B Le pilier social

Le pilier social doit satisfaire les **besoins essentiels** de la population (sécurité alimentaire, eau potable) et lutter **contre la pauvreté.** L'accès à l'éducation pour tous (garçons et filles) et le respect des cultures sont aussi des priorités.

C Le pilier environnemental

Préserver les matières premières est un enjeu fondamental du développement durable. L'utilisation des ressources peut être prolongée par le recyclage des matières premières et la réduction des emballages. Le pilier environnemental protège la biodiversité, les océans, les zones humides ; il favorise l'agriculture biologique et la création de villes ou de quartiers durables.

D Les autres principes du développement durable

▶ À ces trois piliers s'ajoute un enjeu transversal indispensable à la mise en œuvre du développement durable : la **gouvernance** (participation de tous au processus de décision).

▶ La **solidarité** entre les peuples et les générations est un autre principe du développement durable.

▶ Enfin, le **principe de précaution** s'applique en l'absence de certitudes scientifiquement établies (comme interdire un produit).

CONCLURE

Le développement durable tente de concilier le développement des sociétés et l'utilisation des ressources. En favorisant l'équité sociale et spatiale, en protégeant les milieux et les écosystèmes, il devrait aider les hommes à vivre mieux.

Quiz express

32

Cochez la ou les bonnes réponses.

Du développement au développement durable

1 L'IDH

Lequel de ces indicateurs n'est pas pris en compte dans le calcul de l'IDH ?

- ☐ a. l'espérance de vie à la naissance
- ☐ b. le taux d'urbanisation
- ☐ c. la durée moyenne de scolarisation

2 Les Sud

	Vrai	Faux
1. La Chine et l'Inde sont des pays émergents.	☐	☐
2. Les PMA sont caractérisés par la pauvreté, l'instabilité politique et un sous-équipement.	☐	☐
3. Les pays pétroliers à hauts revenus ne sont pas des pays du Sud.	☐	☐

3 La population mondiale

La Terre compte actuellement environ :

- ☐ a. 3 milliards d'êtres humains
- ☐ b. 7,4 milliards d'êtres humains
- ☐ c. 10 milliards d'êtres humains

4 Le pays le plus peuplé en 2050

Quel sera le pays le plus peuplé en 2050 ?

- ☐ a. la Chine
- ☐ b. l'Inde
- ☐ c. les États-Unis

5 Le choix du développement durable

Quel est le point de départ du concept de développement durable ?

- ☐ a. le rapport Brundtland de 1987
- ☐ b. le sommet de Rio de 1992
- ☐ c. le sommet de Johannesburg de 2002

Corrigés !

Score : ... / 7

1 L'IDH

Fiche 29

Réponse b. L'IDH (indice de développement humain) est la moyenne de trois indicateurs dont la valeur est comprise entre 0 et 1 : l'espérance de vie à la naissance, la durée moyenne de scolarisation et le PIB par habitant.
Le niveau d'urbanisation n'est donc pas pris en compte dans le calcul de l'IDH.

2 Les Sud

Fiche 29

1. Vrai. La Chine et l'Inde sont des pays émergents, encore marqués par le sous-développement mais en plein essor économique.

2. Vrai. Les pays les moins avancés (PMA) vivent en marge de l'économie mondiale.

3. Faux. Les pays exportateurs de pétrole sont riches mais cette richesse est inégalement répartie et le développement incomplet.

3 La population mondiale

Fiche 30

Réponse b. Le monde compte actuellement 7,4 milliards d'habitants.

4 Le pays le plus peuplé en 2050

Fiche 30

Réponse b. D'après les prévisions, le pays le plus peuplé devrait être l'Inde avec 1,7 milliard d'habitants (1,29 en 2016). La Chine, qui devrait connaître un pic de croissance avant de voir sa population diminuer (1,35 milliard d'habitants), occupera alors la 2e position et les États-Unis la 3e position avec 0,39 milliard d'habitants (0,32 en 2016).

5 Le choix du développement durable

Fiche 31

Réponse a. Le rapport Brundtland préconise les politiques à mettre en œuvre et les comportements à adopter pour aboutir à un développement qui soit soutenable. Les sommets de Rio et de Johannesburg sont des rencontres internationales consacrées au développement durable.

Nourrir 7,4 milliards d'hommes

33

QUIZ p. 85

La croissance de la production alimentaire est-elle suffisante pour nourrir une population toujours plus nombreuse ?

1 Nourrir les hommes, un défi en partie relevé

A La nourriture produite est suffisante...

▶ La population mondiale a **doublé** en 40 ans : 3 milliards d'individus en 1960, 6 milliards en 2000. En 2016, elle atteint 7,4 milliards d'habitants. La croissance est ralentie au Nord mais elle est toujours très forte au Sud.

▶ Toutefois, les productions sont **suffisantes** pour couvrir les besoins alimentaires de l'ensemble des habitants de la planète : la disponibilité par habitant est de 2 800 kcal par personne et par jour, ce qui est supérieur aux 2 500 kcal nécessaires à un individu pour être en bonne santé.

▶ La production agricole mondiale a en effet **augmenté** de plus de 50 % depuis les années 1970, essentiellement grâce à la progression des rendements par hectare (utilisation de variétés à haut rendement, engrais, irrigation…) et des rendements par animal.

▶ Les famines sont devenues plus **rares.** Elles sont essentiellement liées aux guerres.

B ... mais elle est inégalement répartie

▶ Dans les pays du Nord, la **consommation énergétique** moyenne est supérieure à 3 200 kcal/pers./j. Dans les pays du Sud, elle est de 2 600 kcal/pers./j.

▶ 795 millions de personnes **souffrent de faim** dans le monde. La grande majorité de ces personnes vivent dans des pays en développement où 12,9 % de la population est sous-alimentée.

INFO La malnutrition provoque la mort de 3,1 millions d'enfants de moins de 5 ans chaque année, soit près de la moitié des causes de décès.

2 *Vers un recul de la faim dans le monde*

A « Les émeutes de la faim » de 2008

▶ Au printemps 2008, le prix de la tonne de blé, de maïs et de riz (aliments qui représentent les 2/3 de l'alimentation mondiale) atteint des sommets. **Dans plus de 30 pays**, les populations urbaines descendent dans la rue.

▶ **Cette brutale flambée des prix s'explique** notamment par :
– les mauvaises récoltes dans les pays exportateurs ;
– l'augmentation des cours du pétrole (d'où un surcroît des coûts de transport et du prix des engrais) ;
– la montée des agrocarburants ce qui augmente la pénurie ;
– l'augmentation de la demande des pays émergents.

B Moins de personnes sous-alimentées...

▶ 1 personne sur 9 souffre aujourd'hui de la faim.

▶ Plusieurs facteurs expliquent le **recul de la faim** :
– la croissance économique des pays en développement qui a permis d'améliorer les revenus et l'accès à la nourriture ;
– les progrès de la productivité agricole ;
– la hausse des investissements (dans le matériel agricole et les engrais).

C ... mais des écarts importants selon les pays

▶ L'Afrique subsaharienne est la région du monde où il y a le plus de personnes sous-alimentées. **Un Africain sur quatre souffre de la faim.**

▶ L'Afrique du Nord, le Sud-Est asiatique et l'Amérique latine ont connu une certaine amélioration ces dernières années alors que l'Asie de l'Ouest ne connaît aucun progrès.

3 *La sécurité alimentaire garantie à l'avenir ?*

▶ La population mondiale devrait passer à **9,8 milliards d'habitants en 2050**, pour atteindre 11,2 milliards en 2100.

▶ Les rendements peuvent encore augmenter en Afrique et en Amérique latine. Mais **l'agriculture doit devenir « durable »**. (→ FICHE 35).

CONCLURE

La question de la faim dans le monde est toujours d'actualité comme l'ont montré les émeutes de 2008. Mais si la nourriture produite est suffisante, la répartition est inégale.

Les systèmes alimentaires dans le monde

34

Différentes stratégies agricoles tentent de répondre aux besoins alimentaires des hommes.

1 *L'agriculture ultra-performante des États-Unis*

A La première agriculture du monde

▶ Des **conditions naturelles favorables** (terres riches, climats variés) permettent la culture de tous les produits agricoles.

▶ **Les exploitations sont vastes**, l'équipement est moderne et l'utilisation d'engrais et de produits phytosanitaires est massive.

▶ Les agriculteurs représentent **2 % des actifs** mais l'**agrobusiness** mobilise 15 % de la population active.

B Un secteur agroalimentaire très puissant

▶ En amont, la recherche agronomique fournit de nouvelles semences génétiquement modifiées (**OGM**).

INFO Plus de 93 % de la production de maïs, de coton et de soja est basée sur les OGM.

▶ En aval, le secteur agroalimentaire est dominé par des **firmes transnationales**.

C Les États-Unis, principal pays nourricier du monde

▶ L'agriculture peut nourrir **plus de 300 millions d'habitants.**

▶ Les États-Unis sont le 1er exportateur mondial de maïs, de blé et de soja. Ils se placent au 1er rang pour l'exportation de porc.

2 *La révolution verte en Inde*

Nourrir une population de plus en plus nombreuse (1,29 milliard en 2016), tel est le but de la révolution verte.

A Succès...

▶ La révolution verte est fondée sur **l'intensification des cultures** et la **sélection des espèces**. Des engrais, des variétés de semences à haut rendement (essentiellement blé et riz) sont importés.

▶ **La production des céréales double**. On obtient même plusieurs récoltes par an. Dès 1968, l'Inde devient un pays autosuffisant.

▶ L'Inde est aujourd'hui la 4e puissance agricole du monde, elle est au 1er rang pour de nombreuses productions (lait, thé, épices…).

B … et limites de la révolution verte

▶ **La sécurité alimentaire n'est pas assurée.** 15 % de la population est aujourd'hui sous-alimentée.

▶ **Le monde paysan est endetté** (hausse du prix du gasoil, augmentation du prix des OGM, taux usuraires élevés…).

▶ Les sols sont épuisés et les eaux polluées en raison de l'utilisation de produits chimiques (pesticides, insecticides).

▶ **Développer une agriculture durable** est le nouveau défi de l'Inde.

3 *Vaincre la faim en Afrique subsaharienne*

A Une agriculture en difficulté…

▶ **Un tiers de la population subsaharienne** souffre de la faim.

▶ 58 % de la population vit de l'agriculture.

▶ Les **rendements** sont **les plus bas du monde** : les exploitations familiales sont petites, les outils sont limités. L'agriculture est essentiellement pluviale (les pluies rythment la vie agricole).

▶ Les cultures vivrières (pour se nourrir) sont concurrencées par les cultures commerciales d'exportation.

B … mais qui n'a pas dit son dernier mot

▶ L'Afrique possède près de 15 % des terres arables de la planète, mais seule une petite partie est cultivée.

▶ Les **nouvelles semences** ont du succès : ainsi le *florido*, une variété d'igname à fort rendement, cultivé en Côte-d'Ivoire dans les années 1980. L'**irrigation** progresse lentement. On assiste à un **essor des cultures vivrières marchandes** pour nourrir les villes.

CONCLURE

Face à l'augmentation de la population, il a fallu accroître les rendements. Au Nord comme au Sud, on a mis en place des systèmes agricoles « productivistes » qui se sont révélés néfastes pour l'environnement.

Sécurité alimentaire et agriculture durable

35

? QUIZ p. 85

Assurer la sécurité alimentaire pour tous est un des enjeux du XXIe siècle. Mais comment peut-on concilier la croissance de la production avec la qualité de l'environnement et la qualité de l'alimentation ?

1 La sécurité alimentaire pour tous

▶ La sécurité alimentaire a été définie au 1er Sommet mondial de l'alimentation en 1996. L'objectif de ce sommet est de diminuer de moitié le nombre de personnes souffrant de la faim d'ici 2015.

▶ Le Sommet mondial de l'alimentation de 2009 a réaffirmé son objectif de **réduire la faim dans le monde.** Le nombre de personnes sous-alimentées a reculé de 21 % entre 1990 et 2016.

2 Développer des agricultures durables

A Une agriculture productiviste critiquée

▶ L'**ESB** (maladie de la « vache folle ») a montré le danger d'utiliser des farines « animales » pour nourrir les bovins.

▶ La **culture des OGM** (soja, maïs, coton, colza) a débuté en 1996. Elle occupe aujourd'hui 13 % des surfaces cultivées en grains dans le monde. Les OGM suscitent de nombreuses interrogations quant à leurs conséquences sur la biodiversité, sur la santé et l'environnement. Pour répondre aux inquiétudes de l'opinion publique, la législation européenne a rendu obligatoire l'**étiquetage** (seuil de 0,9 %) et la **traçabilité des aliments**.

B Qu'est-ce que l'agriculture durable ?

▶ C'est l'application agricole des principes du développement durable définis à Rio en 1992. Elle se définit comme une agriculture économiquement **viable**, socialement **équitable** et écologiquement **saine.**

▶ L'agriculture n'est durable que si elle génère un revenu permettant aux agriculteurs de vivre sur leur territoire (quels que soient les aléas climatiques et les variations de marché).

▶ L'équité sociale se réfère à la qualité des produits, la solidarité, la qualité de la vie.

▶ La dimension environnementale préserve les ressources naturelles (énergie…), la qualité des sols, de l'eau et de l'air, la biodiversité et les paysages.

C Vers d'autres agricultures ?

▶ Dans les pays développés, l'agriculture prend en compte les problèmes environnementaux.

• **L'agriculture raisonnée** repose sur un ensemble de pratiques visant notamment à ajuster les apports d'intrants selon les besoins des cultures.

• **L'agriculture biologique** refuse le recours aux engrais et aux pesticides de synthèse ainsi qu'aux OGM. En 2007, elle est pratiquée sur 1 % des surfaces agricoles mondiales (notamment en Australie et en Argentine).

▶ Dans les pays en développement, le principal souci est de nourrir la population. Des solutions se développent :

– le développement des **cultures vivrières** appropriées (maniocs, sorghos, taros, quinoas…), qui permettrait aux populations de disposer de nombreuses variétés quels que soient les aléas climatiques ;

– **le commerce équitable**, qui assure aux producteurs un revenu minimum garanti. En contrepartie, ceux-ci s'engagent à respecter un cahier des charges (adoption de certaines pratiques biologiques et interdiction du travail des enfants). Le commerce équitable porte sur les produits tropicaux (café, cacao…).

CONCLURE

Désormais, les agriculteurs doivent relever un défi supplémentaire : produire toujours plus mais beaucoup mieux. Les agricultures doivent devenir « intensives » et « durables » à la fois.

L'eau, entre abondance et rareté

36

(→ DÉPLIANT, V ET VI)

? QUIZ p. 85

Comment l'eau est-elle répartie dans le monde et utilisée ? En quoi sa maîtrise modifie-t-elle les espaces ?

1 *État des lieux*

A L'eau, une ressource abondante...

▶ L'eau est présente en grande quantité sur Terre mais 97,5 % de cette eau est salée. L'eau douce représente donc 2,5 % du volume total mais les deux tiers se trouvent dans les glaciers.

▶ L'eau facilement accessible (rivières, lacs, nappes souterraines) représente seulement 0,7 % du stock d'eau mondial. La part de l'eau renouvelée est encore plus faible (0,02 %).

B ... mais inégalement répartie

▶ **Au niveau mondial**. Les régions humides tempérées et la zone intertropicale concentrent l'essentiel de l'écoulement terrestre annuel.

▶ **Au niveau national**. L'Islande (plus de 500 000 m^3/hab/an) a des ressources en eau supérieures au Koweït.

▶ **À l'intérieur des États**. Au Brésil, 70 % de l'eau se trouve en Amazonie et à peine 3 % dans le Nordeste (région du Nord-Est du Brésil)

▶ La pénurie d'eau ou l'excès d'eau peuvent avoir des conséquences dramatiques :
– en Afrique où sécheresses et inondations sont les plus meurtrières ;
– au Bangladesh qui est inondé certaines années.

C ... et pas toujours accessible

L'accès à l'eau est un reflet des inégalités Nord-Sud.

▶ Avoir accès à l'eau signifie disposer de 25 litres d'eau par personne et par jour à moins de 200 mètres du lieu d'habitation.

▶ Plus d'un milliard de personnes dans le monde, en particulier en Afrique et en Asie, n'ont pas accès à l'eau potable.

▶ **L'insalubrité de l'eau** et **les insuffisances de l'assainissement** tuent chaque année 2 millions de personnes.

2 Des besoins croissants pour des usages variés

Depuis 1900, la consommation mondiale d'eau douce a été multipliée par 7.

A L'agriculture, première consommatrice d'eau

L'agriculture utilise **70 % de l'eau douce**, parfois davantage dans les pays en développement. Cette eau sert surtout pour l'irrigation.

B L'industrie, deuxième consommatrice

L'industrie utilise **20 % de l'eau prélevée dans le monde** (dont plus de la moitié pour l'Europe et l'Amérique du Nord). Mais avec le développement économique, les prélèvements pour l'industrie augmentent dans les pays du Sud.

C L'eau domestique, une consommation marginale

- Les **10 % restants** sont prélevés pour l'usage domestique.
- Si, dans les pays développés, les prélèvements stagnent (prise de conscience des consommateurs, améliorations techniques), ils augmentent dans les pays en développement (croissance de la population).

3 La maîtrise de l'eau et la modification des espaces

Pour trouver de l'eau, les hommes ont modifié les espaces naturels.

A Les grands barrages

Plus de 45 000 barrages de plus de 15 mètres de hauteur fonctionnent aujourd'hui (un certain nombre pour la production d'hydroélectricité). Malgré les critiques croissantes, leur construction continue.

B Le détournement des fleuves

Détourner les fleuves, parfois sur des centaines de kilomètres, pour irriguer les terres, **est aujourd'hui critiqué**. Mais des pays émergents continuent à lancer ces grands projets.

C Le dessalement de l'eau de mer

Extrêmement coûteuse, cette technique est utilisée pour alimenter plusieurs villes dans le monde, comme Riyad.

CONCLURE

Un meilleur accès à cette ressource vitale passe par une gestion maîtrisée.

L'eau, une ressource stratégique

37

QUIZ p. 85

Indispensable aux hommes, l'eau est un enjeu géopolitique mais surtout une ressource fragile.

1 L'eau au centre de conflits géopolitiques

Les deux tiers des fleuves du monde traversent plusieurs États. Le partage des eaux peut être source de conflits quand le pays d'aval dépend d'un fleuve dont la source est contrôlée par un autre pays.

A La guerre de l'eau au Moyen-Orient

▶ **Israël et ses voisins se disputent les eaux du Jourdain**. Israël puise 25 % de son eau dans le lac de Tibériade. Mais les rivières qui l'alimentent prennent leur source au Liban et sur le plateau du Golan (territoire syrien annexé par Israël). Israël contrôle aussi les nappes souterraines de Cisjordanie.

▶ **L'Irak et la Syrie** sont dépendantes de la Turquie où se trouvent les sources du Tigre et de l'Euphrate.

▶ **L'Égypte** dépend des eaux du Nil venant d'Éthiopie (à 80 %) et du Soudan.

B D'autres exemples de tensions régionales

▶ Les eaux du Colorado (**États-Unis**) sont convoitées par l'État fédéral, la Californie et Los Angeles.

▶ Les eaux de l'Èbre (**Espagne**) exacerbent les tensions entre les régions autonomes.

▶ Le barrage de Farraka sur le Gange est un sujet de discorde entre **l'Inde et le Bangladesh**. Le traité de 1996 détermine quelle quantité d'eau doit s'écouler vers le Bangladesh.

2 Des périls dus aux activités humaines

A Les catastrophes régionales

▶ **La mer d'Aral** a perdu 75 % de son volume et sa salinité a été multipliée par 100 suite aux prélèvements opérés par l'URSS pour intensifier la culture du coton en Asie centrale. Les aménagements réalisés pour la sauver sont insuffisants.

▶ **Le lac Tchad** a diminué à cause de la sécheresse et surtout des prélèvements pour l'irrigation. Les pays frontaliers se sont engagés à en faire une zone humide.

B Les pollutions

▶ Les pollutions d'origine agricole sont liées à l'essor de l'**agriculture intensive.**

▶ Les pollutions d'origine industrielle et urbaine sont anciennes. Elles sont combattues dans les pays du Nord et augmentent dans ceux du Sud.

3 *Vers une gestion durable de l'eau*

La demande en eau a triplé en 20 ans. D'ici 2025, elle va encore progresser (→ DÉPLIANT, V ET VI).

A Économiser l'eau

▶ En **réduisant la consommation.**

▶ En **réduisant les gaspillages** avec l'irrigation gravitaire (la plus pratiquée), 50 % de l'eau s'évapore ou s'infiltre dans le sol.

▶ En **ménageant les ressources souterraines.** Le pompage ne doit pas dépasser le renouvellement annuel.

▶ En **préservant les zones humides.** Mais dans les pays développés, une grande partie de ces zones a disparu.

B Lutter contre les pollutions

Le traitement des rejets industriels et des eaux usées (très coûteux) est le privilège du Nord. Au Sud, ces eaux sont souvent rejetées sans avoir subi de traitement.

C Coopérer

▶ La **conférence de l'ONU sur l'eau** (1997) est la première d'une série qui se poursuit (7e Forum mondial de l'eau, Corée du Sud, 2015).

▶ L'objectif 7 du Millénaire pour le développement (ONU, 2000) prévoyait de réduire de moitié la population qui n'avait pas accès à l'eau potable et à un assainissement rudimentaire. Ce défi a été accompli.

CONCLURE

L'eau est une ressource stratégique. Pour parvenir à un usage durable de l'eau, il faut mettre en place des solutions qui protègent les consommateurs et les écosystèmes.

Les énergies primaires fossiles, des ressources épuisables

38

La croissance démographique s'est accompagnée d'une augmentation de la consommation énergétique. Mais les énergies primaires fossiles s'épuisent.

1 Qu'est-ce que l'énergie primaire ?

▶ Deux sortes d'énergies primaires existent :
– les énergies dites **renouvelables** (→ FICHE 35) ;
– les énergies issues des gisements de combustibles **fossiles** (charbon, gaz naturel, pétrole) et d'uranium. Une fois extraites du sol, elles ne se reconstituent pas. Elles se mesurent en années de consommation.

▶ Énergie dominante au début du XXe siècle, le charbon est supplanté par le pétrole dans les années 1960. Depuis les chocs pétroliers, l'emploi du gaz naturel pour la production d'électricité a augmenté. Pour s'affranchir de la dépendance énergétique, des pays riches ont choisi le nucléaire.

INFOS Le parc nucléaire français est le 2e plus important parc du monde après celui des États-Unis. Il produit 76 % de la production totale d'électricité en France.

2 Des besoins toujours croissants

A Une consommation en augmentation

▶ En un siècle, la consommation mondiale d'énergie primaire a été **multipliée par 10**.

▶ D'ici 2030, cette consommation devrait encore augmenter, en particulier dans les pays en développement en pleine croissance économique.

B Une consommation inégale

La consommation d'énergie dépend du niveau de développement (degré d'industrialisation, mode de vie…), du climat et des dotations en ressources naturelles.

▶ En 2013, la consommation d'énergie dans les pays du G20 (dix-neuf États ainsi que l'Union européenne) représente 80 % de la consommation mondiale d'énergie.

▶ Même si l'activité est un peu ralentie, la Chine est aujourd'hui le premier pays consommateur d'énergie du monde. Cette rapide progression (7 à 8 % par an de 2000 à 2012, 4 % par la suite) s'explique par la poussée démographique et le dynamisme économique de la région.

▶ En raison de l'abondance du pétrole et du gaz naturel, le **Moyen-Orient** est un gros consommateur d'énergie. La consommation de **l'Amérique latine** et de **l'Afrique** augmente en raison de la croissance de leur population et du développement économique.

3 *La gestion des ressources*

A L'inégale répartition des ressources

▶ 49 % des ressources prouvées de pétrole se trouvent au Moyen-Orient, et 5,2 % en Russie. Le pétrole de l'Arabie Saoudite est de bonne qualité et ses coûts d'exploitation les plus faibles du monde.

▶ Les réserves de gaz sont essentiellement réparties entre le Moyen-Orient (Qatar et Iran : 29 %) et l'ex-URSS (Russie : 26 %).

▶ Le **charbon** est **l'énergie la mieux répartie** dans le monde.

B L'inévitable épuisement des ressources fossiles ?

Face à une **demande mondiale en hausse**, les réserves mondiales de pétrole pourraient être épuisées dans 40 ans et celles de gaz naturel dans 60 ans. Le charbon est la ressource la plus abondante (deux tiers des ressources en énergies fossiles).

C Vers une maîtrise de la demande d'énergie ?

Face à l'épuisement des énergies fossiles (80 % des énergies consommées dans le monde), **les solutions** consisteraient à :
– limiter la consommation d'énergie ;
– lutter contre le gaspillage ;
– augmenter le rendement des installations ;
– développer les énergies renouvelables. Une agence internationale des énergies renouvelables (**IRENA**) a été créée en 2009.

CONCLURE

La consommation d'énergie progresse partout dans le monde et particulièrement dans les zones les plus pauvres. Sans une meilleure gestion, les ressources en pétrole et en gaz naturel seront bientôt épuisées.

Tensions géopolitiques et impacts environnementaux

39

? QUIZ p. 85

Pourquoi l'énergie est-elle une matière première stratégique ? Quelles sont les conséquences de son utilisation sur l'environnement ?

1 L'énergie au cœur de la géopolitique

Les tensions géopolitiques résultent de la répartition inégale des réserves mondiales d'hydrocarbures.

A La dépendance des pays consommateurs

▶ Le pétrole et le gaz naturel sont concentrés au Moyen-Orient et dans l'ex-URSS, deux **zones politiquement instables**.

▶ L'Asie, l'Amérique du Nord et l'Europe de l'Ouest ont **besoin de ces énergies pour leur économie** (transports).

▶ Pour réduire cette dépendance et limiter les risques de rupture, la plupart des pays consommateurs ont fait le choix d'une **stratégie de diversification des approvisionnements**.

B Des tensions internationales

▶ Les 50 dernières années sont marquées par des **tensions** (et des **conflits**) à propos du **pétrole :**
– dans les pays du Moyen-Orient qui réduisent leur production en riposte à la guerre du Kippour et où les prix quadruplent (**1er choc pétrolier**, 1974). La révolution iranienne puis la guerre entre l'Iran et l'Irak déclenchent un **2e choc pétrolier** (1979) ;
– en 1986, en Arabie saoudite qui double sa production entraînant un effondrement des prix (**contre-choc pétrolier**). La crise asiatique de 1997 entraîne une nouvelle baisse des prix.

▶ Au début des années 2000, **le cours du pétrole augmente** en raison notamment de la forte demande des pays émergents (Chine, Inde).

▶ Depuis l'été 2014, il est à nouveau orienté à la baisse.

C L'Asie centrale, une région convoitée

▶ Avec 5,2 % des réserves mondiales de pétrole, 17,6 % des réserves de gaz naturel et une position stratégique, la Russie et les anciennes républiques d'Asie centrale (Kazakhstan…) attisent la convoitise des pays consommateurs. Les projets de gazoducs et d'oléoducs sont sources de tension.

▶ Mais les trois quarts des réserves de pétrole et de gaz de la Russie se trouvent en **Sibérie** (conditions climatiques difficiles, exploitation coûteuse).

▶ La Russie joue un rôle majeur dans les approvisionnements de gaz de l'Europe de l'Ouest et des pays de la CEI. **Le rôle stratégique du gaz russe** a été démontré début 2009 quand la Russie a tenté d'augmenter le prix du gaz livré à l'Ukraine, ce qui a provoqué une grave crise énergétique en Europe. Aujourd'hui, le gaz reste au cœur des tensions entre la Russie et l'Ukraine.

2 *Un enjeu environnemental lourd*

A Pétrole et pollution

Les **marées noires** ont des conséquences désastreuses quelle que soit leur origine (accidents de pétroliers, éruptions de puits offshore...). La majorité des rejets de pétrole en mer est due à des **dégazages illégaux**.

B Les émissions gazeuses

Après le Sommet de la Terre de Rio (1992), les pays industrialisés s'engagent à Kyoto (1997) à réduire leurs émissions de gaz à effet de serre. Entré en vigueur en 2005, **le protocole de Kyoto** a été ratifié par 191 pays. Mais les États-Unis (responsables d'un quart des émissions) ne l'ont pas ratifié.

C Le nucléaire

▶ La production d'électricité à partir de l'énergie nucléaire émet **peu de gaz à effet de serre**. Mais la question de la gestion des **déchets hautement radioactifs** à longue vie n'est pas réglée.

▶ Depuis l'accident de **Tchernobyl** (1986) et de **Fukushima** (2011), le nucléaire est une source d'inquiétude.

CONCLURE

Parce qu'elle est nécessaire à l'humanité, l'énergie est au cœur des tensions géopolitiques. L'enjeu est de concilier les besoins en énergie et le respect de l'environnement.

Quels choix énergétiques pour l'avenir ?

40

QUIZ p. 85

Face à l'épuisement des ressources énergétiques fossiles et au réchauffement climatique, les hommes ont « redécouvert » les énergies renouvelables.

1 La biomasse

A La biomasse traditionnelle

▶ La biomasse traditionnelle (bois de chauffe, déchets agricoles, déjections animales) **assure 10 % des besoins mondiaux en énergie.** Utilisée surtout dans les pays en développement (en particulier dans le milieu rural) pour se chauffer et cuire les aliments, elle a un potentiel énergétique très important.

▶ Mais la biomasse n'est renouvelable qu'en dessous d'un certain rythme d'exploitation, sinon on provoque la déforestation. Sa combustion peut être polluante.

B Les nouveaux usages de la biomasse

▶ La biomasse peut produire de l'électricité ou des agricarburants (éthanol ou diester). Leur utilisation permet de **réduire la dépendance énergétique** et de **limiter les émissions de CO_2**.

▶ Mais avec les procédés actuels de fabrication, il y a **concurrence** entre les applications alimentaires et énergétiques : l'utilisation du maïs américain pour les carburants a entraîné une augmentation des cours mondiaux des céréales.

2 L'hydraulique

L'hydraulique récupère l'énergie cinétique de l'eau des rivières pour la convertir en électricité.

▶ Elle est de loin la principale source d'électricité d'origine **renouvelable.** Elle émet peu de gaz à effet de serre. Quelques minutes suffisent à un barrage pour produire de l'électricité à pleine puissance.

▶ Mais les grands barrages modifient le paysage, inondent des terres souvent fertiles, provoquent l'évacuation forcée de populations (la mise en eau du barrage des Trois-Gorges en Chine a entraîné l'évacuation d'au moins 1,5 million de Chinois). Ils peuvent aussi nuire à la faune en empêchant les poissons de remonter les rivières pour se reproduire.

3 Les autres énergies renouvelables

A L'énergie éolienne

▶ Implantées dans un site favorable, les grandes éoliennes modernes produisent de l'électricité. La ferme éolienne off-shore Horns Rev (Danemark) alimente 350 000 foyers !

▶ L'éolien est **l'énergie la moins polluante** (aucun carburant, peu de gaz à effet de serre, éoliennes démontables). Mais il ne fonctionne que par intermittence. Les riverains s'inquiètent du bruit, des interférences électromagnétiques et de la dégradation du paysage.

B Les énergies solaires

▶ L'**énergie solaire thermique** est surtout utilisée dans les installations domestiques (chauffage de l'eau et des locaux).

▶ L'**énergie photovoltaïque** convertit directement l'énergie solaire en électricité. Les panneaux solaires peuvent apporter l'électricité aux 2 milliards de personnes qui en sont privées pour des raisons économiques ou d'isolement.

C Les autres énergies renouvelables

▶ La **géothermie** à haute température utilise la chaleur du sol (ou des nappes d'eau souterraines) pour la restituer ou pour la transformer en électricité. Encore peu développée, la géothermie est une source d'énergie d'un grand intérêt.

▶ L'usine marémotrice de la Rance (France) est le seul exemple de l'**utilisation de marées** pour produire de l'énergie. Mais les résultats ne sont pas à la hauteur des espérances.

▶ Des projets utilisant l'**énergie des vagues** sont expérimentés au Royaume-Uni. Le principe est prometteur mais les dispositifs doivent être protégés en cas de tempête. On s'intéresse aussi aux **algues** pour produire une énergie verte (bioéthanol, biogaz).

▶ La **fusion nucléaire** (qui consiste à maîtriser sur Terre un « Soleil miniature » pour récupérer l'énergie qu'il dégage) est l'objectif du programme ITER. Les expériences ont débuté.

CONCLURE

Les énergies renouvelables ont un avantage majeur même si à court terme leur efficacité n'est pas toujours avérée.

? Quiz express

41

Cochez la ou les bonnes réponses.

Gérer les ressources terrestres

1 La sous-nutrition

Dans le monde, combien d'êtres humains souffrent de sous-nutrition ?

☐ a. 500 millions ☐ b. 795 millions ☐ c. 2 milliards

2 L'agriculture durable

Qu'est ce que l'agriculture durable ?

☐ a. Une agriculture qui favorise la culture des OGM.

☐ b. Une agriculture qui préserve la qualité des sols, de l'eau et de l'air.

☐ c. Une agriculture qui génère un revenu et permet aux agriculteurs de vivre sur leur territoire.

3 L'eau, entre abondance et rareté

	Vrai	Faux
1. La majorité de l'eau présente sur Terre est douce.	☐	☐
2. Les 2/3 de l'eau douce se trouvent dans les glaciers et les calottes polaires.	☐	☐
3. L'eau est une des ressources les plus mal réparties sur Terre.	☐	☐

4 L'eau, une ressource stratégique

Citez deux fleuves à l'origine d'une discorde entre États.

☐ a. le Nil ☐ b. le Jourdain ☐ c. le Rhin

5 Tensions géopolitiques et impacts environnementaux

N'est pas un accident nucléaire :

☐ a. Tchernobyl ☐ b. l'Amoco Cadiz ☐ c. Fukushima

6 Les énergies renouvelables

Parmi ces énergies, lesquelles sont renouvelables ?

☐ a. le pétrole

☐ b. l'énergie éolienne

☐ c. l'énergie solaire

Corrigés !

Score : ... / 11

1 *La sous-nutrition*

Fiche 33

Réponse b. 795 millions de personnes souffrent de sous-nutrition.

2 *L'agriculture durable*

Fiche 35

Réponses b et c. L'agriculture durable comprend une dimension environnementale : elle préserve la qualité des sols, de l'eau et de l'air, et permet aux paysans de vivre sur leur territoire. En revanche, la culture des OGM est le fait d'une agriculture productiviste.

3 *L'eau, entre abondance et rareté*

Fiche 36

1. Faux. L'eau douce ne représente que 3 % environ du volume total de l'eau terrestre.

2. et 3. Vrai. L'eau est abondante sur Terre mais elle est difficilement accessible (les 2/3 de l'eau douce se trouvent dans les glaciers, en Antarctique et au Groenland) et mal répartie sur Terre.

4 *L'eau, une ressource stratégique*

Fiche 37

Réponses a et b. Les tensions sont fortes entre Israël et ses voisins qui se disputent les eaux du Jourdain, et entre l'Égypte et les pays de l'amont du Nil.

5 *Tensions géopolitiques et impacts environnementaux*

Fiche 39

Réponse b. L'Amoco Cadiz est le nom d'un pétrolier qui a fait naufrage en 1978 au large des côtes bretonnes et qui a provoqué une gigantesque marée noire. Tchernobyl (URSS, 1986) et Fukushima (Japon, 2011) sont deux accidents nucléaires.

6 *Les énergies renouvelables*

Fiche 40

Réponses b et c. Les énergies éolienne et solaire se renouvellent naturellement, et sont donc considérées comme inépuisables.
Le pétrole est quant à lui une énergie primaire fossile, tout comme le charbon et le gaz naturel. Une fois extrait, il ne se reconstitue pas.

Croissance et étalement urbain

42

QUIZ p. 95

Partout les villes sont devenues plus nombreuses et plus peuplées. La croissance urbaine est particulièrement importante dans les pays du Sud. L'étalement urbain est une des conséquences de cette urbanisation.

1 L'urbanisation du monde

A De plus en plus d'urbains

▶ En 1950, moins d'un tiers de la population mondiale est urbanisé. Aujourd'hui, plus de **la moitié de la population** vit en ville.

▶ Le Nord est beaucoup plus urbanisé (78 % environ) que le Sud (48 % environ).

▶ **Les pays du Sud ne constituent pas un ensemble homogène** : en Afrique subsaharienne et en Asie du Sud, moins de 40 % de la population vit dans des villes tandis qu'en Amérique latine, le taux d'urbanisation atteint 79 %.

▶ Selon les projections des Nations unies, le taux d'urbanisation devrait atteindre 66 % en 2050. Cette croissance urbaine concernera principalement le Sud. L'Afrique devrait ainsi connaître le rythme de croissance le plus élevé au monde (sa population urbaine devrait doubler). L'Asie devrait voir son taux d'urbanisation dépasser les 50 %.

B De plus en plus de grandes villes

▶ En 1975, le monde comptait 195 agglomérations urbaines de plus d'1 million d'habitants. Aujourd'hui, il y en a plus de 600. Dans le même temps, le nombre des agglomérations de 10 millions d'habitants ou plus a été multiplié par cinq (→ DÉPLIANT, VII ET VIII).

C Les problèmes liés à la croissance urbaine

INFO Tokyo est aujourd'hui la plus grande agglomération urbaine du monde avec 38,1 millions d'habitants.

▶ Dans les pays du Nord, où la croissance des villes est ralentie, des efforts sont faits pour améliorer la qualité de vie des populations mais les **embouteillages** restent importants et la **pollution élevée**.

▶ En revanche, les villes du Sud connaissent une croissance rapide. L'agglomération du Grand Caire (la plus peuplée des villes africaines) a ainsi triplé sa population en moins de 50 ans, atteignant 19,1 millions d'habitants, une situation qui engendre des problèmes de **circulation**, de **pollution**, d'**accès à l'eau potable**, d'**évacuation des déchets**...

2 *L'étalement urbain*

A L'extension urbaine au Nord et au Sud

▶ L'automobile a permis aux populations de s'installer loin du centre. De nouvelles zones urbaines, couvertes de pavillons, se sont développées en périphérie des grandes villes, conciliant ainsi les avantages de la ville et ceux de la campagne (c'est la **périurbanisation**).

▶ L'étalement urbain dépend de la croissance de la population urbaine mais **il n'est pas proportionnel.** Ainsi, en Afrique lorsqu'une ville voit sa population doubler, l'espace qu'elle utilise triple.

▶ Les contraintes du site peuvent limiter l'étalement des villes. Ainsi celui de Tokyo est **freiné par le manque de place.** Les constructions verticales sont accélérées.

B Les limites de l'étalement urbain

▶ L'**absence de mixité sociale** est la première conséquence de l'étalement urbain.

▶ L'étalement urbain a aussi un **impact environnemental jugé désastreux.** L'importance des distances à parcourir pour le travail, les loisirs et le ravitaillement (Los Angeles s'étale sur 100 km du nord au sud) nécessite la construction d'infrastructures routières et de réseaux de communication plus importants, ce qui réduit les espaces naturels.

▶ L'étalement urbain n'est donc **pas la réponse satisfaisante** dans l'élaboration d'une ville durable. La solution se trouve dans une densité plus élevée.

CONCLURE

L'étalement urbain, conséquence de la croissance de la population, est contraire aux principes du développement durable. En effet, la ville dispersée est consommatrice de sol et génératrice de déplacements.

Les inégalités sociospatiales dans les villes

43

QUIZ p. 95

Comment s'organise l'espace des villes ?

1 *Les villes du Nord*

A Le modèle européen

▶ Les villes européennes ont souvent le plan suivant :
– le **centre** rassemble les monuments historiques, les pouvoirs politiques, économiques et la fonction culturelle. « Grignoté » par les bureaux, il devient le quartier d'affaires (ou City) ;
– la **périphérie** se compose de banlieues pavillonnaires et de « cités-dortoirs ». Certains de ces grands ensembles sont en cours de réhabilitation ou en cours de rénovation.

▶ Pour faire face à une urbanisation croissante et souvent désordonnée, certains États (dont la France) ont aménagé des **villes nouvelles.** Les urbanistes ont intégré aux résidences des centres commerciaux, des bureaux, des équipements scolaires, culturels, sportifs et des espaces verts. Mais ces villes, mal entretenues, sont devenues des banlieues défavorisées.

B Le modèle américain

▶ Les centres anciens abritent des immeubles délabrés où vit une population pauvre (surtout des Afro-américains) et le quartier d'affaires (CBD : *Central Business District*). Mais depuis peu, certains centres sont restaurés et attirent de nouveau les classes aisées.

▶ Les classes moyennes et aisées se sont installées en **banlieue,** dans de vastes zones pavillonnaires, très uniformes, reliées au centre des villes par des autoroutes.

2 *Les villes du Sud*

▶ Les villes des pays du Sud ont en commun le grand **contraste entre les quartiers riches et les quartiers pauvres**, et l'importance du secteur informel. Les limites entre les quartiers sont très nettes.
• Le **centre** rassemble les gratte-ciel du quartier d'affaires, les grands hôtels, les ambassades et les villas bourgeoises et luxueuses. Il jouxte parfois les bidonvilles.

- Les **cités populaires**, où s'élèvent des maisonnettes basses, rassemblent des populations pauvres.
- Les **quartiers résidentiels** des classes moyennes sont habités par ceux qui ont un emploi stable.

3 *Inégalités sociales, inégalités spatiales*

A La ségrégation résidentielle

Le niveau économique des habitants explique les formes d'évolution sociospatiale des villes.

▶ On assiste aujourd'hui à un retour dans les centres des grandes agglomérations urbaines des ménages à haut capital socioculturel, bénéficiant des réhabilitations progressives de l'habitat existant et d'opérations de rénovation urbaine (c'est la **gentrification**).

▶ Des formes extrêmes de **ségrégation sociospatiale** existent aux États-Unis (*gated communities*), en Amérique latine et en Afrique du Sud. Ces lotissements privés et sécurisés prennent en charge les espaces collectifs et de loisirs. La **ségrégation** peut être aussi « **ethnique** » (États-Unis, Afrique du Sud).

▶ La composition par âge varie selon la centralité de l'habitat. Ainsi, le centre des villes (où le prix des logements est élevé) est surtout habité par les jeunes actifs célibataires, les couples sans enfants et les personnes âgées.

B Les villes en crise

▶ Le tiers de la population urbaine de la planète vit dans des **bidonvilles** (en particulier en Asie). Souvent situées sur de fortes pentes ou dans des zones insalubres (décharges, cimetières), les habitations sont faites à partir de matériaux récupérés. Les habitants n'ont généralement pas accès aux équipements de base (voirie, eau, électricité…).

▶ Dans les pays développés, la situation économique (chômage) ou la situation d'isolement (divorce, migration) augmente les **risques de marginalisation** des populations les plus vulnérables (multiplication du nombre de sans-abri).

CONCLURE

L'étalement urbain contribue à séparer physiquement les quartiers riches des quartiers pauvres.

Transport et mobilités urbaines

44

QUIZ p. 95

Les besoins de mobilité sont inégalement comblés mais s'orientent dans les pays du Nord vers des choix durables.

1 *Le transport urbain dans le monde*

A La ville et son espace

Chaque ville est en relation constante avec l'espace qui l'entoure. La superficie de son aire d'influence dépend de l'importance et de la variété des services qu'elle propose.

B D'importantes inégalités en matière de déplacement

▶ Une partie non négligeable des pays du Sud ne dispose pas de routes utilisables en permanence ni de réseaux ferroviaires exploités de façon continue.

▶ Le **niveau de vie** des populations du Sud ne leur permet pas toujours d'accéder à des territoires éloignés.

▶ Avec la **hausse du prix des carburants**, les inégalités entre les populations riches et pauvres vont s'accroître.

C La grande mobilité des citadins

▶ Les déplacements des citadins sont fréquents de leur lieu de résidence vers leur lieu de travail ou d'études (**migrations alternantes**) et vers les zones de services ou de loisirs.

▶ Dans tous les pays, les **distances** parcourues quotidiennement **s'allongent**. L'étalement urbain rejette dans des périphéries de plus en plus lointaines les populations qui ne peuvent pas se loger dans le centre.

▶ Toutefois, depuis une vingtaine d'années, la mobilité urbaine automobile plafonne ou baisse dans un grand nombre d'agglomérations européennes (Lille, Lyon, Londres).

2 *Transport et mobilité durable dans les pays du Nord*

A Qu'est-ce que la mobilité durable ?

▶ La mobilité durable doit s'appuyer sur une priorité donnée au développement des **transports en commun**. Cela passe par la mise en place de « sites propres » pour les bus afin de les rendre plus performants que la voiture, la construction de lignes de tramway ou de métro, le prolongement des lignes existantes…

▶ La mobilité durable doit aussi **réduire l'impact environnemental**.

B Les péages urbains, un choix politique difficile

Pour **réguler les flux automobiles dans le centre-ville**, plusieurs municipalités ont instauré un péage urbain.

▶ En 1975, **Singapour** a mis en place un **péage de décongestion**. La vignette journalière permettant de contrôler l'accès au centre d'affaires (baisse du trafic de 45 %) a été remplacée en 1998 par un péage électronique permettant de moduler les tarifs selon l'itinéraire et le moment de la journée (baisse supplémentaire de 15 %).

▶ Une vingtaine d'années plus tard, **Londres** a fait le choix d'un péage de décongestion sur une zone réduite (hypercentre : 38 km^2) avec des tarifs élevés et d'un péage environnemental sur l'ensemble du Grand Londres (plus de 1 500 km^2).

▶ **Milan** et **Stockholm** se sont aussi engagés dans cette voie.

C L'intermodalité, la réponse à une mobilité durable ?

L'intermodalité est **l'utilisation combinée de différents modes de déplacement pour un même voyage**. Elle implique au moins l'utilisation d'un mode de transport collectif.

▶ Plusieurs villes françaises (Orléans, Tours) ont mis en place des parcs-relais situés à la périphérie et offrent aux usagers des **billets combinés parking-bus**.

▶ De nombreuses villes offrent la possibilité à leurs habitants de prendre les transports publics avec leur **vélo**.

▶ Des **lieux d'échange autour des gares** avec une zone de stationnement (voitures, bus, vélo) sont un autre aspect de la mobilité durable.

▶ Cette intermodalité doit s'accompagner d'un système tarifaire intégré qui permette d'utiliser un seul et même ticket pour tous les modes de transport (comme à Helsinki).

CONCLURE

Les politiques de transport cherchent à réduire les impacts environnementaux tout en garantissant la mobilité.

Aménager des villes « durables » 45

QUIZ p. 95

Comment concilier urbanisation et développement durable ?

1 Une ville de proximité

A Une ville compacte… mais pas trop

▶ La ville durable est dense car le regroupement des biens et des services **permet d'économiser et de moins polluer** (gaz à effet de serre). En effet, plus une ville est étendue comme aux États-Unis, plus elle consomme d'énergie en raison des trajets en voiture. À l'inverse, les villes asiatiques, plus denses, sont moins consommatrices d'énergie.

▶ Cependant, les habitants des quartiers très denses qui se déplacent en métro, en vélo ou à pied durant la semaine, ont davantage tendance à **partir en week-end**. Ces déplacements peuvent être très consommateurs d'énergie, notamment s'ils se font en avion.

▶ La **densité idéale** est donc une densité suffisamment élevée pour que les commerces de proximité puissent vivre et que la desserte en transports collectifs soit satisfaisante, et suffisamment basse pour que les citadins n'aient pas envie de s'évader pendant le week-end.

B Un véritable tissu urbain

▶ L'**aménagement de quartiers urbains mixtes** d'habitat, d'activités professionnelles, de formation, d'approvisionnement et de loisirs réduit les besoins de déplacement individuel, ce qui entraîne des économies d'énergie et fait gagner du temps aux habitants.

▶ Dans une ville durable, le quartier est organisé autour d'un centre accessible à pied ou en transport en commun.

2 Une ville plus humaine

A La mixité sociale et générationnelle

▶ Un effort doit être accompli pour favoriser l'accès au logement, aux loisirs et à la culture aux personnes à revenus modestes, aux handicapés ou aux personnes âgées. La ville durable est un lieu de **lutte contre l'exclusion**.

▶ L'agencement d'espaces (jardins, terrains de jeu, jardins ouvriers) doit favoriser les liens sociaux et les rencontres.

▶ La **vie associative** doit être encouragée.

B Des équipements pour tous

La ville durable propose à ses habitants des infrastructures culturelles et sportives : bibliothèques, médiathèques, lieux de spectacles et d'exposition, piscines, terrains de sport.

3 *Une ville écologique*

A Une nouvelle façon de vivre

▶ Dans une ville durable, le **réseau de transport en commun** évite aux habitants d'utiliser tous les jours leur voiture. Les pistes cyclables sont développées.

▶ Une ville durable **trie et recycle les déchets.**

▶ Elle **gère efficacement l'eau**. Les eaux de pluie sont récupérées et servent à arroser les jardins et à alimenter les chasses d'eau. Chaque quartier possède sa station d'épuration pour le traitement des eaux usées, ce qui évite l'acheminement de l'eau et consomme moins d'énergie. À l'échelle individuelle, la maîtrise de l'eau passe par l'équipement d'appareils à faible consommation.

▶ Une ville durable conçoit des maisons à faible consommation d'énergie, **utilise les énergies renouvelables** (panneaux solaires…) et des matériaux de construction non polluants et recyclables.

B Le verdissement de la ville

▶ Le verdissement **diminue l'imperméabilité des sols**, facilite l'écoulement des eaux de pluie. Il peut aussi rafraîchir l'atmosphère des villes et favoriser la biodiversité.

▶ Les exemples de villes faisant rouler leur tramway sur une pelouse sont nombreux (Paris, Nantes, Bilbao) mais l'entretien peut être coûteux sur le plan écologique. L'enfouissement des autoroutes permet de créer des espaces verts mais ne diminue pas la circulation.

CONCLURE

Une ville durable est compacte, peu consommatrice d'énergie et socialement plus juste. Elle doit permettre aux citadins de vivre mieux.

Quiz express 46

Cochez la ou les bonnes réponses.

Penser la ville durable

1 L'urbanisation dans le monde

Quel est aujourd'hui le pourcentage de population urbanisée ?

- ☐ a. 20 %
- ☐ b. 50 %
- ☐ c. 75 %

2 La périurbanisation

Que signifie « périurbanisation » ?

- ☐ a. la réhabilitation des quartiers dégradés
- ☐ b. la construction de villes nouvelles
- ☐ c. la construction de lotissements autour des villes

3 Les villes nouvelles en France

Parmi ces villes, laquelle n'est pas une ville nouvelle ?

- ☐ a. Saint Quentin-en-Yvelines
- ☐ b. Marne-la-Vallée
- ☐ c. Lille

4 L'intermodalité

Que désigne le terme « intermodalité » ?

- ☐ a. l'utilisation combinée de plusieurs modes de transport pour un même voyage
- ☐ b. l'utilisation d'une voiture particulière par plusieurs personnes effectuant un trajet identique
- ☐ c. les déplacements quotidiens réalisés entre le domicile et le lieu de travail

5 La ville durable

Une ville durable, c'est :

	Vrai	Faux
1. une ville qui gère efficacement l'eau	☐	☐
2. une ville qui ne construit que des maisons individuelles	☐	☐
3. une ville qui développe ses transports en commun	☐	☐

Corrigés

Score : ... / 7

1 *L'urbanisation dans le monde*

Fiche 42

Réponse b. Aujourd'hui, la moitié de la population mondiale est urbanisée (74,5 % dans les pays du Nord et 42,1 % dans les pays du Sud) contre moins d'un tiers en 1950.

2 *La périurbanisation*

Fiche 42

Réponse c. La périurbanisation désigne les lotissements bâtis depuis les années 1970 à la périphérie des villes, près des grands axes routiers. Le développement de l'automobile a rendu possible cette extension urbaine.

3 *Les villes nouvelles en France*

Fiche 43

Réponse c. Il existe neuf villes nouvelles (villes qui devaient concentrer l'emploi, l'habitat, les équipements et les services) : cinq à la périphérie de Paris (dont Saint Quentin-en-Yvelines et Marne-la-Vallée) et quatre en province. Lille n'est pas une ville nouvelle.

4 *L'intermodalité*

Fiche 44

Réponse a. L'intermodalité vise à réduire l'usage exclusif de la voiture et les nuisances qu'elle génère, au profit d'un usage combiné de différents modes de transport moins polluants.

Le covoiturage est l'utilisation d'une même voiture par plusieurs personnes pour un trajet commun.

Les déplacements pendulaires correspondent aux trajets réalisés quotidiennement entre le domicile et le lieu de travail.

5 *La ville durable*

Fiche 45

1. et 2. Vrai. Une ville durable gère efficacement l'eau et développe son réseau de transport en commun afin d'éviter que les habitants utilisent chaque jour leur voiture.

3. Faux. Une ville durable ne construit pas que des maisons individuelles. En effet, plus une ville est étendue plus elle consomme d'énergie car ses habitants se déplacent généralement en voiture.

Les mondes arctiques : contraintes du milieu et intégration au système mondial

47

? QUIZ p. 111

Les mondes arctiques sont un milieu contraignant pourtant concerné par la mondialisation.

1 Les mondes arctiques

A Une définition des mondes arctiques (→ DÉPLIANT, IX ET X)

▶ L'Arctique comprend :

– **l'océan Arctique** (le plus petit des 5 océans) dont une grande partie est recouverte par une banquise épaisse et dont l'extension varie selon les saisons ;

– **les terres arctiques** qui englobent le Nord de l'Amérique (Canada, Alaska), le Nord de l'Europe et de la Sibérie (Russie), le Groenland (Danemark), le Svalbard (Norvège).

▶ Si l'océan Arctique est bien délimité, la **frontière** des régions arctiques terrestres est **incertaine.** Toutefois, on admet généralement comme limite la courbe isotherme des 10 °C au mois de juillet (le plus chaud).

B Une réserve d'eau douce

▶ L'**inlandsis** groenlandais abrite 9 % du volume des glaces d'eau douce de la planète.

▶ L'océan Arctique reçoit 11 % des eaux fluviales de la planète. Ces apports en eau douce diminuent la salinité de l'océan et alimentent la formation annuelle de la banquise.

C Les populations autochtones

Les populations arctiques vivent généralement le long des côtes : Inuits (150 000 personnes) en Alaska, au Canada et au Groenland, Sâmes (environ 60 000) majoritairement en Norvège. Les peuples de Sibérie (Nenets, Évènes…) forment une population d'environ 200 000 personnes.

2 Les contraintes du milieu

A Un froid intense

▶ L'obliquité des rayons solaires et la durée de la nuit polaire (jusqu'à 6 mois par an pour les régions les plus au nord) provoquent un **froid durable** avec des températures très inférieures à 0 °C.

▶ Le sous-sol est gelé en permanence (**pergélisol** ou permafrost). Seule la surface dégèle en été, créant, au sud du cercle polaire nord, des lacs, des marais et des tourbières.

INFO Le permafrost occuperait environ 10 millions de km² dont 2 millions seraient déjà affectés par le réchauffement climatique.

B Une végétation rare ou absente

Au sud des zones glacées, la végétation a du mal à s'enraciner. La **toundra** (lande composée d'arbrisseaux, de mousses et de lichens) et la **forêt boréale** (composée de conifères et de quelques feuillus) ne sont pas propices à l'agriculture : une grande partie de l'alimentation est importée.

C Des transports difficiles et coûteux

▶ La **banquise** est un obstacle important à la navigation (icebergs).

▶ L'hiver, **les routes terrestres sont impraticables** ou chaotiques. L'été, le dégel dans les régions les plus au sud transforme le sol en un bourbier impraticable et dégrade les routes.

3 *L'intégration au système mondial*

▶ Depuis 1947, l'Arctique est une **zone très militarisée**. Pendant la guerre froide, il devient une frontière de la bipolarisation.

▶ Depuis 1973, **le pétrole est exploité en mer Arctique** et en Sibérie. Les grandes firmes se sont ruées vers ces terres riches en or, cuivre, nickel, uranium et cobalt. L'Alaska, le Nord canadien et la Sibérie ont ainsi vu se créer de vastes exploitations et des villes minières et industrielles.

▶ De nombreuses **voies de communication**, essentiellement maritimes et aériennes, ont été créées.

▶ Les chasseurs deviennent des pêcheurs ou les employés des immenses conserveries côtières. Les grands États industrialisés envoient d'énormes flottilles de chalutiers et de navires-usines dans les mers polaires.

CONCLURE

Malgré les contraintes du milieu, les mondes arctiques se sont progressivement intégrés au système mondial grâce à leur position stratégique et leurs ressources naturelles.

L'Arctique, un territoire convoité

48

Quels sont les enjeux de l'Arctique pour le XXIe siècle ?

1 *L'impact du réchauffement climatique*

▶ L'accroissement du réchauffement climatique en Arctique débute à la fin des années 1970 et s'accélère à partir des années 1990. Certains scientifiques estiment que **la calotte glacière diminuera** de 40 à 50 % d'ici 2100. D'autres prévoient la disparition totale de la banquise d'été dès 2050 (→ DÉPLIANT, IX ET X).

▶ Les conséquences de cette fonte des glaces sont considérables : un océan libre de glaces permettra d'**atteindre les ressources énergétiques** (gaz naturel et pétrole) du sous-sol arctique et ouvrira l'accès aux routes maritimes du Nord.

▶ Une autre conséquence majeure du réchauffement climatique est l'**augmentation des gaz à effet de serre** : la fonte du pergélisol libère en effet les gaz qui s'y sont accumulés.

2 *Le partage des eaux arctiques*

A Le droit de la mer appliqué à l'océan Arctique

▶ L'océan Arctique répond à la Convention des Nations unies sur le droit de la mer.

▶ Celle-ci offre aux États la possibilité d'étendre leur **zone d'économie exclusive** (ZEE) à 350 000 milles marins. Les États intéressés doivent déposer un dossier technique et juridique auprès de la Commission des limites du plateau continental.

▶ L'enjeu maritime polaire est aussi régional : en 2007, le Nunavik (peuplé à 99 % d'Inuits) a obtenu d'Ottawa des droits fonciers sur 6 000 îles côtières et la reconnaissance d'une mer littorale.

B Un atlas de l'Arctique

▶ Dans le cadre des activités des **Années polaires internationales** et des objectifs de la Commission pour la cartographie géologique du monde, 7 pays (Canada, Russie, États-Unis, Danemark, Norvège, Finlande et Suède) ont collaboré pour produire un atlas complet des formations géologiques sous-marines ou terrestres des régions polaires situées au nord du 60e parallèle. L'atlas canadien (achevé fin 2008) participera ainsi à la réalisation des dossiers techniques nécessaires aux arbitrages des différends territoriaux.

▶ Des **solutions variées** ont été trouvées pour régler les litiges entre les nations riveraines mais certaines limites territoriales sont encore très discutées.

3 *Le potentiel énergétique et les nouvelles routes maritimes*

A L'enjeu énergétique

15 % à 30 % des réserves mondiales de gaz et de pétrole se trouveraient en Arctique (mer de Barents, mer de Kara...). Mais leur exploitation est coûteuse et liée à l'existence de relais de transport terrestres et maritimes.

B Les routes maritimes arctiques

▶ Les routes arctiques (**passage nord-ouest** contournant le continent américain, **passage nord-est** longeant la côte nord de la Russie) réduiront les temps de navigation entre les principales villes de l'hémisphère nord (→ DÉPLIANT, IX ET X).

▶ Ces passages permettront **l'exploitation des gisements d'hydrocarbures**. Mais ils nécessiteront de puissants brise-glace et seront soumis aux aléas climatiques. Toutefois, des investisseurs privés construisent déjà des navires-citernes capables d'atteindre des futurs champs pétroliers et gaziers sans le recours aux brise-glace.

▶ Avec l'augmentation du trafic maritime et le développement de champs gaziers et pétroliers offshore, les probabilités d'un naufrage dans l'Arctique augmenteront (**marées noires**).

CONCLURE

Le réchauffement climatique fait de l'océan Arctique un océan très convoité pour les nouvelles routes maritimes et pour l'exploitation des richesses sous-marines.

La concentration des hommes et des activités sur les littoraux

49

QUIZ p. 111

Comment se traduit l'attractivité des littoraux ?

1 Un milieu attractif

▶ Le XXe siècle – plus particulièrement au cours des trois dernières décennies – a **transformé les bords de mer.** Les activités traditionnelles (pêche et agriculture) côtoient les lucratives activités liées au tourisme.

▶ Aujourd'hui, les littoraux rassemblent une part de plus en plus grande de la **population** et des **activités mondiales.** La moitié des grandes agglomérations est située sur les littoraux.

▶ L'accroissement des **échanges commerciaux internationaux** renforce le rôle des ports.

▶ L'essor du **tourisme balnéaire** entraîne une nouvelle pression sur les littoraux.

2 Les activités du littoral

A Agriculture et littoral

▶ On trouve les **agricultures littorales** aussi bien dans les régions tempérées que dans les régions chaudes.

• En France, l'agriculture occupe encore près de la moitié de l'espace littoral. Mais la diminution des surfaces agricoles y est rapide en raison de la pression urbaine et du tourisme.

• Dans les marais à mangrove, du Sénégal au Liberia (Afrique tropicale), on pratique la riziculture.

▶ Les **marais salants** sont une des formes les plus originales des paysages littoraux construits par l'homme.

▶ Avec les **polders,** l'homme a cherché à se protéger des inondations et des tempêtes par des digues, et surtout à augmenter la superficie agricole en gagnant des terres sur la mer. En Europe (Pays-Bas), la construction de polders est stoppée mais elle se poursuit ailleurs dans le monde (Asie). Autrefois agricoles, ces terres sont aujourd'hui à usage portuaire et urbain.

B La pêche et les cultures marines

▶ **L'espace halieutique** est composé des zones de pêche, des ports de pêche et des zones de distribution et de consommation.

▶ **Les cultures marines** (coquillages, poissons, crustacés, algues) sont anciennes en Asie (80 % du total commercialisé) comme en Europe.

C Les ports

Les ports sont de puissants **instruments d'organisation de l'espace.**

▶ Ils s'adaptent pour accueillir des navires de plus en plus grands et s'équiper d'engins de manutention plus importants. Les conteneurs sont ensuite pris en charge par le chemin de fer et, surtout, par les camions (transport multimodal).

▶ Ces **mutations technologiques** ont eu des conséquences spatiales importantes à l'origine des grandes zones industrialo-portuaires : le port de Rotterdam glisse ainsi vers son embouchure de même que Londres et Hambourg. Le **paysage portuaire** (bassins, quais, jetées, terre-pleins, entrepôts, grues) témoigne de l'adaptation au site.

D Le tourisme littoral

▶ Les principaux **attraits** du tourisme littoral sont la villégiature, le climat, les activités nautiques.

▶ L'extension touristique s'est faite de façon linéaire et envahissante. Les **conséquences** sont la disparition des milieux naturels remarquables et l'augmentation du prix du foncier.

3 *La concurrence pour l'espace*

▶ Le tourisme littoral **dévore l'espace** et **perturbe les activités traditionnelles** (pêche, agriculture).

▶ La multiplication des ports de plaisance en avant de l'estran **inquiète les ostréiculteurs et les pêcheurs.**

▶ Les ports sont de plus en plus gourmands d'espace en raison de la croissance du commerce international et de l'essor des industries implantées dans les ports.

CONCLURE

De par leur potentiel économique, les littoraux subissent une concentration d'activités humaines qui pose des problèmes de partage d'espace.

Quels aménagements durables pour les littoraux ?

50

La dégradation attestée des littoraux a conduit à des politiques de protection.

1 La vulnérabilité des littoraux

A La dégradation des milieux littoraux par la terre

Les pressions sur la frange côtière sont importantes.

▶ Les **dunes** ont souvent été **dégradées** (car considérées comme un obstacle pour rejoindre la mer ou comme un refuge en cas de vent ou de marée montante).

▶ La **qualité de l'eau** est **affectée** par la multiplication des activités :
– population multipliée par dix pendant les deux mois d'été ;
– nitrates, phosphates et pesticides amenés par les eaux douces polluées par les traitements utilisés dans l'agriculture ;
– pollution par le plomb en raison des peintures utilisées dans les ports de plaisance pour protéger les coques des bateaux contre les algues et les coquillages.

▶ Des **mutations ou disparitions d'espèces vivantes** sont dues à la dégradation des milieux : prolifération de l'algue *Caulerpa taxifolia* (l'algue « tueuse ») repérée en Méditerranée en 1984, disparition des coraux…

B La dégradation des milieux littoraux par la mer

Les pollutions d'origine maritime sont spectaculaires : dégazages, naufrages de pétroliers. L'explosion qui a fait sombrer la plate-forme pétrolière exploitée par le groupe pétrolier BP au large des côtes de la Louisiane (22 avril 2010) est à l'origine d'une très grave catastrophe écologique (destruction des écosystèmes…).

2 Pour une meilleure gestion des littoraux

Dès la fin des années 1960, aux États-Unis et en Europe, on prend conscience que les zones côtières doivent être gérées à la fois sur le plan environnemental, politique mais aussi stratégique.

Ⓐ Deux pays, deux politiques

▶ Aux **États-Unis**, le ***Coastal Zone Management Act*** (adopté en 1972 et régulièrement amendé depuis) encourage les États à mettre sur pied des programmes de gestion côtière qui respectent les ressources naturelles (zones humides, estuaires, plages, dunes, récifs coralliens…) et permettent un développement économique harmonieux.

▶ En **France**, les pouvoirs publics se préoccupent aussi du devenir des littoraux.

- Le **Conservatoire du littoral et des rivages lacustres** (créé en 1975) a pour mission d'acheter les espaces naturels littoraux pour les rendre inconstructibles.
- La **loi Littoral** (1986) a pour objet de limiter l'extension urbaine et de préserver les espaces les plus caractéristiques du littoral. Elle doit ainsi permettre le libre accès des sentiers littoraux au public.

Ⓑ Une gestion des littoraux indispensable

Face à la dégradation des milieux océaniques et côtiers, la communauté internationale insiste sur l'obligation d'une gestion intégrée et durable de ces milieux.

▶ Lors du **Sommet de la Terre de Rio** (1992), les 173 chefs d'État présents adoptent un plan d'action pour le XXIe siècle (**l'Agenda 21**). Son chapitre 17 concerne la protection des océans et de toutes les mers, et des zones côtières.

▶ Des conférences régionales ont lieu régulièrement pour faire le point sur les politiques développées par les États. Ainsi, le **Plan d'action pour la Méditerranée** (initié sous l'égide du PNUE et qui concerne les 21 États riverains et la Communauté européenne) vise à mener une politique de lutte contre la pollution en milieu marin et océanique.

CONCLURE

Au plan national et international, la gestion intégrée du littoral est nécessaire pour parvenir à un développement durable.

Les sociétés face aux risques

51

QUIZ p. 111

Quels sont les risques naturels et technologiques majeurs ?

1 *Qu'est-ce qu'un risque majeur ?*

On appelle « risque majeur » un événement aléatoire qui représente un danger important pour des populations, des biens (habitations, usines) et des milieux naturels. Ce risque peut être naturel ou technologique.

▶ Un **risque naturel** est un danger climatique, sismique, astronomique violent qui peut se déclencher n'importe où.

▶ Un **risque technologique** est lié aux activités humaines et industrielles. La nature des produits utilisés, les procédés de fabrication employés, la proximité des lieux habités ou de grandes voies de communication donnent à ces activités un caractère extrêmement dangereux.

2 *L'exposition aux risques naturels*

A Les risques liés au climat (→ DÉPLIANT, XI ET XII)

▶ Les mouvements continus des masses d'air et des courants océaniques (comme le courant sud-américain El Niño) amènent :
– des **tempêtes** ou **cyclones**, dévastateurs pour les zones peuplées (ouragan Katrina, Louisiane, 2005, 1 800 morts) ;
– des **inondations** catastrophiques accompagnées parfois de mouvements de terrain (coulées de boue…) ;
– des **sécheresses** suite à un déficit inexpliqué de pluies (Inde, Afrique).

▶ Les activités humaines, et notamment les rejets croissants de CO_2 dans l'atmosphère, semblent renforcer ces phénomènes extrêmes.

B Les risques liés aux mouvements internes de la croûte terrestre (→ DÉPLIANT, XI ET XII)

▶ La tectonique des plaques déclenche :
– des **séismes** (Haïti, 2010) ;
– des **éruptions volcaniques**.

▶ Certains séismes au large des côtes provoquent des **tsunamis** qui ravagent les régions côtières (île de Sumatra, Indonésie, 2004).

3 Les principaux accidents technologiques

A Les accidents chimiques

▶ **1955, Minamata (Japon).** Du mercure, rejeté à la mer par une usine de produits chimiques, intoxique la population. On désignera ensuite cette maladie neurologique comme la « maladie de Minamata ».

▶ **1976, Seveso (Italie).** De la dioxine se répand sur la ville. Des milliers de personnes contractent des maladies graves (lésions cutanées, leucémies…). Le gaz provoque la mort de 77 000 animaux et contamine 1 810 hectares de terres.

▶ **1984, Bhopal (Inde).** 40 tonnes d'isocyanate de méthyle s'échappent d'une usine de l'Union Carbide. À long terme, la catastrophe aurait fait 500 000 victimes (cancers, cécité…). Le sol et les nappes phréatiques sont toujours contaminés.

▶ **2000, Baia Mare (Roumanie).** La digue du bassin de rétention de la mine d'or d'Aurul cède, déversant plus de 100 000 m^3 d'eau cyanurée dans le cours du Sasar. Le cyanure tue la faune et met en péril l'approvisionnement en eau potable de millions de personnes en Hongrie et en Serbie.

B Les accidents nucléaires

▶ **1979, Three Miles Island (États-Unis).** L'accident est classé 5 sur l'échelle internationale des événements nucléaires (INES) qui va jusqu'à 7. Des ouvriers sont irradiés.

▶ **1986, Tchernobyl (Ukraine).** Le bilan est très lourd sur les plans sanitaire (cancers de la thyroïde) et environnemental (sol contaminé). L'accident est classé 7.

▶ **2011, Fukushima (Japon).** L'accident, une des conséquences du séisme qui a déclenché un tsunami, est classé 7.

C Les marées noires, les dégazages

Les conséquences des marées noires et des dégazages sont **dramatiques pour l'environnement** (→ FICHE 39). Torrey-Canyon (1967), Amoco Cadiz (1978), Exxon Valdez (1989), Erika (1999) font partie des catastrophes les plus graves.

CONCLURE

Aucun pays n'est à l'abri de risques naturels ou technologiques.

Vers une meilleure prévention des risques

52

Comment prévenir les risques et réduire la vulnérabilité des populations ?

1 La prévention des risques naturels

▶ L'Organisation météorologique mondiale (**OMM**), créée en 1947, fournit des informations indispensables pour la diffusion d'alertes précoces. L'OMM s'est fixé comme objectif de réduire de moitié, d'ici 2019, la mortalité moyenne imputable aux catastrophes naturelles liées au climat et à l'eau.

▶ Le Bureau pour la coordination des affaires humanitaires (**OCHA**), créé en 1998, est chargé d'aider les populations victimes de catastrophes, de coordonner les secours et de recevoir les dons des États, des entreprises…

▶ La Stratégie internationale pour la réduction des catastrophes (**ISDR**) créée en 2000, propose des mesures pour réduire l'impact des catastrophes : amélioration des constructions, éducation des populations.

▶ Cependant, sur le terrain, ce sont souvent les **ONG** qui prennent en charge les opérations de secours.

B Mieux gérer les risques au niveau des États

▶ Dans les pays riches, la prévention consiste à :
- **améliorer la connaissance** des phénomènes et des risques, établir des cartes et des bases de données des zones vulnérables ;
- **surveiller** pour anticiper le phénomène et **alerter** les populations ;
- **éduquer** les populations vulnérables ;
- **maîtriser l'aménagement des territoires**, en limitant l'augmentation de la population et des activités dans les zones à risque, ou en réduisant la vulnérabilité des zones déjà urbanisées ;
- **appliquer des normes de construction** adaptées aux risques (parasismiques…) ;
- **planifier l'organisation des secours** ;
- **analyser les événements** après la catastrophe.

▶ Les pays pauvres n'ont pas toujours les mêmes moyens (coût élevé des habitations parasismiques et des observatoires pour surveiller les volcans…) ni les mêmes priorités (terres les plus fertiles situées sur les pentes d'un volcan).

2 La prévention des accidents technologiques : l'exemple de la France

A La directive Seveso 2

▶ Suite aux accidents majeurs survenus à Feyzin (France, 1966), à Flixborough (Grande-Bretagne, 1974), à Los Alfaques (Espagne, 1978) et à Seveso (Italie, 1976), l'Europe se dote d'**une directive sur les risques d'accidents majeurs** liés à certaines activités industrielles (directive Seveso de 1982).

▶ La **directive Seveso 2** (qui se substitue à la directive Seveso) définit deux catégories d'entreprises en fonction de la quantité des substances dangereuses présentes.

▶ Les mesures visent à un renforcement des systèmes d'inspection, à l'identification des dangers, à une meilleure maîtrise de l'urbanisation aux alentours des usines, à une information des populations et à l'élaboration des plans de secours…

▶ Mais la directive ne s'applique pas aux usines délocalisées dans les pays du Sud et ne suffit pas à prévenir tout accident (**explosion de l'usine AZF à Toulouse en 2001**).

B Le plan de prévention des risques technologiques (PPRT)

▶ La catastrophe de l'usine AZF (et divers épisodes d'inondations) débouche sur la **loi du 30 juillet 2003** relative à la prévention des risques technologiques et naturels.

▶ La **réduction des risques** à la source est la priorité de cette loi. Elle délimite un périmètre d'exposition aux risques autour des établissements à hauts risques. Pour préserver l'avenir, le PPRT peut interdire des constructions nouvelles.

CONCLURE

Les États ont conscience de la nécessité de mener des politiques de prévention pour limiter l'ampleur des catastrophes mais ces politiques sont plus difficiles à mettre en place dans les pays en développement.

Risques et vulnérabilité des populations

53

QUIZ p. 111

Les populations sont-elles égales face aux risques naturels ?

1 Qu'est-ce qu'une population vulnérable ?

▶ La vulnérabilité des populations est leur degré de **fragilité face aux risques.** La pauvreté accroît la vulnérabilité.

▶ L'**analyse de la vulnérabilité des populations** est utilisée par de nombreuses organisations internationales. Ainsi pour la Nouvelle-Orléans : sa vulnérabilité avait été analysée lors des inondations dues à l'ouragan Betsy en 1965 et une simulation (effectuée à la fin des années 1990) montrait la destruction virtuelle de la ville par un cyclone de catégorie 4 (160 km^2 de superficie urbaine noyée).

▶ Toutefois, faute de finances pour entretenir les digues, les conséquences de l'ouragan Katrina (catégorie 4) ont été dramatiques.

2 L'inégale vulnérabilité des populations

A La distribution géographique de la vulnérabilité

▶ Les **zones tropicales** et les pays situés en bordure des plaques tectoniques concentrent plusieurs risques naturels (cyclones, séismes, volcans). Ainsi, les tsunamis sont fréquents dans les **régions d'Asie du Sud-Est**, dans les zones à forte activité volcanique.

▶ La **forte densité de population des zones côtières** augmente la vulnérabilité des populations, en raison de leur exposition aux cyclones et aux tempêtes, aux inondations saisonnières et aux glissements de terrains.

▶ Certains littoraux, États insulaires et villes côtières sont **menacés d'engloutissement** en cas d'une hausse du niveau de la mer supérieure à 50 cm (→ DÉPLIANT, XI ET XII).

▶ L'**urbanisation croissante** est un facteur aggravant de la vulnérabilité des populations.

B Vulnérabilité contenue des pays riches

▶ Les bâtiments construits selon des règles parasismiques résistent mieux aux tremblements de terre.

▶ Les pays riches et les pays pauvres ne bénéficient pas des mêmes remboursements en cas de catastrophe : au Nord, les entreprises et les particuliers sont **assurés** contre la plupart des risques. Les systèmes de santé sont **plus développés.**

▶ Les installations industrielles sont **modernisées.**

C Vulnérabilité accrue des pays pauvres

▶ Dans les pays du Sud, les gouvernements et la majeure partie de la population n'ont **pas les moyens de se prémunir contre les risques naturels.**

▶ Les habitants les plus pauvres s'installent sur les **terres les moins sûres** (zones inondables, glissements de terrains).

▶ L'**habitat inadapté** est aussi un facteur de vulnérabilité (bidonville).

▶ Le **retard technologique** et le **faible niveau d'instruction** sont d'autres causes de la vulnérabilité des pays pauvres.

▶ Les catastrophes naturelles font davantage de **victimes dans les pays en développement** (95 % des morts) que dans les pays développés. Ainsi, en 1992, l'ouragan Andrew, particulièrement dévastateur (catégorie 5), a fait un peu moins de 100 morts aux États-Unis. En revanche, l'ouragan Mitch (de catégorie 5 lui aussi) a fait, en 1998, plus de 100 000 victimes en Amérique centrale.

INFOS Séisme et tsunami à Sumatra (Indonésie), 2004, 220 000 morts.
Séisme à Haïti, 2010, 230 000 morts, 300 000 blessés et 1,5 million de sans-abri.

3 *La vulnérabilité, un obstacle au développement durable*

Les catastrophes sont des **facteurs d'appauvrissement** des pays du Sud. Les pertes humaines et les dégâts matériels causés par les catastrophes naturelles sont un **obstacle majeur au développement durable** car leurs conséquences sont particulièrement dramatiques sur les infrastructures sociales et économiques : augmentation du nombre de sans-abri, eau polluée, épidémies…

CONCLURE

Les populations sont inégales face aux risques. La pauvreté accroît la vulnérabilité des populations. De même, les catastrophes sont un frein au développement durable.

Quiz express

54

Cochez la ou les bonnes réponses.

Gérer les espaces terrestres

1 *L'Arctique*

Que peut-on dire de l'Arctique ?

	Vrai	Faux
1. c'est un continent recouvert d'un inlandsis (ou calotte glacière)	☐	☐
2. c'est un océan gelé entouré de terres	☐	☐
3. il se trouve au pôle Nord	☐	☐

2 *La végétation des mondes arctiques*

Comment nomme-t-on une lande composée d'arbres nains, de lichens et de mousse ?

☐ a. un permafrost ☐ b. une taïga ☐ c. une toundra

3 *Les polders*

Qu'est-ce qu'un polder ?

☐ a. un espace où on récolte le sel

☐ b. un complexe résidentiel construit au bord de la mer et disposant d'un port de plaisance

☐ c. une terre gagnée sur la mer.

4 *Les risques naturels*

Parmi ces phénomènes, lequel n'est pas un risque naturel ?

☐ a. les éruptions volcaniques

☐ b. les marées noires

☐ c. les cyclones

5 *La vulnérabilité des populations*

Que désigne le terme « vulnérabilité » ?

☐ a. la plus ou moins grande richesse économique d'une société

☐ b. le plus ou moins haut niveau de technologies dont dispose une société

☐ c. la plus ou moins grande faiblesse d'une société face aux risques

Corrigés !

Score : … / 7

1 *L'Arctique*

Fiche 47

1. Faux. L'Antarctique (et non l'Arctique), continent situé au pôle Sud, est recouvert d'un inlandsis.

2. et 3. Vrai. L'Arctique comprend l'océan Arctique et les terres arctiques qui englobent le Nord de l'Amérique, le Nord de l'Europe et de la Sibérie, le Groenland ainsi que le Svalbard. Il se trouve au pôle Nord.

2 *La végétation des mondes arctiques*

Fiche 47

Réponse c. La toundra est une lande composée d'arbrisseaux, de mousse et de lichens.
Le permafrost est un sous-sol gelé en permanence et la taïga est composée de conifères et de quelques feuillus.

3 *Les polders*

Fiche 49

Réponse c. Un polder est une terre gagnée sur la mer ; elle est souvent située en dessous du niveau de la mer.
Un complexe résidentiel construit au bord de la mer et qui dispose d'un port de plaisance est une marina.
On récolte le sel dans des marais salants, un ensemble de bassins de faible profondeur.

4 *Les risques naturels*

Fiche 51

Réponse b. Une marée noire se produit lors d'une catastrophe comme le naufrage d'un pétrolier ou la rupture d'une canalisation.

5 *La vulnérabilité des populations*

Fiche 53

Réponse c. La vulnérabilité des populations est leur degré de fragilité face aux risques : risques naturels (cyclones, séismes, volcans, inondations, sécheresse) et risques technologiques liés aux activités humaines et industrielles.

Achevé d'imprimer par L.E.G.O. S.p.A. – Lavis (TN) – Italie
Dépôt légal : 04440-1/01 – Novembre 2017
PAPIER À BASE DE FIBRES CERTIFIÉES
Hatier s'engage pour l'environnement en réduisant l'empreinte carbone de ses livres. Celle de cet exemplaire est de : 700 g éq. CO_2
Rendez-vous sur www.hatier-durable.fr

Winfried und Gaby Wentland
Conrad Lemke

Dem Tod knapp entronnen

Apostelgeschichte ir[illegible]hrhundert

W0379561

Winfried und Gaby Wentland
Conrad Lemke

Dem Tod knapp entronnen

Apostelgeschichte im 20. Jahrhundert

MEGA MEDIEN
Oyten

Copyright © 1998 Mega Medien
ISBN 3-933461-16-2

Gesamtgestaltung: Melanie Schablowski, Brombachtal
Bilder: Winfried Wentland
Druck: Wydawnictwo ARKA, Polen
E-Mail: arkadruk@neostrada.pl

Alle Rechte vorbehalten. Nachdruck, auch auszugsweise, und Vervielfältigung in irgendeiner Form (Fotokopie, Mikrofilm oder andere Verfahren) oder Verarbeitung durch elektronische Systeme ohne schriftliche Einwilligung des Autor und des Verlages verboten.

Inhalt

Vorwort

Reinhard Bonnke

Keiner käme auf die Idee, der Apostel Paulus hätte Mangel an Salbung gehabt. Seine Missionsreisen brachten überwältigende Resultate. Sie gaben der Weltgeschichte einen Stoß in eine neue Richtung. Dennoch sehen wir, wie er unter widrigen Umständen und schwierigen Bedingungen arbeitete und litt. Trotzdem betrachtete sich Paulus als Mitarbeiter Gottes, selbst als man ihn aus der Synagoge warf, ihn in Athen verspottete, in Philippi schlug und ihn fünfmal steinigte. Gott war mit Macht am Werk! Ich habe mich oft gewundert, wie Petrus auf dem Wasser gehen konnte, Paulus aber dreimal Schiffbruch erlitt, wie wir in der Bibel lesen können.

Dieses Buch von Winfried und Gaby Wentland ermöglicht einen tiefen Einblick hinter die Kulissen unserer Großevangelisationen in Afrika. Es war – und ist – oft auf „Messers Schneide".

Wentlands Einsatz ist vorbildlich. Ich werde nie vergessen wie wir als Team 1991 im brennenden Kano um Haaresbreite einem gewaltsamen Tod entkamen und von der nigerianischen Armee evakuiert werden mußten. Winfried und Gaby sagten mir: „Wir wollen wieder in die Stadt und den Lastwagen mit der Ausrüstung zurück nach Lagos fahren." Ich war erschrocken und protestierte: „Das geht auf keinen Fall, ihr kommt dabei um, ich lasse das nicht zu. Lieber zehn Lastwagen verlieren als euch!" Gaby war damals auch noch schwanger, und die anderen Kinder waren ebenfalls dabei. Wir beteten zusammen, und sie gingen... und der Engel des Herrn bewahrte sie! Das war nicht Bravour, sondern tiefes Gottvertrauen. Ich stelle Winfried und Gaby das allerbeste Zeugnis aus und schätze und liebe sie sehr. Das gilt auch für meine anderen CfaN-Mitstreiter. Sie alle stehen an vorderster Front und geben sich den Attacken des Teufels preis. Doch wir haben den hochwirksamen Schild des Glaubens und marschieren weiter. Das Evangelium ist am besten verteidigt, wenn man es dessen Feinden aussetzt, denn nur so können Feinde Gottes zu Freunden Gottes werden. Paulus hielt es nicht anders, und so halten wir es auch.

Ich persönlich bin beim Lesen dieses Buches tief gesegnet worden und empfehle es aufs herzlichste.

Lagos
Stadt im Umbruch

Unser Wachmann meinte, ein Kuhhorn wäre besser als Jesus – auch als Waffe gegen die nächtlichen Einbrecher und die Rattenplage.

Lagos, die Metropole in Nigeria, brodelnder Hexenkessel, wo Kulturen und Sitten, Rassen und Religionen aufeinanderprallen, ist auch die Stadt der Ratten – sie sind überall. Man kann sich ihnen nicht entziehen. Und sie zerstören fast alles, was ihnen unter die Nagezähne kommt. Wie oft standen wir sprachlos vor gerade zerstörten Körben, Mehlsäcken, Duschvorhängen und anderen Haushaltsgegenständen. Fast alles wieder kaputt – oft nur durch eine Ratte, die sich irgendwie in unsere Wohnung durchgefressen hatte. Auch unseren Wachmann hatte sie überlistet.

Als mich eines Tages so ein Riesenvieh mit einem Satz vom Schrank ansprang, schrie ich hilflos auf. Ich konnte sie zwar noch einmal abschütteln und entkommen. Keinesfalls aber wollte ich ein neues Rendezvous mit ihr haben. Ein Stoßgebet sauste zum Himmel: „Ratte, stirb oder verschwinde!". Am nächsten Morgen lag sie tot in der Ecke. Ja, so ging es uns in den Achtzigerjahren in Lagos. Inzwischen hat sich die Lage dramatisch zugespitzt. 1992 bis 1996 hat es ca. 6000 Menschenopfer in blutigen Ritualen gegeben. Straßenräuber und Korruption beherrschen die Stadt.

Wie kamen wir dahin?

Aber zurück zu uns. Wie kamen wir beide, Winfried, der hoffnungsvolle Bankkaufmann und Offiziersanwärter und Gaby, die elegante, in einem wohlbehüteten Pastorenhaus aufgewachsene Lufthansastewardeß, hierher? Vom „Bickbeerparadies" bei Hamburg in die Hölle von Lagos. Wie begann das alles? Schalten wir zurück. 1971: Der „Eiserne Vorhang" hatte die Welt noch streng in Ost und West getrennt. In Südafrika schien der Apartheidstaat gefestigter denn je. In der alten „Bundesrepublik" konnten beginnende Rauchzeichen des Terrorismus die milde Leuchtkraft des Wirtschaftswunders noch nicht verhüllen. In Ebstorf (Landkreis Uelzen) schloß Winfried Wentland die Schule erfolgreich ab.

Impressionen aus Nordhessen

Vier Kinder tobten auf dem reichlich Platz und Wiese bietendem Gelände eines großen christlichen Erholungswerkes herum. Vater Wentland sah als Hausmeister, ob immer alles in Ordnung war. Sein Schreinerberuf hatte ihn dafür geradezu prädestiniert. In der Gemeinde diente er nicht nur aus Lust und Laune mit. Auch hier war er der „Gute Geist", den man immer wieder brauchte. Der dreizehnjährige Winfried traf 1967, im dramatischen Jahr des Sechstagekrieges in Israel, auf einer Kinderfreizeit eine Entscheidung für Jesus. Mit 10 Jahren hatte der Junge mit glühenden Ohren und angehaltenem Atem morgens und abends in der Bibel gelesen. Aber es gab auch schon das, was man heute gern Lebensplanung nennt. Eine Bankkaufmannslehre sollte eine solide Grundlage bilden. Die Träume aber gingen woanders spazieren. Der drahtige, sportliche Springinsfeld wollte Sportlehrer werden. Das hieß Studium und statt viel Freizeit lernen und nochmals lernen. Wieso sollte man sich nicht eines Tages auf einer Olympiade wiederfinden? Vielleicht sogar auf dem Treppchen? Wenn er geahnt hätte, was für ein Wettkampf auf ihn wartete!

Aus mit Olympia

Mit einem Paukenschlag begann die Vorbereitung für diesen anderen Wettkampf: Auf dem Trampolin hat man das Gefühl, aus den Gesetzen der Schwerkraft entlassen zu sein. Man könnte geradewegs als eine Art lebende Rakete zum Himmel sausen. Immer höher und „völlig losgelöst von der Erde". Knallend landet er auf dem Bauch und kommt nicht mehr hoch. „Völlig angeklebt" raubt ihm der wahnsinnige Schmerz fast die Besinnung. Schwerer Wirbelsäulenschaden mit abgebrochenem Wirbel und Schluß mit Sportlehrerträumen. Stahlkorsett heißt die Alternative. Wenn er geahnt hätte, was er einmal und vor allem wem er einmal Unterricht geben wird in einer anderen Sportart! Jetzt aber Fragen über Fragen: Warum? Hätte Jesus ihn nicht bewahren können? Hatte er darüber nicht so viel in der Bibel gelesen? Zukunftsperspektive also jetzt: Bankkaufmann mit Stahlkorsett. Gefestigter Glaube hilft, diese neue Zukunft zu ertragen und letztlich aus Gottes Hand zu nehmen.

1972 steht in Uelzen ein Missionszelt. Ein Evangelist aus Sri Lanka predigt. Aber er beschränkt sich nicht auf Verkündigung. Jesus ist auch Arzt. Man kann nicht nur ein neuer Mensch werden, wenn man sich für ihn entscheidet. Er ist auch der Arzt des Leibes. Winfried glaubt es von Herzen und legt seine Hand auf die kranke Stelle. Das Wunder geschieht. Er fühlt sich gesund. Zuhause fliegt das Korsett in die Ecke, ohne daß er es jemandem sagt. Und siehe da: Er kann ohne Korsett leben. Ein Vergleich der Röntgenaufnahmen vorher und nachher bestätigt: Aus dem Bruch ist ein feiner Haarriß geworden.

Von jetzt ab stehen die Glaubenserfahrungen Schlange. Nach der erfolgreichen Bankkaufmannslehre – das Korsett ist inzwischen vergessen – entdeckt der junge Mann die Bundeswehr. Sportlehrer? Ein anderer Traum wird zu einem Entschluß: Warum nicht Offizier werden? Bankschalter und Computer, Aktiengeschäfte und der Dax-Index waren Winfrieds Träume nicht.

„Er kommt ja in den Himmel."

Als Zeitsoldat entdeckt er die Bundeswehr als Bewährungsfeld. In der Kompanie hat man da viele Eisen im Feuer. Und eiserner Wille, tiefer Glauben an seinen Gott paaren sich mit der wiederhergestellten sportlichen Leistungsfähigkeit. Der Mann, der noch kurz vorher mit einem Stahlkorsett herumlief, wurde z.B. Sieger in einem 5000 m Langstreckenlauf. Unter dreitausend Leuten in seiner Brigade ist er der einzige bekennende Christ. Auch der Militärpfarrer wird auf ihn aufmerksam. Er darf ihn sogar gelegentlich vertreten. Viele Kameraden kommen mit Sorgen und Problemen zu ihm. Winfried hatte sich nicht getäuscht, als er die

Bundeswehr als Bewährungsfeld sah. Im Hochsommer gab es in der Gegend um Celle verheerende Waldbrände. Auch Bundeswehreinheiten sahen sich den gierigen, rasant um sich greifenden Flammen ausgeliefert. 30 junge Soldaten waren z.B. von einem Ring aus Feuer eingeschlossen. Ein Trupp sollte sie befreien. Wirklich das, was man ein Himmelfahrtskommando nennt. Wer sollte führen? Das Los des Anführers traf Winfried. Ein Kommentar damals: „Er ist der geeignetste. Er kommt ja in den Himmel!"

Na also. Los durch Hitze, Glut, an verkohlten Leichen vorbei. Alle dreißig wurden gerettet. Und der junge Christ war nicht mehr nur eine Art Seelentröster. Nun wurde auch sein Glaube ernst genommen. Mit dem UvD (Unteroffizier vom Dienst) hatte er ein ernstes Nachtgespräch bis morgens um drei Uhr. Dabei und bei vielen anderen Gelegenheiten merkte er, daß ihm etwas fehlte. Er war ja auch nur ein junger Soldat in der Ausbildung. Schließlich blieb auch er nicht von Problemen verschont. Und nun wurde er mit den Nöten und oft auch seelischen Abgründen, mit der Hilflosigkeit anderer junger Menschen belastet. Er merkte: Ich schaffe das nicht. Ich brauche mehr Kraft und eigentlich auch eine bestimmte Vollmacht. Davon hatte er ja in seiner Jugend genug gehört und gesehen. In charismatischer Umgebung aufgewachsen, waren Begriffe wie „Kraft aus der Höhe", „Geisterfüllung", „Geistesgaben" ihm nicht fremd. Aber nun begriff er, daß sie mehr als eine Art frommer Zierkerze waren, auf die man letztlich auch verzichten kann. Kurzum, er merkte: „Ich bin beim Bund zum Zeugen der Realität Gottes gegenüber meinen Kameraden geworden. Also brauche ich die dafür verheißene Kraft aus der Höhe. Ich bin ja nicht besser als die Kameraden Jesu, die Jünger von damals." Und immer klarer traten an die Stelle von Träumen, Karriereplanungen wirklichkeitsnähere Perspektiven. Unter seinen vielen jungen Kameraden hatte er entdeckt, wie wertvoll Menschen sind. Hatten sie verdient, ewig ohne Gott zu leben? Gewiß, manche waren vom Wesen, Charakter, Herkunft, Aussehen einzigartiger als andere, das schon, aber ausnahmslos waren sie kostbare Geschöpfe Gottes. Letztlich ein Modell der Menschheit an sich. Der zukünftige Sportlehrer, Medaillenheld unter olympischem Feuer, Offizier, der junge Menschen formen kann, hatte sich ehrenwerte und gute Lebensziele gesteckt. Aber was sind sie, verglichen mit dem Beruf, den Menschen ein Zeuge und Bote Jesu zu sein!

Menschen sind wichtiger als Juwelen

Winfried bewarb sich um einen Studienplatz am Theologischen Seminar Beröa in Erzhausen bei Darmstadt. Durch Vermittlung eines Kameraden bot sich ihm aber auch eine Anstellung als Mitarbeiter eines Juweliers an. Aber die Weiche war gestellt. Menschen sind wichtiger und wertvoller als Juwelen. Einen Monat nach den Waldbränden bei Celle hieß die nächste Etappe Theologisches Seminar „Beröa". 1976 kam es zum Schritt über die Linie. Diesseits Träume, Vorsätze und erste Bewährung. Auf der anderen Seite die durch den ersten Glaubensschritt festgemachte Berufung zum missionarischen Dienst.

„Hier!"

Über die drei Schuljahre könnte man ein Extrabuch schreiben. Immerhin wählten ihn seine Kommilitonen zum Schülersprecher. Über Missionseinsätze in Köln, einem angedachten Dienst in Celle und anderen Vorerfahrungen wurde klarer: Afrika ruft! In einer Vision sieht er sich mit zwei anderen Personen in einem grünen Wagen unterwegs auf dem Missionsfeld – zwei Initialzündungen in einer Vision: Winfried Wentland würde immer ein Teammensch sein, er würde immer Gemeinschaft brauchen, geben und bestehende bereichern. Und von ihm unzertrennlich würde er immer mit Autos zu tun haben. Und schon zeichneten sich die ersten Konturen ab: Reinhard Bonnkes CfaN rief um Hilfe. Und Winfried antwortete: Hier! Es war 1979 geworden. Der Missionsleiter von Afrika/West suchte einen neuen Mitarbeiter. Einer, dem man zutrauen konnte, daß er sich in Dschungel und Wüste behaupten würde. Achsenbrüche und unüberwindlich erscheinende Wasserfluten dürften nie ein ernsthaftes Problem sein. Im Irrgarten fremder Kulturen, völlig verschiedener Wertvorstellungen, was Recht, Gesetz und Religionen anbetraf, mußte er den geraden Weg möglichst auf Anhieb finden, zumindest aber den schnellen Ausweg. Selbstverständlich waren arroganter Kolonialismus und Überlegenheitsdünkel nicht gefragt. Wer in Afrika bestehen wollte, wer die nötige Vertrauensbasis nicht zerstören wollte, mußte endgültig Abschied genommen haben von unseligen Macht- und Eroberungslüsten vergangener Jahrhunderte. Kurz: Er mußte den Afrikanern ein Afrikaner sein – und das in allen Schattierungen und Variationen. Winfried Wentland also wäre dieser Mann? In dieser Zeit war Gaby aus dem „Bickbeerland" noch immer dabei, nervösen Geschäftsreisenden und hektischen Touristen das Leben im Flugzeug zu einem kleinen Traum werden zu lassen.

Software vom Heiligen Geist

Der Vater von Gaby und Pastor der Heimatgemeinde in Neugraben, Siegfried Goetz, versicherte CfaN: Ich schicke euch die besten Leute der Welt! Sogar eine kleine finanzielle Unterstützung war drin. Na also. Dem Praktikum im weltbekannten Missionswerk von Reinhard Bonnke, Christus für alle Nationen, stand nichts mehr im Weg.

Bei Gott stehen Segen und Härtetest immer im Zusammenhang. Sie sind wie Tag und Nacht. Eines kann ohne das andere nicht auskommen. Oder moderner ausgedrückt: wie Gashebel und Bremse oder: wie Hardware und Software. Software vom Heiligen Geist hatte es schon als Vorschuß gegeben – Die nötige Har(t)ware sah Ende 1979 so aus: Die Heimatgemeinde in Hamburg–Neugraben machte einen Missionsausflug nach Afrika, genauer nach Ghana. Winfried sah darin eine Chance. Diese Reise könnte eine Art Schnupperkurs für zukünftige größere Aufgaben werden. Also, nichts wie hin – Afrika, der Ruf und Segen Gottes, alle stehen bereit, den einmal eingeschlagenen Weg mächtig zu bestätigen. Aber dann: Wie so oft bei Berufenen Gottes scheint sich selbst der Herr gegen sie zu wenden:

Winfried wird krank. Diagnose: Malaria tropica. Statt eines brausenden Lobpreisgottesdienstes in der Heimatgemeinde, begegnet er im Tropenkrankenhaus besorgten Ärzten und gezwungenem Lächeln der Schwestern und Pfleger. Wie ein Faustschlag trifft ihn das Urteil: Tropenuntauglich – Leberwerte schlecht. Fazit:

„Noch einmal Afrika – und Sie sterben". Wer wollte diesem Resümee des weltberühmten Bernhard-Nocht-Institutes in Hamburg widersprechen? Winfried tat es – und das nicht in einer Anwandlung von Tollkühnheit oder Trotz, sondern im Bewußtsein des Rufes seines Gottes:

„Herr Doktor, ob ich lebe oder sterbe – ich habe einen Ruf nach Afrika, und dem werde ich folgen." Und die Antwort Gottes? Bald waren die Blutwerte wieder in Ordnung und alle Schwellungen der inneren Organe völlig normal geworden. Zwei andere Patienten waren zur selben Zeit mit dem gleichen Befund gestorben. Test und Bewährung, hier Bewahrung, hatten unterm Strich aus Begeisterung Gewißheit gemacht. Der lebendige Gott hatte Bremse und Gashebel in einer Art göttlichem TÜV in Ordnung gebracht. Soft- und Hardware paßten zusammen. Es konnte losgehen. Der „schwarze Erdteil" wartete. Winfried und Gaby stellten sich Reinhard Bonnke und dem Glaubenswerk CfaN zur Verfügung. Sie konnten nicht ahnen, was aus dieser Saat der Hingabe für eine herrliche Ernte erwachsen würde.

Missionsmedium Papier

1979 begann CfaN eine der Großaktionen, die Mitte der Neunzigerjahre mit dem Büchlein „Vom Minus zum Plus" einen vorläufigen Höhepunkt fanden. Die Bedeutung des Mediums Papier ist gerade auch im Zeitalter der elektronischen Revolution nicht nur nicht zurückgegangen, sondern steht ihr gleich stark und wirksam zur Seite. Die Wentlands begannen ihren Dienst in Afrika mit der gigantischen Verteilaktion einer evangelistischen Schrift „African Messenger" (etwa „Afrikanischer Botschafter"). Sie wur-

25 Jahre
alter 12t–Militär-
lastwagen

Hintergrund:
Abgefahrener
LKW Reifen

Ruhe und
Sicherheit bietet
der LKW

den buchstäblich in die Wüste geschickt. Und nicht nur das. Urwaldgestrüpp, wilde Tiere, reißende Ströme, Überfälle usw. kamen hinzu. Man weiß, daß Karl May auch Werke geschrieben hat, die die meisten Jungen und Mädchen immer noch mit Begeisterung verschlingen, obwohl sie ein reines Phantasieprodukt am Schreibtisch waren. Wentlands erste große Reise durch die afrikanische Wüste ist *erlebt* worden. Am besten, wir lassen sie hier selbst zu Worte kommen.

„Dreiunddreißig afrikanische Länder wurden seit Beginn dieser Aktion im Jahre 1979 mit mehr als drei Millionen Ausgaben des „African Messenger" versorgt. Zuerst erschien diese Aktion kinderleicht. Hatte sie doch Gott selbst ins Leben gerufen. In Lesotho begann es. Unsere papierenen Missionare wurden in großen Sammelsendungen auf den Weg gebracht. Ein riesiger Lastwagen war nötig, um alles auf die Post zu bringen. Später wurden die Lasten tonnenweise verschifft. In einem westafrikanischen Hafen wurden sie dann gesammelt, um von dort wiederum auf Schulen und andere Sammelstellen verteilt zu werden. So sollten sie schließlich in die Hände der Schüler und Studenten gelangen."

Das alles schafften nicht nur Männer. Gaby und Winfried Wentland waren gerade ein paar Monate verheiratet. Sie begleitete ihren Mann auf einer jahrelang währenden Verteilsafari. Die Kosten des Projektes „African Messenger" können nicht nur in Mark und Pfennig berechnet werden. Es ging auch um Leben und Tod. Es hätte Blut fließen können.

Aber Gott bewahrte sie in allen Gefahren. Wer in solchem Missionsauftrag unterwegs ist, braucht Tapferkeit und Mut. Nötig ist ein der Sache Christi ergebenes Herz. Lassen wir Gaby und

Winfried wieder zu Wort kommen:

„Wir verließen Deutschland, um quer durch Europa Afrika zu erreichen. Unsere „Luxuskarosse“ war ein 25 Jahre alter 12 t-Militärlastwagen. Hinten war eine Art kleines Haus aufgebaut. Unsere begeisterte Gemeinde in Hamburg verabschiedete uns mit Winken, Tränen und Jubel. Vor uns aber lag das große Unbekannte, eben Afrika. Wir waren gespannt und hoch motiviert. Von Hamburg fuhren wir quer durch Deutschland, Österreich und Italien nach Sizilien. Wir kreuzten das Mittelmeer auf einem Schiff nach Tunesien. Vor uns breitete sich endlos die größte Wüste der Welt aus, die Sahara. Hier waren Temperaturen zwischen 30 und 75 Grad Celsius normal. Um dort überleben zu können, mußte man pro Tag 10 bis 15 Liter Wasser trinken. Wir mußten mehrere Stops am Tag einlegen, damit sich der Motor wieder abkühlen konnte. Nachts schliefen wir unter unserem Lastwagen. Zwei Wochen hatten wir veranschlagt für die Durchquerung dieser bei aller Bedrohlichkeit so herrlichen und unberührten Landschaft Afrikas. Tatsächlich brauchten wir fast einen Monat. Unser Weg führte durch Tunesien, Algerien, Niger und Burkina Faso (Obervolta) an die Westküste Afrikas. Hier stießen dann drei Mitarbeiter (Werner, Ekkehard und Peter) zu uns. Von dort aus sollte die Verteilung des „African Messenger“ beginnen. Die Zeitungen lagerten an der Elfenbeinküste. Dort und in Ghana, Liberia, Sierra Leone, Senegal, Mali, Mauretanien, Guinea, Togo, Benin, Burkina Faso, Nigeria, Kamerun, der Zentralafrikanischen Republik, Zaire, Kongo und Gabun sollte sie möglichst in die Hand jedes Studenten oder Studentin kommen.

In der Wüste – Spurensuche

Die Sahara, 8,7 Millionen Quadratkilometer Sand und Stein, so groß wie ein Ozean. Von den Ufern des Atlantiks bis zum Roten Meer eine Entfernung von ca. 6000 km. Die Sahara ist eine Welt für sich. Wenn man plötzlich in dieser seltsamen Umgebung steht, spürt man mit einem Schlag die Winzigkeit des Menschen. Im Norden wird die Sahara von den Atlasketten begrenzt. Sanddünen bedecken weniger als ein Viertel der Oberfläche, der Rest besteht aus steinigem Boden, wie zum Teil die vulkanischen Berge der Hochebenen des Hoggar.

Wanderdünen sind – wie die meisten Menschen – unberechenbar. Eben noch scheinen sie einem herrlichen, unbeweglichen Gebirgspanorama zu gleichen, an dem man sich nicht satt sehen kann. Ein Windsturm genügt, um aus Bergen Grabhügel werden zu lassen, die alles unter sich begraben. Im Sandsturm sind Menschen, Tiere und Fahrzeuge hoffnungslos allein mit sich und dem dann vielleicht schon brüllenden Wind, der ihnen eine schaurige Todesmelodie vorspielt. Wir haben bereits in unseren ersten großen Afrikaeinsätzen begriffen, was es bedeutet, in der Wüste leben zu müssen, von ihr bedroht, ihrer List ausgeliefert zu sein. Die Vorstellung, 40 Jahre dort umherziehen zu müssen, läßt etwas vom Härtetest ahnen, der seinerzeit für Israel, dem erwählten Volk Gottes, unumgänglich war. Alle 5-10 km hatte man in der Sahara Eisenpfosten eingepflanzt, die so etwas wie eine Straße markieren sollten. Spuren, die Fahrzeuge und Menschen hinterlassen, sind oft eine Hilfe, um weiterzukommen, jedoch selten in der Sahara. Die anhaltenden Winde verwischen alle Spuren, und man verwechselt alte und neue Radspuren . Dabei kommt man ganz schnell weit vom rechten Weg ab. Und in einem richtigen Sandsturm ist das Ende vorprogrammiert. Einmal hatten wir unsere eigene Spur erst nach vier Stunden wiedergefunden. Inzwischen war aber die afrikanische Nacht wie ein schwarzes Tuch herabgefallen. Wir konnten dann nur noch anhalten und im Wagen den Morgen erwarten, immer gegenwärtig, daß ein neuer Sandsturm eine neue Wanderdüne herbeizwang. So lernten wir zu beten und begriffen die totale Einsamkeit als totale Freiheit für Gott. Wir konnten mit ihm reden, spürten seine Nähe und lernten die Notwendigkeit dieser Nähe schätzen. Wie oft war der Herr in der Wüste allein. Und dennoch umgeben von Engeln. Nun hatten wir als Missionsteam allerdings nicht die Aufgabe, in der majestätischen Wüste Afrikas das Alleinsein zu studieren und dabei Meditationsexperten zu werden. Wir waren mit einem Auftrag unterwegs. Wir müssen durch Wüste und Urwald, über reißende Ströme und Staatsgrenzen hindurch zu Menschen, die Jesus brauchen. Wir waren Friedensboten und keine Wüstenheiligen. Die erbärmlichen Umstände, unter denen Menschen in Afrika leben, machten uns die Berufung nur umso fester. Dieser Riesenkontinent, durch Jahrhunderte von Kolonialherren ausgebeutet, von animistischen und okkulten Gurus und Geistern abhängig, konnte und durfte am Ende des 20. Jahrhunderts nicht von der weltweiten Erweckung ausgeschlossen werden. Die Tränensaat eines Livingstone und vieler anderer war Gott sei Dank nicht erstickt worden unter all dem Unrecht und dämonischen Fesseln. Jetzt ist Erntezeit. Wir hatten uns von Gott in das Werk des „Mähdreschers Gottes" einklinken lassen. Wir wußten: Die Menschen Afrikas, ob schwarz, braun oder weiß: Jeder einzelne ist ein Juwel Gottes.

Fast zerquetscht

Doch zurück zu den Ereignissen. Als wir in Obervolta wieder unter Menschen waren, mußte ein Visum her. Wir wollten nach Ghana. Wieder hieß es: Zur Botschaft, warten, nachfragen und nochmal warten. Das kann gelegentlich ein Vorteil sein. Man kann nötige Reparaturen, z.B. an dem uralten LKW, durchführen und dabei Wunder über Wunder erleben.

Winfried und sein Cousin Wolfram waren mal wieder dabei, sich unterm Wagen häuslich einzurichten. Der hatte die Strapazen tage - und nächtelanger Wüsten- und Urwaldfahrten einigermaßen lädiert hinter sich gebracht. Ich stand in der Schlaf- und Wohnkabine und erledigte die Kleiderwäsche. Plötzlich passiert es – das Wasser in der Schüssel scheint die Naturgesetze verspotten zu wollen. Und langsam merke ich, was los ist. Der Wagen legt sich ganz langsam zur Seite. Wie ein kenterndes Riesenschiff. Man könnte auch an einen Löwen denken, der sich nach gelungenem Mahl zur Ruhe legt, ganz gelassen und in Zeitlupe. Und da fallen mir die Männer ein, die unten werkeln. Mein Gott, sie werden ja buchstäblich zu Tode gequetscht. Jede Hilfe ist zu spät. Und was ist mit dem Ruf nach Afrika? Was ist mit der großen Aufgabe, den Kontinent für Jesus zu erobern? Alles Lug, Trug und Selbsttäuschung? Wie schnell steht man fassungslos vor den Zulassungen und Verhinderungen Gottes. Man denkt an Jesu Wort „O ihr Ungläubigen, wie lange soll ich euch ertragen?“ Das aber ist auch die Zeit der Stoßgebete. Das „Dennoch“ des Glaubens wird zu einer Initialzündung, die ungeahnte Kräfte freisetzt. Und so ging es aus: Winfried und sein Cousin kamen unversehrt unterm Wagen hervorgekrochen.“ Der Ruf Gottes war wieder einmal bestä-

Gefährliche
Autoreperatur
in Obervolta.

„...da fallen mir die Männer ein,
die unten werkeln...“

tigt worden. Wie heißt es doch in Jesaja 43: „Wenn du durchs Wasser oder durchs Feuer gehst, ich bin bei dir. Wasser sollen dich nicht ertränken. Feuer kann dir nicht schaden."

Szenenwechsel: Bobby, Macheten und Kokosnüsse

Wir sind jetzt in Togo, im Jahr 1981. Togo war früher eine deutsche Kolonie. Neben Kamerun, Deutsch–Ostafrika und Deutsch–Südwestafrika. Auch die Deutschen haben ihre „Kolonialherren"-Spuren hinterlassen. Aber das ist lange her. Heute – und das seit Jahrzehnten – hinterlassen Deutsche wieder ihre Spuren. Es schmälert die Verdienste vergangener Missionen und Evangelisten nicht, die sich je und dann um den „Schwarzen Kontinent" bemüht haben, wenn wir mit Dankbarkeit darüber nachdenken, daß Deutsche in Afrika heute eine gesegnete Arbeit tun. Und daß Reinhard Bonnke mit seinen Mitarbeitern in ganz Afrika – von Kapstadt nach Kairo – Segensspuren hinterläßt und reichliche Ewigkeitsfrucht wächst, ist unumstritten. Vor uns liegt Lomé, die Hauptstadt Togos. Wir haben unser Auto ca. 30 km vor der Stadt geparkt. Ob es eine ruhige Nacht wird? Sicher, der Herr wacht. Aber es ist doch gut, daß es Bobby gibt. Bobby ist braun (aber nicht in der Gesinnung), auf einem Auge blind und schon deshalb um so wacher und grundsätzlich mißtrauisch. Und wenn Bobby sich akustisch äußert, dann fällt auch abgebrühten Kontrahenten das Herz in die Hose, soweit solche vorhanden. Übrigens: Bobby ist ein Schäferhundmischling. Wir wissen, wenn sich irgendetwas Unvorhersehbares ereignen sollte, Bobby würde zur Stelle sein. So war es auch in dieser Nacht. Bobbys bellender Alarm hatte uns schnell wach gemacht. Und da sahen wir schon, was los war –

Gierig suchten vier Männer imTaschenlampenlicht den Eingang zu unserem LKW. Wie Riesenfinger schienen die Strahlen nach uns zu greifen. Es war mal wieder soweit. Räuber hatten uns ausgemacht und witterten ihre Beute. Wir konnten ihnen nichts entgegensetzen als Holzstangen, die wir immer griffbereit hatten. Und wie notwendig waren sie in diesem Augenblick! In den Händen der Angreifer, die wir bald ausmachen konnten, schwangen die Macheten. Natürlich kann man sich dem Kampf direkt stellen. Holzstangen gegen Macheten. Und das mitten im afrikanischen Urwald. Bobby schaffte es, die aufsteigenden Angreifer zu beißen, oder wenigstens abzuschütteln – es ging jetzt wirklich um Leben und Tod. Würde die Zeit ausreichen? Eine Kokosnuß donnerte an die Windschutzscheibe. Wir machten mit diesen natürlichen und reichlich vorhandenen Wurfgeschossen noch so manche Erfahrung. Nach 300 bis 400 Metern ein kurzer Stop, damit Bobby wieder auf den Wagen springen konnte, und dann ab nach Lomé. Dort konnten wir auch die Polizei alarmieren und vorsichtig zurück zum Lagerplatz kommen, um zu sehen, wie sich die Lage weiter entwickelt hatte. Und tatsächlich, die Räuber hatten noch nicht aufgegeben. Einen sahen wir noch. Er suchte. Wahrscheinlich meinte er, irgendwas muß doch noch zu holen sein. Das war wieder einmal ein Augenblick, wo Bobby gefragt war. Heulend oder donnernd äußerte er sich. Der versprengte Räuber wirkte nun selbst wie von einer Machete getroffen. Oder besser wie elektrisiert, denn er sauste eine Palme herauf, um sich in der Krone festzuklammern. Er wagte sich nicht wieder herunter. So konnte ihn die Polizei in aller Ruhe festnehmen. Es sei noch angemerkt, daß wir in dieser Zeit unseres Dienstes dort vier ähnliche Überfälle überstanden haben. Man könnte denken, das reicht. Aber diese Erlebnisse waren nur ein Auftakt zu dem, was später noch kommen sollte.

Gebratener Schafskopf

Eins hat uns auf dieser ersten Reise tief beeindruckt. Wo wir auch hinkamen, wurden wir herzlich willkommen geheißen. Einmal waren wir als Ehrengäste zu einem Essen eingeladen. Es gab einen gebratenen Schafskopf. In den Augen der Gastgeber eine außergewöhnliche Delikatesse. Ganz so konnten wir es zwar nicht sehen, aber wir entdeckten, daß man fast alles essen kann, wenn man nur will. Gerade auf dem Missionsfeld eine wichtige Voraussetzung, um Vertrauen zu gewinnen. Um auf vier Rädern vorwärts zu kommen, braucht man auch in Afrika Straßen. Einige in Westafrika waren sogar gut. Aber wehe man kommt in die Regenzeit hinein. Dann werden auch Hauptstraßen zu Morast. Eine Straße war so mehrere Wochen blockiert. Nichts ging mehr. Auf dem Weg nach Liberia machten wir z.B. die Bekanntschaft mit so einer Straße. Wenn das die einzigen Probleme gewesen wären, Afrika hatte mehr für uns.

An einem Abend hatten wir unseren Laster seitwärts von der Straße im Busch geparkt. Wir waren schon eingeschlafen, als wir durch Lärm und Geschrei wach wurden. Winfried erkundete die Ursache und war plötzlich von zehn mit Gewehren bewaffneten Soldaten umzingelt. Sie schrien: „Ihr seid Spione. Hier ist militärisches Sperrgebiet. Ihr seid verhaftet!" Winfried versuchte, sie zu überzeugen, daß wir harmlose Touristen wären. Aber es half nichts. In einem Landrover nahmen sie ihn mit ins Lager. Doch es war halb so schlimm. Es gab eine Diskussion mit dem Kommandeur, die recht friedlich verlief. Nach einer Stunde brachten sie Winfried zurück zu unserem Laster. Es folgte die strikte Anweisung, ins Lager zu fahren und dort den Rest der Nacht zu verbringen. Am nächsten Morgen konnten wir das Lager ohne Schwierigkeiten verlassen. Später hörten wir, daß sich gelegentlich Autoräuber als Soldaten verkleiden, um an die Wagen der Touristen zu kommen. Gott hatte uns wieder einmal wunderbar bewahrt.

Manchmal stöhnte unser Laster unter dem Gewicht von 120 Kartons. Jeder enthielt 1000 Exemplare des „Messenger". Wir fuhren die Missionsbasen und Schulen an. Die Mitarbeiter, die uns in zwei Toyotas folgten, übernahmen dann die Verteilung an die einzelnen Personen, während wir wieder zum Hafen zurücksausten, um die nächste Ladung zu holen.

Überfall

An einem dunklen Abend wurden wir von einigen Räubern überfallen. Sie wollten uns ausrauben und umbringen. Dicke Knüppel und Buschmesser ließen uns ahnen, was passieren könnte. Mit Kokosnüssen zerschmetterten sie unsere Windschutzscheibe. Und wir waren ganz allein. Niemand war da, um uns zu helfen. Im immer mörderischer werdenden Handgemenge schrien wir zu Gott um Hilfe. Inzwischen versuchten einige auf den Laster zu klettern. Wir schwangen unsere Stöcke, um sie zu vertreiben. Die Lage wurde immer hoffnungsloser. Als Winfried endlich die Fahrerkabine erreichte, schien unser Ende besiegelt. Die elektrischen Kabel waren zerschnitten, und die Lichter funktionierten nicht mehr. 50 Sekunden blieben ihm, um den Starter anzulassen.

Dabei war alles mehr oder weniger kaputt. Dennoch: Wir konnten dank unseres Vierradantriebs mit brüllendem Motor absausen. Den Räubern blieben die Verblüffung und ein Campingstuhl. Am nächsten Abend fanden wir in einer hellerleuchteten Kirche einige Christen im Gebet. Sie hatten offenbar gute Beziehungen zum Richter der Stadt. Sie brachten uns zu ihm. Mit großem Respekt wurden wir empfangen und willkommen geheißen. Die Nacht konnten wir auf seinem Grundstück unter dem Schutz der Leibgarde verbringen. Vor allem aber: Gottes Hand war über uns.

Auch Gottes Zeitplan überraschte uns immer wieder. Einmal hinkten wir zwei Wochen hinterher, weil die Malaria mal wieder zugeschlagen hatte. Was tun? Wir konnten die Mitarbeiter nicht informieren, mit denen wir für einen bestimmten Zeitpunkt verabredet waren. So blieb uns nur unser „Himmelstelefon": Wir beteten. Als wir endlich an unserem verabredeten Treffpunkt angekommen waren – doch voller Unsicherheit über die Folgen der Verzögerung – waren wir buchstäblich baff. Unsere Freunde kamen fast zur selben Minute an und durchschritten das Tor. Auch sie waren durch gewisse Umstände für zwei Wochen aufgehalten worden.

„Rallye für Jesus"

Im Europa der offenen Grenzen in den Neunzigerjahren können sich viele gar keine Vorstellung mehr von der Bedeutung gewisser Landesgrenzen machen. In den meist jungen selbständig gewordenen Nationen Afrikas war das anders. Eine der vielen Grenzen überschreiten zu müssen, war ein immer neues Abenteuer und oft völlig entmutigend. Uns war klar, daß der Teufel diese Tatsache ausnutzen wollte, um uns den Mut zu nehmen und dadurch die Missionsarbeit nachhaltig zu stören. Wie oft trafen wir z.B. auf betrunkene Soldaten, die uns erpressen wollten, Extragebühren verlangten oder sogar Wertsachen forderten. Nun, wir boten ihnen das Kostbarste an, das es gibt, unsere Evangeliumszeitung. Und – man höre und staune – die wurde immer dankbar angenommen. Ganz klar: Gott war mit uns.

In diesem Zusammenhang gab es noch eine besondere Überraschung. Nach Mali, Senegal, Gambia und Mauretanien waren die Grenzen offen und Zollkontrollen entfielen. Was war los? Zu der Zeit lief gerade eine Internationale Autorallye „Von Paris nach Dakar". Die Rallyewagen waren weiß-rot angestrichen. Gerade so wie unsere. Die Grenzwächter betrachteten uns als Teilnehmer dieser Veranstaltung und gaben auf dem ganzen Weg bis Dakar im Senegal freie Fahrt. So fuhren und erlebten wir eine „Rallye für Jesus".

Aber verwöhnt wurden wir auf unserer Afrikatour dennoch nicht. Einmal mußten wir mit unserem Laster direkt durch einen Fluß. Es gab keine Brücke. Mitten im Morast blieben wir stecken. Jede Stunde versank eine Seite unseres Fahrzeuges ca. 15 cm im Morast. Alles was wir hatten, schien verloren. Ein Wunder mußte her. Als unser Wagen anfing, langsam in eine Richtung zu kentern, hörten wir näherkommenden Maschinenlärm. Ganz selten begegneten sich Fahrzeuge dieser Art. Gespannt schauten wir aufs andere Ufer. Wie ein Schiff im Meer tauchte allmählich ein Laster auf. Er konnte uns ans Land ziehen, und wir waren sicher.

Natürlich wollten wir auch nach Mauretanien. Der Haken hierbei war allerdings beträchtlich. Mauretanien ist ein Land, in dem strikter Islam herrscht. Christentum ist verboten. Wir hatten eine bestimmte Adresse. Zitternd, aber voll Hoffnung, erreichten wir die Grenze. Die Grenzwächter betrachteten recht verblüfft unsere Visa: Sie wollten wissen, ob wir in geheimer Mission unterwegs waren. Selbstverständlich waren wir das! (Für Jesus!) Vielleicht dachten sie, wir wären so eine Art Geheimpolizei. So behandelten sie uns mit großem Respekt als besonders wichtige Gäste. Wo immer wir kontrolliert wurden, genügte das Wort „Geheim" und weg waren wir – sie schauten nicht einmal in unser bewährtes „Haus auf dem Laster". Dort war unser Missionsmaterial gelagert. Hätte man es entdeckt, wären wir im Gefängnis gelandet. Was das bedeutet – man mag es sich nicht vorstellen. Wir hatten vorher immer wieder von „kurzen Prozessen" gehört. „Aufhängen", „Kopf ab" u.ä. schien Alltag zu sein.

Oft hat aber auch unser treuer Vierbeiner durch sein Gebell geholfen. Das schien dann und wann Zöllner nervös zu machen. Zwar kein sprechender Esel wie bei Bileam, aber immerhin. Wir erreichten die Leute, von denen wir wußten, daß sie unsere Zeitung weitergeben würden. Nicht auf einmal – etwa in einer Großaktion – sondern nach und nach immer nur wenige Exemplare, die aber gezielt. Möge Gott sein lebendiges Wort unter den Moslems reichlich segnen!

Genau nach einem Jahr kehrten wir zurück nach Europa, zunächst wenigstens. Unsere Herzen waren voller Freude und Dankbarkeit. Zwei Tagebüchern hatten wir unsere Erfahrungen anvertraut. Unsere Liebe und unser Vertrauen zum Herrn waren größer denn je. Er war auf allen diesen Wegen spürbar mit uns. Schon damals waren wir dankbar und froh für das unaussprechliche Vorrecht, ein Teil der Erfüllung der großen Vision zu sein, daß Afrika gerettet werden soll.

In Gottes Schule 1981: Ende der ersten Runde

Ein Jahr hatten Gaby und Winfried inzwischen in Wüsten und Urwäldern Westafrikas verbracht. Diese Universität vor Ort war auch dringend nötig. Bewährung im Beruf in der Heimat war schon mal ein Vorstufensemester. Die weltgewandte Stewardeß und der angehende Bankkaufmann: damit hätten beide dem Herrn gut zuhause dienen können. Die Grundlage eines geisterfüllten Lebens war eh gelegt. Der gelassene, pragmatische Niedersachse, der in den Jahren nordhessischer Hausmeistererfahrung – wenn auch nur als Sohn – genug von der Nüchternheit und Praxisnähe christlichen Dienstes mitbekommen hatte, merkte sehr schnell in dem „Unbekannten Kontinent", daß das alles recht von Gott vorgeplant war. Rückschläge, Zähigkeit und Berufungsbewußtsein waren dann die rechten Voraussetzungen für den dreijährigen Besuch des Theologischen Seminars in Erzhausen. Die nötige unabdingbare theologische und biblische Festigkeit sorgten dafür, daß die geistliche Dimension bei aller Erdnähe des späteren Dienstes nicht verlorenging, auch nicht, als die Mitstudenten ihn zu ihrem Sprecher wählten. Im Gegenteil: Beides ergänzte sich in idealer Weise. Nur so konnten dann auch die Qualitäten veredelt und gehärtet werden, die für den Dienst in Afrika nötig waren. Die großen Evangeliumsfeldzüge, die Reinhard Bonnke und sein Team dann in steigender Intensität durchführten, brauchten den verläßlichen technischen und pragmatischen beinharten Mitarbeiter, dem man die Verantwortung für die riesigen und teuren Ausrüstungen bedenkenlos übergeben konnte. Zuerst die wachsenden Zeltbauten – ganz schnell hatte man bald das größte Zelt der Welt mit 34.000 Sitzplätzen. Dazu ein Fuhrpark, der Wüsten, Urwälder, Grenzen und feindliche Menschen in den Griff bekommen konnte. Dazu den rechten Blick für die Mentalität, Einsatzfähigkeit, aber auch die Würde der einheimischen Mitarbeiter.

Von der Stewardeß zur Seelsorgerin

Und dann Gaby. Beide waren wohl von Anfang an füreinander bestimmt. Gaby stammte aus einer Familie mit sechs Kindern, die in einem Missionswerk aufwuchsen. Ihre geistlichen Grundlagen in dem christlichen Seelsorgewerk, das besonders durch den Dienst ihrer Großmutter Emmi Goetz geprägt war, wurden früh gelegt. Dort kümmerte man sich auch um einzelne Menschen mit schweren mentalen und psychologischen Problemen. Dort hatte man begriffen, was bevollmächtigtes Gebet für die Befreiung oft schwer belasteter und gebundener Menschen bedeutet. Solche Erlebnisse hatten ihr den Blick geschärft für die persönliche Arbeit am Einzelnen. Ihre Berufsgrundlage als Stewardeß half ihr, die Bandbreite menschlicher Kulturen, Verschiedenheiten und Sehnsüchte zu sehen und zu verinnerlichen. Sie lernte, daß diese Verschiedenheiten, auch

Gaby als Stewardeß

die religiös geprägten, nicht die Erlösungsbedürftigkeit aller Menschen in Frage stellen konnten. Sie konnte tausendfach bestätigt sehen, daß alle Menschen im Besitz der Uroffenbarung Gottes waren. Schöpfung und Gewissen, das waren die beiden Eingangstore in die Herzen der Menschen, daß sie auch die Heilsoffenbarung Jesu begreifen und erleben konnten. Und so wurden die jungen Eheleute in Gottes nächste Klasse versetzt. Zwei Jahre nach ihrer Eheschließung zogen sie mit ihrem drei Monate alten Sohn Simon-Christopher von Deutschland nach Johannesburg, Südafrika, wo sich damals das internationale Zentrum von CfaN befand.

Ein „kleines" Zelt – für zehntausend Menschen

Das erste Zelt, das Reinhard Bonnke in Afrika einsetzte, ist in die CfaN-Geschichte eingegangen als „kleines, gelbes Zelt". Kapazität: 10 000 Plätze. Man lasse sich das noch einmal auf der Zunge zergehen: Ein „kleines" Zelt für 10 000 Menschen! (afrikanische Sitz- u. Stehart) Mit diesem kleinen Zelt haben wir in Südafrika herrliche Stunden erlebt. Tausende wurden errettet und geheilt. Winfried als Zeltmeister hatte nicht nur die Freude des Auf- und Abbauens, sondern konnte miterleben, warum das nötig war. Es ging um Menschen. Das gelbe Zelt hatte nur einen Schönheitsfehler: Es war zu klein. Es konnte die immer mehr zuströmenden Massen nicht fassen. Also: Ein neues Zelt mußte her. CfaN ging zuerst nur mit dem Gedanken schwanger. Sollte man? Durfte man? War das den Missionsfreunden zu vermitteln? Hatten die nicht recht, die von Gigantomanie sprachen? Könnte das überhaupt arbeitsmäßig bewältigt werden? Ein Zelt, das ca. 34 000 Menschen fassen sollte. Bei uns werden gelegentlich neue Sportstadien geplant und gebaut. Sie haben im Schnitt ein Fassungsvermögen von 35 000 bis 50 000 Menschen und werden als gigantische Arenen beschrieben. Gut, das sind Arenen, fest verankert, so wie die klassischen Amphitheater und Stadien der Antike, deren Überreste uns heute noch den Atem nehmen, wenn wir uns vorstellen, wie es etwa im Kolosseum von Rom zugegangen sein mag. Aber eine mobile Zeltanlage von diesen Ausmaßen?

Das größte mobile Zelt der Welt – auch ein Test

Nun, aus Gedanken wurden Pläne und bald Wirklichkeiten. Das Riesenzelt entstand. Während wir mit dem kleinen Zelt unsere evangelistische Missionsarbeit fortsetzten, begann der Bau dessen, was später als das größte transportable, mobile Zelt der Welt bezeichnet wurde.

Computerunterstützt wurde alles genau ausgerechnet. Statik, Schwachstellen, die man einkalkulieren mußte. Transportfähigkeit auch in unterentwickelten Landschaften, bei unvorstellbar vermoderten Brücken über reißende Ströme usw. Und noch etwas war neu: Das Zelt wurde nicht genäht. Die Bahnen wurden geklebt. Ein neuer Werkstoff aus den USA machte das möglich. Das Material wurde in zugeschnittenen Rollen angeliefert. Nach jedem Arbeitsgang, der übrigens streng kontrolliert wurde, auch von Experten der Regierung, mußte getestet werden. Zwei Teststreifen wurden unter strengen Auflagen nach allen Regeln der Kunst abgesondert. Reißfähigkeit, Belastungsfähigkeit, alles bedurfte der Probe. Und das unter Bedingungen, die später beim Einsatz, selbst unter schwierigsten Voraussetzungen, nicht zu erwarten waren. Einmal hatte Winfried ein ganzes Jahr nur geklebt, geklebt und nochmals geklebt. Das gab neben der erforderlichen Aufmerksamkeit viel Zeit zum Nachdenken. Was er im Leben und Dienst zu der Zeit schon erlebt hatte, bekam einen noch tieferen Sinn – und bereitete auf Kommendes vor. Gott testet seine Kinder sowieso, das gilt noch mehr für die Mitarbeiter. Gewisse Zulassungen Gottes sollen uns stark und geschickt machen, kommenden Belastungen ausgesetzt werden zu können. Dabei weiß unser himmlischer Vater genau, wie weit er gehen kann. Nicht über unser Vermögen hinaus. Für die Zwecke einer Papierseite (etwa in diesem Buch) gelten andere Maßstäbe und Voraussetzungen, als für die Haut eines 34 000-Personenzeltes. Menschen, die Gott gebrauchen will, müssen oft besonders strenge Tests durchlaufen, ehe sie eingesetzt werden können. Vielleicht gilt das auch für den einen oder die andere unter den Lesern. Nimm Prüfungen und dir unverständliche Zulassungen Gottes, gewisse Probleme, einfach an. Nimm sie aus Gottes Hand. Wer weiß, worauf dich die prüfende, aber sorgfältige Hand Gottes vorbereiten will. Er leitet die Seinen dabei mit seinen Augen. Auch und gerade hier gilt: Das ist ein köstlich Ding, daß das Herz fest wird, welches geschieht durch Gnade. (Heb. 13,9)

Unter solchen Arbeiten, Gebeten, Gedanken und Segnungen gingen die Jahre in Südafrika vorüber. Es war für Gaby, mich und unseren heranwachsenden Simon eigentlich bei allen Arbeiten und Erlebnissen eine ruhige, aber sehr bedeutungsvolle und prägende Zeit. Wir besuchten an freien Wochenenden die Versammlungen von Pastor Ray Mc Cauley in Johannesburg und erlebten das massive Gemeindewachstum dieser und anderer Kirchen in Südafrika mit. Die gute Lehre und die unzähligen Heilungswunder in diesen jungen Gemeinden beeindruckten uns stark. Wir hatten zwar schon etwas vom politischen Wetterleuchten in Gesamtafrika gespürt. Beim Verteilen unseres papierenen Missionars, des „Messenger", spürten wir etwas von der Zeitenwende, die den „Schwarzen Kontinent" mehr und mehr aufmischte.

1986 wurde der Wind rauher, ich meine jetzt nicht meteorologisch. In Südafrika hatte man das Gefühl, als wären die Mauern rissig geworden. Afrika brannte. Einer der wichtigsten Rohstofflieferanten der Welt bäumte sich gegen das Joch der Kolonialzeit. Störrisch und wild, wie ein Löwe, der die Gitter seines Käfigs sprengen will, suchten die Völker und Stämme von Kapstadt bis Kairo den Weg in die Moderne. Man kann schon sagen: Diese Beben reizten uns und das ganze Missionswerk zu Überlegungen, Gebeten und Entscheidungen, wie es weitergehen soll. Gaby und Winfried waren sicher: Es fängt Mitte der Achtzigerjahre überhaupt erst an.

Zwischenblick in die Zukunft

Machen wir mal eine kleine Atempause. Es ist 1997. Der harte Wintereinbruch scheint schon wieder vergessen. Sturmböen rütteln an den Fenstern. Der Blick auf die Weltmetropole Hamburg ist überwältigend. Der ständige Wechsel von Sonne und Wolken, die am Himmel wie graue Armeen stürmen, scheint die Stadt wegzuschleudern. Sind wir hier wirklich so himmelweit von Afrika entfernt? Die Nachrichten rütteln im Fernsehen und Radio an unserem westlichen Selbstbewußtsein. Steigende Arbeitslosigkeit, ratlose Parteien und Politiker überbieten sich in verzweifelten Wortverrenkungen, je nach Interessenlage. Im Nachbarbezirk terrorisieren Jugendbanden nicht nur ihre Altersgenossen. Ein Siebzehnjähriger begeht entnervt Selbstmord. Mirco wurde von Jugendbanden immer wieder erpreßt, seinen Lohn an sie abzugeben. Zum Schluß wußte er nicht mehr weiter und warf sein junges Leben vor die S-Bahn in Hamburg–Neugraben. Er löschte damit sein eigenes Leben aus. Er hatte keine Hoffnung mehr für sich selbst.*

Eine Ministerin bemüht sich allen Ernstes um freien Verkauf von Haschisch in Apotheken. Und zu allem liefert der Karneval eine gespenstische Begleitmusik. Die oft schockierenden, aufwühlenden Abenteuer in Afrika, von denen Sie auf den nächsten Seiten reichlich lesen, sind sie uns wirklich so fern? Zeichnet sich im Brodeln Afrikas etwa eine Kontur kommender Probleme Europas oder der westlichen Welt ab? Lernen wir aus dem, was andere schon hinter sich haben.

Folgen wir den Wentlands jetzt in ihrem großen Einsatz im westlichen Afrika. Wohnsitz nehmen sie in Nigerias Hauptstadt Lagos.

Lagos, das heißt:

Reisen mit dem Flugzeug: Bei Inlandsflügen muß man öfter mit Verspätungen oder ausfallenden Maschinen rechnen. Nach Abruf der Flüge setzt ein Wettlauf zur Gangway ein, nicht damit man nur einen guten Platz erwischt, sondern wegen der eventuellen Überfüllung des Flugzeugs zurückbleiben muß. (Winfried erging es so auf seinem Flug von Lagos–Port Harcourt)

Reisen mit dem Auto: Bei Überlandfahrten auf dem Expressway wird Straßenzoll erhoben. Auf den 4 und 6 spurigen

* In diesem Problemviertel Hamburgs haben Gaby und Winfried Wentland inzwischen eine gesegnete Stadtteilarbeit unter der Jugend begonnen, die deutliche soziale Auswirkungen schon im Januar 1998 zeigt. Mirco hatte als Kind Kontakt mit der Gemeinde Neugraben gehabt.

Autobahnen wird unabhängig von der Geschwindigkeit die Fahrspur gewechselt und überholt. Bei Unfällen und Straßensperren wird nach eigenem Ermessen die Gegenfahrbahn benutzt. Leitplanken sind oft nicht mehr vorhanden oder niedergerissen und werden von den Fußgängern als Überwege benutzt, um Umwege zu vermeiden. Den anliegenden Dörfern des Expressways ist das fußgängerfreie Autobahnüberqueren unbekannt und einige finden jeden Tag den Tod, weil sie die schnellen Autos unterschätzen. Immer wieder kommt es vor, daß PKWs in abgestellte unbeleuchtete LKWs fahren und die Insassen meist den Tod finden. Dazu kommen die zahlreichen Polizeikontrollen, die oftmals ohne Licht und notdürftig markierten Sperren aus Ölfässern die Autos kontrollieren.

Fast alle Fahrzeuge tragen auf dem Blech einen Spruch aus der Bibel oder dem Koran mit ernstem Inhalt, wie "Trust no man – God's own bus – Many have gone, – be careful – No condition is permanent –". Sie drücken die Lebensideen der Fahrer und ihrer Besitzer aus.

Durch das rapide Anwachsen der Bevölkerung und die vielen Autos in der Metropole ist das Straßennetz wochentags hoffnungslos überlastet. Überall erleben wir „go slow" Situationen. Man versuchte mit geraden und ungeraden Anfangsziffern, die jeweils an verschiedenen Tagen gültig waren, in der Innenstadt den Verkehr in den Griff zu bekommen. Eine U-Bahn oder die Metro-Line waren immer wieder im Gespräch, wurden aber bis heute aus Kostengründen nicht verwirklicht.

Die Fahrweise scheint oft rücksichtslos zu sein. Jeder kämpft um jeden Zentimeter im blechnahen Kontakt. Verkehrsregeln werden oft ignoriert. Trotz aller Chaotik läuft der Verkehr verhältnismäßig störungsfrei ab. Die Zahl von Unfällen hält sich in Grenzen, und kleine Schrammen werden auch schon mal großzügig übersehen und durch eine erhobene Hand mit einer Entschuldigung für einen Kratzer vergessen.

„Wer Lagos überlebt, überlebt überall in der Welt", schrieb jemand Anfang der Neunzigerjahre über Lagos in Nigeria. Wentlands haben Lagos durch- und überlebt. Zehn Jahre war diese problemgeladene Stadt ihre Heim- und ihre Einsatzzentrale, von der aus bis 1995 Westafrika – wenn man so will – aufgerollt wurde für Jesus. Ende der Fünfzigerjahre hatte Lagos ca. 350 000 Einwohner, etwa Magdeburg vergleichbar, wohlgemerkt, Magdeburg von heute. 1996, kurz nach unserem Weggang, waren es ca. 10 Millionen. Tendenz steigend. Fünfmal Hamburg könnte man sagen. 2010 sollen es nach vorsichtigen Schätzungen 21 Millionen sein. Wir wollen die folgenden Seiten nicht mit Blitzlichtern aus Lagos füllen, dennoch sagt Lagos etwas über die Welt von heute und morgen. Eine Momentanaufnahme mag für alles andere stehen: Udo Ulfkotte berichtet Ende 1996 in der Frankfurter Allgemeinen Zeitung:

„Lagos, im November.

Man tut gut daran, dem sich selbst „Unrest" (Unruhe) nennenden Jugendlichen und seinen Freunden nicht in die auch in der Nacht mit Sonnenbrillen verdeckten Augen zu schauen. „Unrest" hat eine Lieblingsbeschäftigung, die Europäern das Blut in den Adern gefrieren läßt: Nach Einbruch der Dunkelheit greift er aus einem Leinenbeutel immer wieder eine Handvoll Nägel und wirft diese auf den Straßenbelag. Wenn die ersten platten Reifen Autofahrer zum Anhalten zwingen, beginnt für „Unrest“ die „Kernarbeitszeit“. Mit einer israelischen Maschinenpistole zwingt er die Fahrzeuginsassen zum Aussteigen und raubt ihnen alle Wertgegenstände. „Wenn ich gute Laune habe, schieße ich ihnen nur in die Unterschenkel. Wenn ich schlechte Laune habe, dann paff...“ Man kann sich denken, was „Unrest“ damit meint: Täglich werden in der früheren nigerianischen Hauptstadt Menschen erschossen, die vor streunenden Jugendbanden mehr als das nackte Leben retten wollten.“ Um über die religiöse Situation Lagos' und Nigerias insgesamt noch eine Anmerkung zu machen, sei darauf hingewiesen, daß seit 1992 bis 1996 angeblich 6 000 Menschenopfer registriert wurden.

Von hier aus, also in groß angelegten Evangeliumsfeldzügen, Menschen zu Jesus zu führen, entsprach höchster Dringlichkeitsstufe. Die Zeltarbeiten hatten bewiesen, daß der Dienst von CfaN längst alle Dimensionen gesprengt hatte. Nicht nur wegen der zu fassenden Menschenmassen. Auch die Technik, Statik, Transportmöglichkeiten usw. erforderten jedesmal einen Riesenaufwand an Zeit, Menschen und Vorbereitungen. Von den finanziellen Problemen ganz zu schweigen. Europäische Vorstellungen, Infrastruktur und Dimensionen konnte und kann man vergessen. So wurde unser Zelteinsatz auf dem ganzen Kontinent reduziert. Die Zelte wurden befreundeten Missionswerken in Afrika für Spezialaufgaben zur Verfügung gestellt. In Ostafrika wurden sie auch noch in ihrem ursprünglichen Sinn eingesetzt. Noch heute werden sie im südlichen Afrika benutzt.

„Nur“ ein Riesenplatz im Freien?

In Afrika braucht man eigentlich nur einen Riesenplatz im Freien. Eine stabile Plattform für die Versammlungen, entsprechend Strom, und Tontechnik. Das mußte schnell und beweglich durch Urwald und Wüste, über Grenzen und durch Guerillagebiete gebracht werden können. Flüsse, Ströme, Regenzeiten, morsche Brücken durften keine ernsthaften Hindernisse sein. Die ganze Ausrüstung mußte auf robusten, flexiblen Fahrzeugen transportiert werden können und fachlich hervorragend betreut mit dem rechten Blick für die Würde und Einsatzfähigkeit einheimischer Mitarbeiter. Die recht unterschiedlichen Auffassungen von Planung, Strategie und Zeitaufwand zwischen Europäern und Einheimischen mußten einkalkuliert werden. Wentlands erkannten nach viel Gebet, daß die Verantwortung für diese Aufgaben ein wichtiger Teil der Erfüllung ihrer göttlichen Berufung ist. Man weiß weltweit viel über die großen und mächtigen Evangeliumsfeldzüge Reinhard Bonnkes in Afrika und woanders. Die Videos und Zeitschriften verbreiten sich blitzartig um den Globus. Bücher und Broschüren, an denen der Leiter von CfaN ununterbrochen arbeitet – sein Laptop ist ihm fast näher als das Jackett – tun das ihrige. Aber um zu den Menschen gelangen zu können, muß die Ausrüstung in punktgenauer Abstimmung mit den Missionszentralen rechtzeitig am Ort sein, durch Zölle und Bürokratien lanciert werden, damit dann pünktlich zum vorgesehenen Termin die Hunderttausende Gottes Wort hören können. Dieses Buch kann ja nur einige Höhepunkte bündeln. Sie beweisen aber, daß zu all dem Gesagten Glaube und Geduld die Voraussetzungen sind. Man vergißt leicht: Bevor die Wunder Gottes an den Menschen geschehen, bevor Seelen gerettet, Kranke geheilt und Gebundene befreit werden, braucht man Wunder und erlebt sie auch. In lebensbedrohenden Situationen, wo z.B. die Macht des Elements Wasser alles zu verschlingen droht.

Wasser...

Überhaupt Wasser! Wentlands hatten viele Lektionen über die Macht des Wassers gelernt. Vor ihm und seiner alles verschlingenden Gewalt wurde man demütig. Ganz plötzlich konnte ein Riesentonner-LKW in die Tiefe gerissen werden. In Sekunden waren Menschen und Material vernichtet. Vor der Untiefe konnte einem grausen. Man versteht die Hilfeschreie der Psalmisten und anderer, die zermalmende Seelensituationen, auch die Gerichte Gottes, mit dem Einbruch großer Wasser vergleichen. Den Ernst Gottes lernte die Menschheit erstmals durch die Sintflut kennen. Wer nicht geborgen war in der Arche, ging zugrunde. Wir erinnern uns an einen Trip durch den Urwald in der Regenzeit. Der Lehmboden war ein einziger fast knöcheltiefer Morast. Ein Cola-Lieferwagen und der CfaN-Laster bahnten sich ihren Weg durch Matsch, Lehm und Abfall. Ein Hügel hält sie auf. Was nun? Der Cola-Lieferant hatte wohl Termine und Zeitzusagen im Kopf und wollte durch. Trotz all der Hindernisse. Winfried hatte gelernt, Wind- Wetter- und Regenfronten einzukalkulieren und abzuwägen, was unter solchen Umständen machbar ist und wo man lieber warten soll. Noah hat es ja vorgemacht. Er merkte sehr schnell, daß die eigentliche Sintflut vorüber war. Es muß für die Archepassagiere schon schwer gewesen sein, immer noch in dem Kasten zu warten, wo von draußen eine erneuerte

Schöpfung grüßte. Man kennt die Geschichte: Erst die Taube mit dem Ölzweig war das Signal: Jetzt ist der Weg frei! Ein neues Zeitalter kann beginnen! Los geht's! – Ja, der stürmende Colawagen landete im Graben. Lehm und Wasser waren Sieger. Der CfaN-Transport konnte im rechten Moment warten und kam deshalb rechtzeitig ans Ziel. Lassen wir die Wentlands mal wieder erzählen. „Es war 1990. Wir wollten von Lagos nach Burkina Faso, in die Hauptstadt Quagadougou. Zum ersten Mal. Das waren immer Stunden der Unsicherheit und – wir geben es zu – auch der Angst. Was würde uns diesmal erwarten? Durch welche Prüfungen müssen wir diesmal? Die Feindschaft und Eifersucht mancher der neuen afrikanischen Staaten ist für uns heute im zusammenwachsenden Europa, wo globales Denken und Handeln zum Modehit geworden sind, unvorstellbar. Aber vergessen wir nicht, wie es vor gut 100 Jahren noch bei uns aussah: Grenzen, Zölle, Eifersüchteleien, Schaukelpolitik und Kleinststaaterei herrschten. Von der schrecklichen Nachkriegsmauer von 1961 bis 1989 ganz zu schweigen. Wenn man bedenkt, wie lange dieser Zustand im Herzen der „Weltkulturhochburg" Europa angedauert hat, staunt man über die rasanten Veränderungen und ihr Tempo im jungen Erdteil Afrika. Es scheint alles schneller zu gehen als bei uns. Aber seine Zeit braucht es doch. Unsere Reise zum Evangeliumsfeldzug in Burkina Faso war geprägt von diesen Problemen. Hinzu kam ein Faktor, dessen Bedeutung einem erst durch bittere Erfahrung bewußt wird: Der Feind benutzt auch Menschen, um das Werk Gottes zu stören, möglichst sogar zu zerstören. Das wurde uns bewußt, als wir an der Grenze erfuhren, daß unser Aufenthaltsvisum und unsere Arbeitserlaubnis gestrichen werden sollen.

„Das Lächeln wird Ihnen schon vergehen…“

Damit wären uns alle Reise- und Transportmöglichkeiten durch die westafrikanischen Länder genommen. Die Mission war ernsthaft gefährdet. Was war los? – Auf der Einwanderungsbehörde erfahren wir, daß man uns schlimmer Dinge verdächtigt. Wentlands seien Spione einer feindlichen Macht. Das ganze Getue mit Mission, Evangeliumsfeldzügen und „Afrika soll gerettet werden“, sei nur Tarnung. So sei es den nigerianischen Behörden hinterbracht worden. Konsequenz: Abbruch des Aufenthaltes. Wir waren praktisch Illegale geworden. Natürlich mußten wir uns wehren. Nichts von allem stimmte. Das aber würde eine längere und strapaziöse Auseinandersetzung mit den Behörden bedeuten. Der Transport der Feldzugsausrüstung nach Burkina Faso war dann nicht mehr möglich, weil wir ja im Land festsitzen. Das konnte nie und nimmer Gottes Wille sein. Wir mußten sehen, daß wir über Benin an unser Ziel kamen. Also frohgemut das Visum und alles andere streichen lassen und mit Gebet einen Ausweg suchen. „Das Lächeln wird Ihnen schon noch vergehen“, meinte der Offizier, der mit uns verhandelte. Unser Weg sollte also über Benin gehen. Irgendwo müßte der Herr uns doch eine Tür öffnen. Wir ahnten nicht, daß wir vom Regen in die Traufe geraten. Wir gerieten in einen echten Guerillakrieg. So sah es jedenfalls aus. Die Grenzer waren – wenn man es sarkastisch sagen will – mehr als beschäftigt. Sie brauchen uns also nicht noch als zusätzliches Problem. Kurzum, wir sind in eine Schießerei geraten. Es ist nicht übertrieben, von einem Schlachtengetümmel zu reden. Brennende Reifen, Straßensperren aus allem, was sich gerade finden läßt. Wir haben uns in unserer Führerkabine verkrochen und spähen, überall sehen wir Menschen schreiend, flüchtend und entsetzt. In ihrem Blut säumen Leichen den Weg. Ein richtiges blutiges Gemetzel hat eingesetzt. Jemandem wird der halbe Schädel weggeschlagen. Macheten flirren durch die Luft, von haßerfüllten Schmugglern geschwungen. Wie kommen wir unter diesen Umständen nach Burkina Faso? Man müßte eigentlich hier, an Ort und Stelle, einen Evangeliumsfeldzug abhalten. Überhaupt die Macheten: Jemand hat einmal beschrieben, wie Metzger, in Ausübung ihres Berufes, mit den Dingern umgehen. Er schreibt: „So was ist harte Arbeit... das dumpfe Knacken, wenn Metall auf Knochen trifft... sieben-, achtmal muß der Metzger zuschlagen bis ein Bein bricht." Und die Frage, die man stellt: Wieviele Schläge braucht man, um einen Menschen zu töten, einen Schädel zu spalten?

Guerillas, Macheten und ein Ausweg

Plünderung und Mord an der Grenze zweier moderner, freier afrikanischer Staaten. Grenzer, Schmuggler, Räuberbanden, Terroristen, wer wollte sie noch unterscheiden? Drei Stunden hingen wir wie eingeklemmt in diesem Chaos. Man konnte nicht vor und zurück. Unser Fahrerhäuschen war wie das Auge des Taifuns. Bei uns war die Ruhe der Gegenwart Gottes. Wir beobachteten, was vor sich ging und lernten, was es bedeutet auch ohne Stimme zu Gott zu schreien. Und wie es dann ausging.... Zunächst: Kein Schuß traf den LKW oder jemanden von uns. Wenn es auch nicht gerade so viele waren, mußte man doch an das Psalmwort denken: Ob tausend zu deiner Rechten fallen...! Unser LKW wurde zum Schutzgraben und – falls es so etwas überhaupt gab – in die strate-

Februar **1981**

Ekkehard, Peter, Werner, Gaby und Winfried

starten die Verteilung des African–Messengers

FÜR JESUS
IVECO

REINHARD BONNKE GOSPEL CRUSADE

Fahrt durchs Wasser an der Elfenbeinküste

Winfried auf dem Jos/Nigeria Evangelisationsfeldzug

Anbringen der Plakate für die Großevangelisation in Kano

Die Fähre, die uns später zum Verhängnis wurde

Auf

Dezember **1995**

dem Weg nach

Außer unserem Stromgenerator und den Lichtmasten konnte die Ausrüstung entladen und somit gerettet werden

Innerhalb von Sekunden versanken Lastwagen und Container. Winfried entkam knapp dem Wassergra
Er erlitt lediglich Schnittwunden durch ein zerbrochenes Fenst

Guinea-

Winfried Wentland, kurz bevor das Stahlseil riß

Bissau

Eine kleine Pause. Wir teilen unser kostbares Wasser mit dieser Tuareg-Frau

Abschleppaktion unseres eigenen klienen LKWs

Abschleppaktion der Minis in der Sahara

gischen Überlegungen der Kämpfer einbezogen. Viele fanden im Schutz des Wagens volle Deckung. Am Ende des dreistündigen Schlachtens konnte man sagen: Wir sind durchs Feuer gegangen, auch wenn wir still, wie angenagelt saßen. Freund, Feind und Neutrale waren zum Schluß nicht mehr zu unterscheiden. Und die Beteiligten konnten das wohl auch selbst nicht mehr. Sie gerieten sich gegenseitig in die Wolle. Auch in der Frage, wer wir wohl seien. Das Getümmel wurde unsere Fahrkarte nach Burkina Faso. Ein Anführer stieg zu uns und wollte dadurch einen Vorteil ausnutzen: „Wenn sich eine Lücke in der Straßensperre auftut, dann fahr zu." Gewissermaßen: Augen zu und durch. Die Sieger im Kampf mit den Grenzern waren nun unschlüssig, was mit mir passieren sollte. Lassen wir ihn gehen oder nicht? Eine wilde Jagd setzte ein. Mit 60 km/h ging es durch das Chaos. Ein anderer Wagen hängt sich an uns. Kurz danach eine zweite Sperre. Und wieder Kopf eingezogen und durch. Crashs, waghalsige Verfolgungsjagden wie im Actionfilm hatten wir gratis. Hatte nicht mal jemand gedichtet „Der Dienst für den Heiland erquickt die Seele" usw.? Na, das hier war nicht gerade erquickend, aber glaubensstärkend. Nach 30 km war die Stadt Cotonou in Sicht. Wir waren durchgekommen. Und wir waren frei von dem Verdacht, in irgend einer Weise mit den Guerillas zu tun zu haben. Dennoch hatte Gott sie benutzt, um uns an unser Ziel zu lassen. Auch sie wurden – ungewollt – zu Werkzeugen Gottes. So waren wir noch einmal davongekommen. Der Evangeliumsfeldzug in Quagadougou wurde zu einem Triumph Gottes. Am letzten Tag waren 250 000 Menschen versammelt, umgerechnet also die Einwohnerschaft einer Großstadt nach europäischen Maßstäben. Alle Angst und Leid hatten sich mehr als gelohnt. Pastor Bonnke wurde dann noch zum Präsidenten von Burkina Faso eingeladen. Aber nun mußten wir ja zurück nach Lagos, also wieder andere Grenzen überschreiten. Runter vom „Verklärungsberg“ in das Tal menschlicher Grenzen und Probleme. Das Visum war ja durch den gesegneten Evangeliumsfeldzug nicht auf wunderbare Weise wieder da. Nach wie vor waren wir ohne Aufenthaltsgenehmigung für Nigeria. Natürlich hatten unsere Mitarbeiter und Freunde zuhause schon alles in Bewegung gesetzt, um uns wieder die erforderlichen Papiere zu besorgen, wenn nötig auch aus der unmöglichen Situation zu retten. Der Ausweg, irgendwo über die „grüne“ Grenze zu reisen, war für uns nicht möglich. Wir hatten nämlich ein Privileg, das uns nun zur Falle wurde. Unser Laster mit seinen Aufbauten und seiner Fracht hatte entsprechende Dimensionen.

Ohne Visum – und doch gültig

Da mußten wir schon grundsätzlich das sog. „Botschaftertor“ benutzen. Es war eigens für Diplomaten, Staatsgäste u. dgl. errichtet worden. Gut, wir waren ja Botschafter Christi, aber das spielt in der diplomatischen Alltagswelt keine Rolle. Für uns war klar, wir müssen da durch. Mit einem gewöhnlichen Paß, dessen Visum ungültig ist. Das Wort „Hier ist Geduld und Glaube der Heiligen...“ in einer einmalig existenziellen Auslegung. Wie werden wir durchkommen? Und nun setzt ein dramatisches Hin und Her ein. An der Grenze angekommen, und der Offizier, der das Visum gestrichen hatte, ist da. Er ist zwar anderweitig beschäftigt, aber Winfried und er schauen sich unvermittelt in die Augen. Der andere scheint über irgend etwas nachzudenken und durch ihn hindurchzuschauen. Man kennt diesen deutlich gegenwärtigen und doch abwesenden Blick, mit dem man Distanz und Nähe zu überbrücken sucht. Winfried erfährt in den 30 Minuten des Wartens auf seinen Paß, daß Gott die Augen von sehenden Grenzbeamten verschließen kann. Es ist fast verrückt, aber das ungültige Visum wird akzeptiert. Die Abwicklung an der Grenze klappt an diesem Tag so schnell wie noch nie. Nach dreißig Minuten ist er durch beide Kontrollen durch und auf dem Weg nach Lagos. Dem Inhaber aber ist man fast in ganz Lagos auf den Fersen. Die Szene wandelt sich zu einer Art Psychokrimi: „Winfried auf der Flucht." Er kann sich nicht mal nach Hause wagen, da er erfährt, daß er gesucht wird. Die Grenzbeamten können sich später nicht erklären, warum sie diesen Mann ins Land gelassen haben. Also ab in ein anonymes Hotel, wenn auch nur für eine Nacht. Dort erfährt er, daß „sein Fahrer" auf ihn wartet. Da es aber diesen Fahrer nicht gibt, weiß Winfried sofort, daß er in der Falle steckt. Es kommt zu einem Katz- und Mausspiel. Fahrstühle und Treppen werden gewechselt. Es geht rauf und runter. In diesem Wirrwar wurde klar: So kann es nicht weitergehen. „Winfried auf der Flucht" klingt zwar ganz gut für ein Fernsehspiel, aber nicht für die Wirklichkeit auf dem afrikanischen Missionsfeld. Das Visum, Aufenthalts-und Arbeitsgenehmigungen müssen sein. Dazu aber muß das Risiko in Kauf genommen werden, alles so abzuwickeln, daß man den nigerianischen Behörden seine Gewogenheit zeigt und beweist. Nur immer auf unmittelbare Moment- und Blitzsituationen hoffen zu können, war nicht nur unrealistisch, sondern würde das strategische Gesamtkonzept der CfaN-Arbeit in Westafrika in Frage stellen. Es würde auch dem Geist des Evangeliums widersprechen. Und nicht zuletzt die Familie gefährden. Gaby, Simon und Angelina hatten es schon schwer genug.

Winfried als „Staatsgefangener"

Und an der Grenzstation, da passiert es, einige Wochen später. Der strenge Oberstleutnant ist wieder da. Und diesmal geht es nicht glimpflich ab. Verhaftung heißt die Parole. Aber: der Schlüssel für die Zelle (es gab wohl nur die eine) paßt nicht. Also wird ein Mann zur Bewachung des „Spions" abkommandiert. Der soll ja nicht ausbüxen können. Sechs Stunden darf Winfried als besonderer „Staatsgast" verbringen. Es ist keine Vermessenheit, wenn man mal darüber nachdenkt. In der Apostelgeschichte hatten die Diener Gottes auch oft Gelegenheit zu Kontakten mit militärischen Respektpersonen der römischen Besatzung. Petrus und Paulus allemal. Winfried war also in bester Gesellschaft.

Der neue wachhabende Offizier stellt sich vor. Und das Wunder geschieht. Er ist Christ. Er will helfen. Er kann zwar auch nicht den fehlenden Schlüssel herbeischaffen und muß natürlich essen gehen. Und so spaziert CfaNs Feldzugsverantwortlicher in aller Ruhe aus dem Gefängnis. Keiner behelligt ihn. Es geht ab ins Fahrzeug und nach Hause. Die Familie und die Freunde waren endlich wieder zusammen. Es gab ja neben der Routine der Vorbereitung für die nächsten Einsätze einiges nachzuholen. Und nicht zu vergessen, begonnen hatte alles mit der erpresserischen Verleumdung. Dem nachzugehen und die Falle, die der Teufel gelegt hatte, ein für allemal zu zerstören, das mußte noch geleistet werden. Übrigens, der Hauptmann, der „essen gehen mußte", kam mit drei Monaten Strafe davon. Es war schon interessant, Gott bei der

Arbeit zuzuschauen. Nicht nur die CfaN-Mitarbeiter, die Missionare, die Freunde mit ihren Gebeten und Opfern und, wenn es soweit ist, der Prediger und die Seelsorger – nein, Gott zieht auch die heran, die eigentlich außerhalb stehen – hier die Räuber bei der Flucht und die Hoheitsträger. Man könnte denken, der Wunder sei inzwischen genug geschehen. Auch der wundersamen Begegnung und Führungen, die schließlich aus einer lebensbedrohenden Kette von sich rasant jagenden Ereignissen eine abgerundete Geschichte von den Wegen und Wundern Gottes machte. Aber es kam noch schöner.

Markt in Nigeria: Welt auf einem Quadratkilometer

Ein Markt in Nigeria ist schon in sich selbst ein Wunder. Sich dort aufzuhalten, es auch auszuhalten inmitten der Händler und Gaukler, der Düfte und des Lärmpegels, das ist ein unvergleichliches Welterlebnis. Man kann es auch so sehen: die Welt schrumpft zusammen auf einige hundert oder gelegentlich auch Tausende von Quadratmetern. Eigentlich bietet so ein Markt alles, was wir unter dem Begriff „Leben" verstehen. Leben mit Fleisch und Blut, nicht in elektronischer Verfremdung. Jeder Händler versucht seine mehr- oder minderwertige Ware mit allen Mitteln an den Mann zu bringen. In brütendheißem Fett werden süße und scharfe Speisen feilgeboten. Kleine, zum Teil unbekleidete Kinder laufen und spielen in den letzten Pfützen, die vom Regen blieben. Bei aller Schönheit der wilden, unwegsamen Natur Afrikas, der holprigen Straßen und überfüllten Autos, plötzlich wie ein lärmendes Gasthaus: der Markt. Die verschiedenen Menschen, wie sie miteinander umgehen. Wie es auch ein Angehöriger einer sogenannten aufgeklärten Kultur erlebt, das gibt Ahaerlebnisse der besonderen Art. Solche Orte hat seinerzeit auch Paulus aufgesucht. Sie wurden Wurzel und Fundament erlebten Evangeliums. Hier gaben zunächst unverbindliche, oft geistreiche Gespräche, Initialzündung für neues Leben aus Gott. Ein Blick in die Apostelgeschichte, etwa Kapitel 17, lohnt sich auch in diesem Zusammenhang.

Ein moderner Kornelius und das neue Afrika

Also, hier auf dem größten westafrikanischen Alaba-Markt begegnen sich plötzlich zwei Männer. Vielleicht zusammengestoßen im Gezerr der Händler und potentieller Kunden. Man kennt sich auch von irgendwo her. Man erkennt sich. Es ist unser berühmtberüchtigter Oberstleutnant. Schnell weglaufen, im Gewühl untertauchen – Aber was ist los? Da hat sich was verändert. Der Mann strahlt etwas anderes aus. Unser Oberstleutnant hatte sich bekehrt. Man kann es auch in der Rückerinnerung kaum glauben: Er war tatsächlich Christ geworden. Er gehörte zu einer der vielen neuen Gemeinden in Lagos. Es ist wirklich nicht schwer, sich dabei an den Kornelius aus der Apostelgeschichte zu erinnern. Irgendwie hat ja auch unser Oberstleutnant nichts anderes sein wollen als ein korrekter Staatsbürger. Wir haben es schon erwähnt: Dieses neue Afrika. Jahrtausende – so kann man sagen – die „Große Unbekannte". Und völlig fremde Kulturen und uns unheimlich erscheinende religiöse Rituale. Von Koloniegierigen wegen seiner Rohstoffe und Bodenschätze ausgebeutet. Seine Menschen, viele Jahrhunderte als billige Sklaven verkauft, ausgebeutet, geschunden. Eine Vorratskammer zur permanenten Selbstbedienung für die sogenannte „kultivierte" Welt. Lieferant für Material und Menschen. Und plötzlich das Ende der Kolonialzeit. Eine langsame Entwicklung und nur punktuell hier und dort mit dem Evangelium vertraut – plötzlich in die Unabhängigkeit entlassen. Solche Persönlichkeiten wie der Oberstleutnant aus Nigeria waren Stütze und Hoffnung, daß die neugewonnene Freiheit sich in den Schranken der Ordnung wirklich entwickeln konnte. Und nun war er ein Bruder im Herrn. Kurzum: Wir wurden beste Freunde. Er lud uns in seine Kirche ein. Wir erlebten dort herrliche Gottesdienste. Er war ein angesehener und einflußreicher Mann. Seine Visitenkarte, die er mir mit größtem Vertrauen als eine Art Empfehlungsbrief gab, hat uns als Familie und Misionswerk noch große Dienste getan.

Der Oberstleutnant ist heute Ältester in einer Gemeinde mit 8 000 regelmäßigen Besuchern in einem der Vororte von Lagos. Allwöchentlich erleben sie große Zeichen und Wunder. Man redet sogar von Totenauferweckung. In der „Wonder-City- Bethel-Church" preist das neue Afrika seinen Herrn. Es ist schon so: Unser Missionswerk ist eingefügt in das mächtige Saat- und Erntegeschehen im Reich Gottes. Solche Kirchen und Gemeinden sind Geburtsstätte eines neuen Afrika. Dabei behalten sie ihre kulturelle und aus langer Geschichte gewonnene Identität als Afrikaner. Bunt, leuchtend und laut geht es bei ihnen zu. Ihre Frische, ihr Mut, ihre herrliche Musik- und Gesangkultur, ihre tiefe Gläubigkeit: Vielleicht alles Signale einer neuen Welt. Das Wirken des Heiligen Geistes hat den „Schwarzen Kontinent" längst zu einem funkelnden Diamanten gemacht.

Im Wirbel der Ideologien

Die Afrikavision CfaNs steht bekanntlich unter einem übergreifenden Motto: Von Kapstadt nach Kairo. Damit ist nicht nur ein geographisches Terrain abgesteckt. Es geht auch um geistliche Realitäten. Kapstadt und Kairo stehen heute – nach der großen Wende in Südafrika – für zwei Prinzipien: Evangelium und Nicht-Evangelium. In Südafrika begannen nach dem Vorspiel der „Messenger"-Verteilung unsere Erfahrungen mit dem Riesenkontinent. Wir hatten ja das große Glück, in den Jahren des sich ankündigenden großen Umschwungs dort stationiert zu sein. Danach, in Lagos, saßen wir in einer Art „Übergangsheim", Süd- und Nordwind der Ideologien kreuzen sich dort zu einer Art Wirbelsturm. Die Zehnmillionenstadt Lagos demonstriert das überzeugend und oft auch schmerzlich. Im nördlichen Nigeria weht es überwiegend von Norden her. Dort, in Ägypten, liegt ja Kairo, die andere Zehnmillionenmetropole. Und dort schlägt der Islam den Takt zur Musik, die gespielt wird. In Nordnigeria spürt man das. Nach dem Segen unserer bisherigen Großevangelisation mußten wir uns auch dieser Herausforderung stellen. Nigeria ist ein Staat, der seinen Bürgern Religionsfreiheit garantiert. So war es für CfaN um so selbstverständlicher, auch im Norden unter den Moslems das Evangelium zu verkündigen. Kano, eine Stadt mit knapp 1 Million Einwohnern ist das moslemische und politische Zentrum Nordnigerias. Dort wollten wir in Verbindung mit einem Evangeliumsfeldzug eine unserer bewährten Feuerkonferenzen abhalten. Nach dem Segen in Kaduna hielten wir den Oktober 1991 für den rechten Zeitpunkt. Eine sehr gut gelegene Pferderennbahn hatten wir ins Auge gefaßt, wo für beide Veranstaltungen die rechten Voraussetzungen gegeben waren. Leider versagten uns die Verantwortlichen diesen Ort in letzter Minute. Als Alternative wurde uns ein Fußballplatz hinter einer katholischen Schule angeboten, den wir auch akzeptierten. Besser dort als nirgends.

Die Tragödie von Kano

Die üblichen Vorbereitungen laufen an. Werbung in Form von Plakaten, Bannern und Flugblättern überzieht Kano. Alles wie gewohnt. Das geistliche Oberhaupt von Kano hat uns zu einem Empfang eingeladen. Und wir merken: Es entsteht eine Ruhe wie vor einem Sturm. Moslemische Meinungsführer beginnen ein riskantes Spiel. Schnell sind die Emotionen und Leidenschaften aufgeheizt. Man will keine Verkündigung des Evangeliums in dieser Stadt! Die Auswirkungen solch einer Evangelisation in Kaduna waren überall bekannt geworden. Zehntausende waren zum Glauben an Jesus gekommen. Moscheen hatten viele ihrer Anhänger verloren.

In Kano überstürzen sich die Ereignisse

Rauchschwaden und Getümmel lassen sehr schnell an eine Art Bürgerkrieg denken. Ein Geschäft brennt nieder. Es gibt einen Toten. Ein Kabelverkäufer ist das erste Blutopfer. Winfried erkennt den Ernst der Situation. Kleine Techtelmetchtel war man bei CfaN gewohnt. Sie wurden fast nebenbei flexibel und diplomatisch gelöst. Hier in Kano eskaliert die Situation sehr schnell. Das Team möchte retten, was zu retten ist. Plakate werden wieder abgenommen usw. Aber der Mob will sein Opfer. Er stürmt die

Residenz des Sultans von Kano. Er soll unsere zugesagte und genehmigte Evangelisation absagen. Über diese Vorgänge im Oktober 1991 ist ausgiebig berichtet worden. Rund um die Welt witterten die Medien eine satte Story – Time, Spiegel, Bild und ähnliche Printmedien hatten für einige Tage Futter. TV und Radio nahmen sich unserer Missionsarbeit „intensiv" an. In Frankfurt mußte der renommierte Hessische Rundfunk, der schmähend und voreingenommen berichtet und kommentiert hatte, Reinhard Bonnke eine Live-Gegendarstellung einräumen. Es muß hier nicht noch einmal in alle Einzelheiten auseinandergepflückt werden, was geschah. Sicher ist: Kano glich einem Schlachtfeld. Wir Mitarbeiter sind unter Militär- und Polizeischutz durch das Chaos geleitet worden. Ohne diese entschlossene Haltung der politisch Verantwortlichen würde es das gesamte CfaN-Team sicher nicht mehr geben. Viele Blutopfer unter der Bevölkerung waren zu beklagen. Moscheen und Kirchen brannten. Winfried mußte auf dem Rückweg von einer Kaserne ganz allein durch den Hexenkessel fahren, um in sein Hotel zu kommen. Ein freiwilliger, gläubiger Soldat war bei ihm. Das Team aus Deutschland kam auch nur durch besonderen Regierungsschutz zurück in die Heimat. Sogar für Gaby waren besondere Schutzmaßnahmen unumgänglich. Nicht immer konnten wir den Bewachern trauen. Gab es vielleicht einen Hinterhalt? Es waren Tage voller Aufregung. Aber nach den Stunden des Abbaus von Ausrüstung und Technik, verließ die ganze Familie mit dem großen, roten Missionszug völlig unbehelligt Kano und seine lodernden Feuer. Man kann Kano 1991 für einen großen Rückschlag halten. Wir tun das nicht. Der Feind unserer Seelen will verhindern, daß Menschen aus der Finsternis ins Licht kommen. Mission ist kein Erlebnisurlaub oder dergleichen. Es geht um den Kampf um Menschen, ob sie verlorengehen sollen oder – wie Reinhard Bonnke es gern ausdrückt – den Himmel bevölkern. Dennoch: Kurzfristig hatten wir eine Schlacht verloren, aber nicht den geistlichen Krieg! Alle in Nigeria geplanten Evangeliumsfeldzüge mußten wir zunächst absagen.*

Präsidialer Neubeginn

Jeder Christ weiß um den Segen der Ruhe. Aber nicht immer bedeutet Ruhe auch Erholung. Die durch die Vorgänge in Kano verordnete Zwangspause – genießen konnten wir sie nicht. In der Rückschau möchte man fast sagen: Wir standen in Gefahr, gelähmt zu werden wie eine Fliege im Spinnennetz. Dennoch: Gott hatte noch lange keinen Punkt gesetzt, weder für unser Leben noch für unseren Dienst.

Unser Missionsleiter für Westafrika, Rev. John Darku, ein Pastor aus Ghana, erhielt eines Tages einen unerwarteten Anruf aus Sierra Leone. Das ist normalerweise nicht so dramatisch, es sei denn, der Anruf kommt aus dem Präsidentenpalais. Die Frau des Präsidenten Momoh meldet sich. Die Präsidentengattin hatte sich vor einiger Zeit nach einer Wunderheilung bekehrt und betete für Sierra Leone. Präsident Momoh und sein Land hatten – wie fast alle afrikanischen Staaten – die Kehrseite der Freiheit kennengelernt. Kurzum: Sie lud Reinhard Bonnke und das gesamte Team ein, in Freetown, der Hauptstadt von Sierra Leone, eine Großevangelisation zu halten. Die Metropole mit dem schönen Namen „Freie Stadt“ sollte die Botschaft von der rechten Freiheit, die es ja nur in Jesus Christus gibt, hören.

* Nach sieben Jahren hat sich 1998 eine Wende angebahnt. Siehe das letzte Kapitel dieses Buches.

Selbstverständlich nahmen wir diese Einladung freudig an. Leider sind unsere Gedanken und Gefühle schneller als die Technik, die Entfernungen auch ganz pragmatisch überwinden muß. Zwischen Lagos und Freetown liegen dreieinhalbtausend Kilometer Wüste und Urwald, Flüsse, oft ohne Brücken. Hinzu kommen Bedrohungen, die in Sekundenschnelle zupacken und zerstören können. Mit unseren Fahrzeugen und Ausrüstungen braucht man unter günstigen Umständen 14 Tage für solche Reise. Auf jeden Fall mußten wir viele Grenzen überschreiten zwischen Nigeria und Sierra Leone. Wir erreichten Guinea. Für den Transit durch dieses Land mußten wir auch noch Kaution erstellen. Ein sogenannter Transiteur begleitete uns, damit wir immer unter Kontrolle blieben.

Großevangelisation
in Freetown, 1991.

Eine Stadt wird doppelt erleuchtet

Kann man sich das bei uns noch vorstellen? Eine Stadt ohne elektrischen Strom? Oder fast ohne Strom? Durch den aufwendigen Aufbau unserer Anlage im Stadion von Freetown wurden wir schon vor Beginn des Feldzuges zum Lichtbringer für die Stadt. Drei Jahre mußte Freetown sich fast ohne elektrischen Strom quälen. Und jetzt leuchteten nicht nur die Scheinwerfer im Stadion wie ein Feuerwerk auf. Das Licht des Evangeliums erleuchtete Herzen und Gedanken. 120 000 Menschen drängten sich in der Arena. Die Großevangelisation wurde – wie inzwischen in Afrika fast überall – zum Topereignis der Stadt. Das Feuer des Heiligen Geistes fiel – scharenweise wurden vorher hoffnungslose Menschen errettet. Wunder der Heilung wurden zur Norm. Die Anwesenheit des Präsidenten Momoh wurde für das Volk, auch für ihn selbst, wie ein Fanal. Drei Monate nach unserer Evangelisation wurde er gestürzt und floh nach Conakry, der Hauptstadt von Guinea. Auch die ehrenvolle Einladung des gesamten CfaN-Teams zum Präsidentenfrühstück konnte daran nichts ändern. Als politischer Präsident gestürzt, aber als Diener Gottes wurde er neu erhoben. Man muß fast zwangsläufig an Nebukadnezar, den Herrscher Babylons denken, der so tief fiel und „ganz unten“ den Herrn aller Herren die Ehre gab, sich über seine Arroganz und seinen Hochmut beugte und – wie wir es im Buch des Propheten Daniel lesen – allen Menschen bezeugte, wer der wirkliche Herr aller Herren ist. So wurde Expräsident Momoh zum Zeugen Jesu für Präsident Conte von Guinea. Ja, es war das Land, das Kaution für die Durchreise verlangte. Der wiederum benachrichtigte den Kollegen in Guinea Bissau. Alle diese schwer um ihre staatliche, wirtschaftliche und kulturelle Identität ringenden afrikanischen Jungstaaten wurden mit einem Netz des Evangeliums überzogen und so vorbereitet für die kommende große Ernte des Evangeliums. – In vergangenen Jahrhunderten hatten die etablierten Weltmächte der „alten Welt“ Afrika kolonialisiert und gewisse christliche Tugenden als Beigabe serviert – jedenfalls recht oft. Nun waren aus den „Kolonien“ unabhängige Staaten geworden, aus Untertanen Partner. Waren sie jetzt also uninteressant geworden? Im Gegenteil: Es ist der Verdienst moderner Afrikamission und eben auch gerade unseres Werkes, Afrika in dieser schwierigen und krisengeschüttelten Übergangsperiode nicht im Stich gelassen zu haben! Aus dieser Perspektive waren und sind alle Schwierigkeiten und oft lebensbedrohenden Situationen für uns fast wie nichts. Aber eben auch nur „fast“.

Es gab auch in dieser Zeit dramatische Reiseerlebnisse und Hindernisse. Wegen ständiger Unruhen, Überfälle und Bedrohungen konnten wir den LKW mit der Technik nicht einfach wieder nach Lagos zurückfahren, immerhin dreieinhalbtausend Kilometer. Auch dachte ich an Gaby, die inzwischen vor der Entbindung unseres dritten Kindes stand. Weihnachten stand auch vor der Tür. Also war klar: Den Jahreswechsel 1991 zu 1992 verlebe ich zuhause. Und Lagos war nun einmal, trotz Stromausfällen, Überfällen, Bedrohungen usw. unser Zuhause geworden. Die Zeit mit Gaby, Simon und Angelina, unseren Kindern, war ein erholsamer Ausgleich. Herrliche Stunden am wilden, endlosen Strand von Lagos, mit seinem Fischreichtum und den beharrlichen Händlern, wurden zur Oase. In solchen Tagen wurde immer neu bestätigt, wie wichtig es ist, daß auch die Familie eingebunden ist in die Berufung und den Plan Gottes für unser Leben und unseren Dienst. Und das besondere Wunder: Gerade unter erschwerten Bedingungen, erzwungenen Trennungen, bei denen man oft wochenlang nichts mehr voneinander wußte und hörte und bis zu acht Monaten im Jahr getrennt war, wuchs die Familie zusammen. Sie rieb sich nicht aneinander, sie wurde eine Kraft und Stärke in sich. Gebet verband und stärkte über tausende Kilometer. Die Wentlands - Offiziersanwärter und Pastorentochter im fremden Land -, inmitten ihrer dunklen Brüder und Schwester, lernten auch einander immer mehr zu lieben und dabei zu respektieren.

Flugzeuge sind nicht immer die bessere Lösung

Am 10. Januar 1992 war es dann soweit. Der Flug von Lagos nach Freetown konnte nicht mehr aufgeschoben werden. Wir mußten unsere teure und für zukünftige Einsätze unentbehrliche Ausrüstung wiederhaben.

Aber Flugzeuge können auch nicht jedes Problem lösen. Der erste Airbus, den ich als Transportmittel für mich anvisiert hatte, war nicht flugfähig. Also mußte Ersatz her. Der kam am Nachmittag. Und siehe da: auch er streikte. Nichts zu machen. Man sagt ja: Aller guten Dinge sind drei. Der dritte kam dann auch. Und auch er erwies sich als nicht flugfähig. Warten, warten und unter der Last bleiben, das bedeutet Geduld einzuüben. Bei CfaN sind wir ja überwiegend auf Glauben eingestellt, was nicht nur Vertrauen zu Gott bedeutet. Glaube heißt auch, über den Dingen zu stehen. Aber erst viel Geduld, unter der Last bleiben also, macht dann auch den Glauben so richtig zum Genuß. Drei mißglückte Airbusstarts – nun müßte die Belohnung kommen. Die schließlich herangekarrte Boing 737 würde alle Probleme lösen – meinten wir und unsere Leidensgenossen. Von wegen. Sie war viel zu klein für die wartenden Massen. Wer kommt mit? Für wessen Gepäck reichten Platz und Laderaum? Man muß sich das vorstellen. Den ganzen Tag unter Bedingungen wie sie nun einmal in Lagos sind, zu warten. Das ist ein Stück Katastrophe, Verzweiflung und verpatzter Termine. Verabredungen platzen wie Seifenblasen. Müde Mütter, Kinder schreien, Gepäck verschwindet – Hunger und Durst tun das ihre. – Man darf auch nicht weglaufen, – man könnte den Abflug, der vielleicht ganz plötzlich funktioniert, verpassen. Warten und warten muß gelernt sein. Die Boing 737 kann 120 Passagiere mit Gepäck unterbringen. Jetzt wollten 200 da rein. Wir hatten als Team einen Schlachtplan entwickelt: Wir wollten auf jeden Fall mit und unser umfangreiches Gepäck auch. Also hieß es Posten zu beziehen. Am Gepäckband mußten wir sein, damit nichts zurückbleibt, vertauscht oder gestohlen wird. Gleichzeitig aber eben auf dem Sprung, um in die 737 zu kommen, wenn es soweit war. Die Leute am Gepäckband erwarteten

– wie überall in Nigeria – auch ihr „dash", d.h. ihr besonderes Trinkgeld. An alles mußten wir denken. Man mag vielleicht die Nase rümpfen über die Rolle des „dash" in einer Gesellschaft, deren Struktur kaum mit den für uns selbstverständlichen Ordnungsprinzipien vergleichbar ist. Trinkgelder usw. garantierten einen gewissen Lastenausgleich. Es war schon ein Wunder Gottes, daß ich da als Letzter mitgekommen bin. Mit seiner Riesenlast, viel zu wenig Treibstoff, schaukelte sich der Riesenvogel langsam in den afrikanischen Himmel – um in Abidjan, Elfenbeinküste, schon wieder landen zu müssen, was fast zu einer Katastrophe geführt hätte. Der Pilot hatte mit Spritknappheit zu kämpfen und mußte sehen, wo er den Vogel aufsetzen konnte. 20 Meter vor der Ufermauer kam er dann doch zum Stehen. Da haben wir mal wieder gelernt zu beten. Diese Wechselbäder zwischen Glaube und Ängsten sorgten dafür, daß auch bei schneidendem Streß die nötige „Zwiesprache" mit unserem Herrn nicht zu kurz kam. Kleinste Pannen könnten größte Seelenernten bei der nächsten Großevangelisation stören oder gar zerstören. Zwischen Lagos und Freetown wirbeln die Probleme der ganzen Welt durcheinander. Immer wieder muß ich nachfragen, während Gaby und Winfried erzählen: Was war wo in welcher Stadt, an welchem Fluß? Die neue Gesellschaft im uralten Afrika beweist: Es ist letztlich das alte, das sich immer wieder von der schweren Last der Vergangenheit befreien will. Wie gut, daß dieser Neuanfang soviel Raum für das Evangelium bietet.

Hier wollen wir eien Augenblick abschalten von den Afrikaerlebnissen und treffen uns in Hamburg wieder.

„Sela"

Im Psalter der Bibel begegnet einem öfter das Wort „Sela", wahrscheinlich eine Art Pausenzeichen für den kultischen Gebrauch, Wechsel in eine neue Tonart oder was immer. Wählen wir also das Frühjahr 1997 als unser „Sela".

Rauh ist der Hamburger April. Die strahlende Sonne über den Harburger Bergen täuscht Sommer vor. Geborgenheit, Sicherheit und Ordnung nehmen wir für selbstverständlich. In Neugraben, wo die Wentlands jetzt als Pastorenehepaar und Leiter eines Missionswerkes fungieren, ist für sechs Wochen eine Gruppe ukrainischer Kinder zur Erholung . Sie sind nicht ganz so wild und ausgelassen, wie man es bei uns gewohnt ist. Sie können vielleicht noch nicht so recht fassen, daß es eine ganz andere Welt gibt als ihre ferne Heimat. Überhaupt: Kinder. Auch heute schreien die Schlagzeilen der Skandalblätter neue schreckliche Fälle von Kindesmißbrauch in allen Formen heraus. Ein Hamburger Wochenmagazin beklagt das Gewaltproblem unter der Jugend mit beschwörenden Expertisen und Perspektiven. Alle sind empört. Einige lassen sich die Nerven kitzeln über immer „neue Enthüllungen". Wer denkt schon noch daran, wie vor Jahrzehnten durch die geöffneten Schleusen einer sogenannten neuen „Befreiung" die Weichen gestellt wurden für das, was jetzt geerntet wird.

Ach ja, eigentlich wollten wir aufatmen. Aber selbst im „Sela" lassen einen die Probleme einer verlorenen Welt nicht los. Sie unterscheiden sich genau genommen nicht von denen in Afrika. Also zurück zu den Dramen mit überladenen Flugzeugen, die im letzten Moment dennoch vor Mauerbrocken bremsen können. Aber einen Augenblick wollen wir noch im Aufatmen bleiben: das kleine

Eichhörnchen, das mich frech von seinem schwankendem Ast vor meinem Fenster beäugt, macht es schwer, in den afrikanischen Busch zurückzukehren. Grinst mich dieses Geschöpf da an? Ich fühle mich herausgefordert, fast kontrolliert. Mit einem plötzlichen Windstoß ist der possierliche Beobachter verschwunden. Die Idylle ist beendet. Zurück nach Afrika.

Anflug auf Freetown/Sierra Leone

Endlich am Ziel. Endlich können wieder unsere kostbare technische Ausrüstung sehen. Endlich wieder am Steuer sitzen, unsere treuen Mitarbeiter treffen und ihre Freude genießen. Aber unter uns ist nur Dunkelheit und Meer. Was ist jetzt wieder los?

Ach ja: die Zeit des Harmattan war gekommen. Auf ihn kann man sich verlassen. Seine Wochen währende Herrschaft läßt er sich nicht nehmen. Harmattan nennen sich die Sandstürme, die die Küste Afrikas in unheimlichen Nebel versinken lassen. Die afrikanische Wüste beherrscht den Riesenkontinent auf vielfache Weise. Man kann in ihr versinken wie in einem Meer. Tückisch ist sie, wenn sie so malerisch dahingegossen zu sein scheint, wenn Gelb des Sandes und blauglühender Himmel zusammenwachsen. Kommt aber Hamattan, dann scheint das große Endgericht angebrochen. Dunkelheit breitet sich aus wie ein riesiges Leichentuch, und der feine Sand wird zu Milliarden Minidolchen. Atembeschwerden und Erkältungen sind einige Folgen dieser Staubbildungen. Die Afrikaner aller Schattierungen und Stämme haben gelernt, damit zu leben. Für die auf Sichtflug trainierten Piloten ist es wie ein Sturz ins Bodenlose. Landebahnen und dergleichen kann man vergessen. Aber: Man muß sich zu helfen wissen. Auch in Freetown. In diesem Fall geschah das mit Hilfe von – ja, Sie lesen richtig – Taxis. In einer geplanten Formation aufgestellt, bilden sie Spalier. Mit ihren Scheinwerfern bestrahlen sie eine geeignete Landebahn. So kann der Flieger einigermaßen zuverlässig seinen Weg durch die Finsternis finden und die lebende Ladung absetzen. Ich denke, wehe denen, die gerade in solcher Stunde in der Stadt dringend ein Taxi benötigen. Die Kunst der Improvisation wird dabei von den Vielfliegern verlangt. Unser westliches von Terminkalendern und Terminen diktiertes Leben und Treiben kommt einem dann doch recht lächerlich vor.

Shegun

Die Zustände in Afrika mögen nicht gerade die überzeugende Alternative sein. Jedenfalls lernt man bei diesen Wechselbädern sehr schnell: Ohne Gottes Segen und wunderbare Hilfe klappt nichts. Geistesleitung und das Hören auf Gottes Stimme werden zu existentiellen Erfahrungen. Man liest die Apostelgeschichte mit anderen Augen. Ich mußte an die Erlebnisse und wunderbare Bewahrung eines Mitarbeiters von CfaN denken, der das alles mal hautnah erlebt hatte. Sheguns Maschine geriet bei einem Flug nach Sokoto im Nordosten in ein Schlechtwettergebiet. Turbulenzen und Stürme machten es unmöglich, den Flughafen zu erreichen, geschweige dort auch einigermaßen sicher zu landen. Der Flieger mußte kreisen und auf entsprechende Weisung aus dem Tower warten. Zudem war ein Pilgerflug, der aus Mekka zurückkommen sollte, abgesagt worden. Die zuständigen Fluglotsen waren nicht erreichbar. Es war übrigens die Gegend von Kano. Das Flugzeug, in dem Shegun saß, landete unplanmäßig – fast wie bei einem Absturz- in der Wüste. Es zerbrach. Acht Tote waren zu beklagen. Bruder Shegun in seinem Sitz festgeschnallt – wurde beim Absturz mit über 200 km/h in den Wüstensand geschleudert – blieb aber am Leben. Ein wahres Wunder der Bewahrung. Wer so lebt, gewinnt allmählich ein anderes Verhältnis zu den Unwägbarkeiten des Lebens im Dienste Jesu.

Afrika oder Deutschland?

Ich muß gestehen, wenn man solche Erlebnisse geschildert bekommt, kann man nicht einfach so weitermachen nach dem Prinzip: Was kam dann? Man denkt über so eine Familie nach. Wie schön und einfach könnten sie es haben. Man stellt sie sich dann vor, wie es auch hätte sein können: ein schneidiger Berufsoffizier und die schicke Stewardeß. Durchaus gläubig, ihr Christentum mit Niveau und Weltläufigkeit lebend. Nun aber im national erwachten Riesenkontinent, täglich an der Grenze der Ewigkeit dahinschlitternd, völlig egal, ob sie in Lagos, der Metropole, in der sich Hektik des 20. Jahrhunderts mit den uralten Riten animistischer Religionen vermischt oder in Kano im Norden, wo sich islamische Weltherrschersehnsüchte zu Blutbädern ausweiten. In unserem Gespräch können wir Fragen der Berufung nicht unterdrücken. Winfried möchte und wollte am liebsten in Afrika sterben, wenn der Herr nicht vorher wiederkommt. Gaby hat eine Vision für Deutschland. Sie hat soviel herrliches Handeln Gottes schon in ihrer Heimat kennengelernt. Sie hat gesehen, was Gott an einzelnen Menschen tun kann. Fast visionär sieht sie Deutschland als Schauplatz einer Volkserweckung. Beide reden davon mit Bescheidenheit und Zurückhaltung. Sie haben in Afrika gelernt, immer auf den Tod vorbereitet zu sein. Er sagt: „Ich bin völlig gelassen und ruhig. Auch an der Grenze des Todes geht das Leben weiter." Menschen, vor denen man sich wegen einer anderen Kultur und Mentalität fürchten könnte, werden Helfer und bilden später ein Team, das mit einem durch dick und dünn geht. Man erfährt Beispiele von Zuverlässigkeit und Treue, die es leicht machen, sich lieben zu lernen. Einige afrikanische Mitarbeiter waren schon mit dem Gesetz in Konflikt gekommen, bevor sie sich bekehrten. Ihr geistliches und menschliches Wachstum mitzuerleben, bedeutet, Jesus selbst in ihnen zu sehen. Man wird an die bewegenden Geschichten von David und seinen Helden erinnert. Originalton Winfried: „Wer aufs weltweite Missionsfeld gehen will, muß sich vor allem anderen Liebe für die Menschen unter denen er leben und missionieren will, schenken lassen." Es ist sicher wichtig, Methoden zu erlernen, sich auf Kultur, Geschichte und die sozialen Verhältnisse intensiv vorzubereiten. Aber über allem gilt das Pauluswort: „*... und hätte der Liebe nicht.*"

Frei – und doch nicht frei

Nun waren wir also in Sierra Leone, Freetown, der Hauptstadt. Und wieder das „vertraute" Bild: Unruhen und Zusammenrottung. Wir hatten unseren Laster abgeholt und saßen prompt in der Falle. Um uns herum nur die abenteuerlichen verwegenen Guerillagestalten. Sie gleichen und glichen sich zu allen Zeiten. Im Europa vergangener Jahrhunderte und auch heute – 1997 – in den blutigen Kämpfen der sich nun wieder so bezeichneten Kongostaaten. Jetzt in Sierra Leone ist es nicht anders. Das deutsche Nachrichtenmagazin „Focus“ beschreibt den typischen Guerillakämpfer in Freetown so: Dunkle Sonnenbrille, Seeräubertuch auf dem … Schädel, Patronengurt am kräftigen Oberarm… Es herrscht ein Klima völliger Anarchie.

Es hat sich also kaum in den vergangenen Jahren geändert. Der Name der Hauptstadt Freetown – „Stadt der Freien oder Freie Stadt“ erscheint einem wie bloßer Hohn. Wir fahren in Richtung Norden zur Grenze Guineas und Malis. In Kankan, einer Bezirksstadt im Norden von Guinea, bricht ein Aufstand aus. Die Straßen werden gesperrt und verbarrikadiert. Autos werden abgebrannt und Geschäfte geplündert. Es heißt wieder beten und auf den Herrn hoffen. Und es scheint Hilfe zu kommen. Eine der martialischen Gestalten – eine Art Anführer von zwölf anderen – bietet uns seine Unterstützung an. Was soll man in einer solchen Situation machen? Man nimmt die Hilfe an. Schließlich hat z.B. ein David durchaus gelegentlich die Hilfe der Philister angenommen. Der Guerillatrupp bahnt langsam aber sicher eine Schneise durch das Gedränge. Wir schieben buchstäblich alles, was sich in den Weg stellt, vor uns her. Von irgendwo kommt – wie vom Himmel gefallen – plötzlich ein Taxi vorbei. Neun Personen werden ausgeraubt, grausam und unerbittlich. Dschungelgesetze herrschen in solchen Augenblicken in Freetown und auch anderswo. Bangen und Zittern bei uns. Helfer als Räuber?! Was Gott nicht alles zuläßt!?

Räuber oder Helfer?

Geiselnahme
in Kankan.

Was wird nun aus uns? Wir waren zu Geiseln geworden. All die Brücken waren gesperrt. Wir waren wie eingeklemmt. Die, die uns halfen und den Weg bereiteten, waren für andere Räuber und Kriminelle. Anarchie wie in den biblischen Tagen, von denen z.B. das Buch der Richter erzählt: *„Ein jeder tat, was ihm recht dünkte"*. Eine Ausnahmesituation nach der anderen. Da lernt man auf den Herrn zu vertrauen. Es bleibt einem sowieso nichts anderes übrig.

Am Nachmittag dieses dramatischen Tages kamen dann Regierungsbeamte, um mit den Guerillas zu verhandeln. So kamen wir dann schließlich doch frei. Dennoch ließ uns ein Bild nicht wieder los und verfolgte uns noch lange: Zwei Weiße wurden bei dem Massaker erschossen. Mit einer Fähre überquerten wir den Niger, den mächtigen Strom, der dem Staat Nigeria den Namen gegeben hat. Weil wir unseren zweiten Lkw-Anhänger und Landcruiser auf der kleinen Fähre nachholen mußten, dauerte die

Überfahrt drei Tage. Wir hatten bei aller nötigen Wachsamkeit und Schwerstarbeit viel Zeit, nachzudenken, dem Herrn zu danken, uns aber auch der einmaligen Größe und des Schwergewichts unseres Missionsauftrages bewußt zu werden. Afrika spiegelt – wie in einem Brennglas – die Probleme einer verlorenen Welt wider. Alle gegen alle und fast alle gegen den lebendigen Gott. Ist das etwa im alten Europa vor der Jahrtausendwende anders? Während das hier geschrieben wird, zeichnet sich ab, daß ganz allmählich auch Europa und die westliche Welt wieder mehr und mehr dem Dschungel gleichen. Es hat vielleicht seinen ganz besonderen Sinn, daß wir mit unserer Afrikaerfahrung jetzt wieder hier sein können.

Sandbänke

Die Durchquerung des Niger wurde auch durch die zahlreichen Sandbänke erschwert.

Es gibt ja auch in unserem Leben und Dienst für Jesus und auch sonst immer wieder Sandbänke, Hindernisse und widrige Umstände, die uns ärgern und aufhalten. Deshalb muß Glaube sich immer mit Geduld vereinen, denn die Sandbänke im Strom unseres Lebens und auch im Strom des Geistes sind beileibe nicht immer vom Teufel. Sie gehören zum Leben und Alltag. Genau wie die Höhepunkte, wo wir die Gegenwart Gottes verspüren und über den Strom unseres Lebens blitzschnell wie die Silberpfeile sausen und manchmal geradezu zu fliegen scheinen.

Zwischendurch: Eine gute Nachricht

1997 knallen uns die Medien in der Regel eine Horrornachricht nach der anderen um die Ohren. Es scheint kaum noch etwas Positives zu geben, das man als Kontrastprogramm dankbar registrieren könnte. Und doch fällt etwas auf. Man hat es zuerst nicht so recht mitbekommen: Irgend etwas hat sich im Straßen- und Alltagsbild unserer Städte verändert. Was nur ? Man darf öfter Familien mit Kinderwagen über die Stufen helfen, man darf sie in die S-Bahnen hinein tragen, weil die jungen Mütter es nicht allein schaffen. Und man hört öfter Kindergeschrei und recht oft sogar Kinderlachen. Und die „Herrscher" unserer Zeit, die Medien, vermelden es auch: Es werden wieder mehr Kinder geboren! Es gibt also logischerweise mehr Schwangerschaften, nicht immer mehr Abtreibungen. Bahnt sich hier eine Wende an? Schwangerschaft ist immer die Zeit im Leben einer Frau, in der explosive Freude und Angst zusammenkommen. Auch in unseren europäischen und westlichen Zivilisationen. Medizinisch und versorgungsmäßig ist eine Schwangerschaft keine in der Regel unerträgliche Belastung. Das sieht in Lagos natürlich anders aus. Gaby war hochschwanger mit Immanuel. Aber auch er kam gesund zur Welt. Immanuel Wentland wurde in Lagos am 15. Januar 1992 geboren, Angelina noch in Südafrika am 17. November 1985. Simon eröffnete in Hamburg am 29. August 1981 den Reigen. Als Baby begleitete er im Dezember 1981 seine Eltern nach Afrika. Drei völlig unterschiedliche Lebensmittelpunkte, in denen „die Wentlandkinder" zur Welt kamen. Wahrlich eine multikulturelle Familie. Wir lernen sie später noch besser kennen.

Bangui – Zentralafrika

Der nächste Evangeliumsfeldzug sollte 1992 in Bangui stattfinden. Das liegt in Zentralafrika. Mit unserem Troß mußten wir über eine Holzbrücke, 78 m lang. Würde sie halten? Ein Baumstamm war durchgebrochen. Keine beruhigenden Aussichten. Es passierte immer wieder, daß begonnene Aktionen anders endeten, als man es sich vorgestellt hatte. Was macht man, wenn der LKW die Holzbrücke geschafft hat, der so wichtige Anhänger mit seinen Lasten, die ja für die Gottesdienste unentbehrlich sind, aber auf der anderen Seite stehen bleibt? Was macht man, wenn es wie in Libreville, der Hauptstadt von Gabun, mit den Papieren und Genehmigungen nicht klappt? Da steht dann eine höhere Charge im Bewußtsein ihrer ganzen Wichtigkeit vor einem und erklärt, daß man nicht bleiben kann. Man wird – wie in diesem Fall geschehen – dann nach Kamerun ausgewiesen, und alles scheint so vergeblich. Man weiß, daß inzwischen in Deutschland die Vorbereitungen für die Großevangelisationen auf Hochtouren laufen. Man telefoniert mit Frankfurt. Aber die eingespielte Teamarbeit – auch über Tausende von Kilometern hinweg – macht Unmögliches möglich. Und: nichts klappt ohne Wunder.

Nie aus technischen Gründen abgesagt

In der langen Geschichte der CfaN-Großevangelisationen in Afrika können wir bis heute sagen: Aus technischen Gründen, die mit unserer Aufgabe des Transportes der nötigen Anlagen zu tun haben, brauchte nicht eine einzige Veranstaltung abgesagt werden. Wir haben mit Gottes Hilfe immer eine Lösung gefunden. Gerade in Afrika, das sich in einem fast verzweifelten Umbruch befin-

Simon, Angelina und Immanuel Wentland

Dorfszene in Zentralafrika

Grenzfluß von Bangui und Zaire

Inspektion
einer Brücke in
Zentralafrika

det, ist das keineswegs selbstverständlich. Neben Jahrtausende unberührt gebliebenem Urwald und Wüste wächst in den Metropolen wie Lagos, Kairo u.a. eine Intelligenz heran, die, umworben von revolutionären Bewegungen und Geschäftemachern, von Sektierern und Verwaltern uralter Aberglaubensriten, ihren Weg ins neue Jahrtausend sucht. Sie geraten dabei über Enttäuschung, Frustration und Demütigungen immer wieder an Mauern, die ihnen Sicht und Weg zu versperren drohen. Da brauchen sie Wunder - und sie erleben sie auch. Der mit dem Blut Jesu erkaufte „schwarze" Kontinent wird einmal durch das Leben erlöster Millionen strahlen. Vielleicht ein Kontinent der Zukunft für die ganze Welt? Wer weiß? Kehren wir zurück zur Gegenwart. Die einstige deutsche Kolonie Kamerun mit der Hauptstadt Douala wartete auf uns. Eine weitere CfaN-Großevangelisation stand bevor. Das war im Jahre 1992 – Mein leiblicher Bruder Wolfgang war der Ranger, der Pionier. Er bildete mit dem PKW die Speerspitze unseres Geleitzuges. So konnte er die Wege erkunden, die vorhanden waren. Wir mußten uns voll auf ihn und seine Sachkenntnis verlassen. Er wußte, wo es lang geht. Er kannte die Gefahren. Er war Wegbereiter, Beobachter und Bahnbrecher in einer Person. Er hatte eigentlich das volle Risiko einer unerwarteten Bedrohung oder Gefahr zu tragen. Es gab z.B. auf diesen „Wegen" Schlaglöcher, die tiefer waren als der LKW hoch. Das stelle man sich einmal vor. Noch ehe sich die Karawane zu einem neuen CfaN-Ziel in Bewegung setzte, haben wir natürlich immer intensiv gemeinsam gebetet und uns der Gnade des Herrn empfohlen. Ja, und wenn dann irgend so ein Hindernis von Wolfgang gemeldet wurde, konnte man zunächst alle Terminkalender und Planungen vergessen.

Wegbereiter und Wegerschaffer

Ohne Weg kein Ziel. Das Ziel war natürlich in diesem Fall klar: Douala – aber wo war der Weg? Wir mußten ihn uns selbst machen. Wir waren hier nicht nur Gottes Wegbereiter, sondern mußten diesen Weg erst einmal erschaffen. Das bedeutete folgendes: 15 Leute, die für solche Fälle im Dschungel angeheuert wurden, hatten nun stundenlang zu tun. Bäume mußten mit unserer Motorsäge abgesägt werden – mit allen Gefahren und Unwägbarkeiten – was dabei nun wieder passieren könnte. Die Stämme mußten natürlich so stark sein, daß sie die Karawane überhaupt tragen konnten. Sie wurden dann quer über das Schlagloch gelegt, damit wir wieder einige Meter vorwärts kriechen konnten. Nun leben wir ja im elektronischen Zeitalter. Die Welt ist mit einem digitalen Netz von Funkverbindungen umspannt, das immer enger wird. Wir hier brauchten Schweiß, viele Stunden Schwerstarbeit, um einige Meter auf Afrikas „Straßen" vorwärts zu kriechen. Jede Schnecke wäre in diesen Stunden schneller als wir. In Europa wäre Reinhard Bonnke über Handy in Bruchteilen von Sekunden bei uns: „Was ist los? Die Evangelisation muß beginnen!" Aber diese Verbindungen gibt es nicht auf der Nationalstraße (N1) in Kamerun zwischen Mamfe und Douala.

Die Evangelisation konnte auch beginnen. Obwohl wir zeitweise bis zu einem Meter im Matsch steckten, kamen wir mit Vollgas durch. Mit Vollgas wirkte dann auch der Heilige Geist in der Großevangelisation. Das immer wieder mitzuerleben: Wenn Tausende und Abertausende Jesus Christus annehmen, ihre Zauberutensilien verbrennen und sich zu Gemeinden zusammenfinden oder die bestehenden Gemeinden stärken und damit Afrika Seelen und Leiber zur Verfügung zu stellen, es scheint wie nichts – man kann sich an die Plagen und Gefahren kaum noch erinnern. Ängste, Todesnähe, Bereitschaft, möglicherweise in einem einzigen Augenblick in die Ewigkeit zu gehen, verschmelzen zu der einen Gewißheit: Der Herr ist mit uns. Oft war die Familie dabei. Für Simon, unseren „Großen“ war das alles selbstverständlich geworden. Man mag sich immer wieder mal fragen: Ist er zu bedauern, der in der Geborgenheit Hamburgs geborene Junge, oder zu beglückwünschen? Ich meine, er ist zu beneiden.

Mit der Geburt des dritten Kindes blieb Gaby in Lagos zurück. Die beiden größeren Kinder kamen in die deutsche Privatschule. Ihre Zeit nutzte Gaby mit der Vervielfältigung von Evangelisationsvideos und Audiokassetten von Reinhard Bonnke, die an die Bevölkerung weitergereicht wurden. Doch davon später mehr. Wir sind jetzt auf der Rückfahrt von Douala.

Dreimal Hamburg–München

Wir mußten einen Umweg von 3000 km machen. Mehr als dreimal Hamburg–München. Und ein umgekippter LKW sorgte dafür, daß Arbeit und Schweiß nicht zu kurz kamen. Und die Malaria kam auch noch hinzu. Mit über 40 Grad Fieber und 40 Grad Außentemperatur in der Nähe des Äquators wollten wir wenigstens am 24.12. (Heiligabend) Zuhause sein. Kennen sie Malaria? Selbst in medizinisch wohl versorgten Breiten – etwa in Deutschland und vergleichbaren Ländern – kann sie zu einer Katastrophe werden. Ein deutscher Minister, der sie sich geholt hatte, war wochenlang im Koma. Man stelle sich das nun aber mitten in Afrikas Wüsten, Savannen und Urwäldern vor. Daß die Wentlands gesund und unbeschadet heute leben und ihren Dienst tun können, ist in sich ein Wunder Gottes.

Einen Tag vor Weihnachten waren wir daheim in Lagos. Daheim, geborgen im Schoß der Familie. In der Annehmlichkeit eines schönen Heimes.

Lagos in Aufruhr

Es waren wieder einmal Unruhen ausgebrochen. Lagos schien mal wieder am Ende. Aufruhr! Es gibt dort eine zehnspurige Stadtautobahn, mitten in allem Elend. Plötzlich kommen kaum noch Autos durch. Hupen, Parken, Bremsen, Gas geben, können sie sich das Chaos, das schon unter „normalen“ Umständen herrscht, vorstellen? Jetzt aber randalierten auf dieser Bahn ca. eine halbe Million Menschen, eine aufgewühlte und gewaltbereite Masse, die nichts zu verlieren hatte, aber meinte, in einem Moment alles gewinnen zu können. Eine halbe Million! Die meisten deutschen Großstädte außer Berlin, Hamburg, München und Köln, haben kaum mehr als 500 000 Einwohner – ein Massenblutbad stand bevor. Und unsere Kinder waren in der Schule, weit von uns entfernt. Natürlich rasten wir los – wie viele andere auch – um die Kinder zu holen. Eine Weltmetropole in Anarchie! Geruch des Todes überall. Sehen wir unsere Kinder wieder? Überleben wir selbst diese Horrorfahrt? Sei's drum. Wir rasen, wie wir können. Und wie eine riesige Meereswoge oder einen Tornado hört man den entfesselten Mob immer näher kommen. Wird er uns alle verschlingen? Wir rechnen mit dem Schlimmsten und wissen uns dennoch in Gottes Hand. Uns und die Kinder. Als wenn das nicht reicht, explodiert auf unserem Weg ein Taxi. Es war umgekippt und von Randalierern in Brand gesetzt worden. Wir steckten mitten drin und erlebten Weltkatastrophe „live“. Zweieinhalb Stunden dauerte diesmal das Inferno. Ein Geschäftsmann kurvte mit mir auf meinem Motorrad im brodelnden Menschenmeer hin und her. Ständig waren er und wir vom lebensbedrohenden Mob umzingelt. Das Militär versuchte so schnell wie möglich wieder Ordnung herzustellen, und gegen Abend kamen die Kinder schließlich heil auf dem Motorrad nach Hause.

So sahen also die „Ruhezeiten“ in Lagos aus. Nicht immer, aber doch hin und wieder. Unterwegs, da gab es oft die Ruhezeiten, die wir uns zuhause gewünscht hätten. Es war ja nicht immer Großalarm. Wer könnte es auch trotz allem Gottvertrauen aushalten, immer nur in Erwartung von Überfällen, Bedrohungen und Naturkatastrophen zu leben. Wenn wir nach einer Großevangelisation die Grenze des jeweiligen Staates erreichten, war uns oft die Kunde vom Sieg des Evangeliums schon vorausgeeilt.

Zachäus heute

Die Nachfolger des Zachäus und Matthäus – die Zöllner – hatten uns oft schon erwartet. Nicht in Bäumen sitzend, aber doch mindestens genau so neu- und wißbegierig wie ihr kleiner Vorgänger, von dem im Lukasevangelium berichtet wird. Sie wollten auch das Evangelium hören. Hatten sie doch an ihrem Posten in Ekok, Grenzstation zu Nigeria, von den Wundern in Bamenda, Kamerun gehört. Also wurde bei unserer Ankunft der Schlagbaum geschlossen und die überraschten Touristen einfach stehengelassen, bis alle Grenzer in einer Hütte Platz gefunden hatten. Wir wurden aufgefordert, alles zu berichten, was sie bruchstückweise über das Radio vernommen hatten. Sollten es wirklich Wunder gewesen sein? Wieviele Menschen waren denn geheilt worden? Fragen über Fragen stürzten über uns herein. Auch ihre Probleme und ihr schlechtes Gewissen suchten nach Vergebung und Erlösung. Auch ihre vielen Krankheiten quälten sie. Auch sie suchten Heilung. Zusammen ließen sie sich den Heilsweg erklären. Es gab Entscheidungen für Jesus, Bekehrungen und wunderbare Heilungen. Da waren dann auch für uns alle Probleme und Bedrohungen vergessen, und wir erlebten immer wieder neu, daß der Herr selbst uns hierher gesandt hatte. Die Tage der Apostelgeschichte sind nicht vorbei. Wir erlebten sie gerade auch an den Grenzen immer neu. Unsere Formalitäten wurden schnellstens erledigt und zur Überraschung der Rucksacktouristen, fuhren wir noch vor ihnen durch den wieder geöffneten Schlagbaum. So wird ein Riesenkontinent allmählich vom Netzwerk des Evangeliums umspannt.

„Du bist doch bei Reinhard Bonnke...."

Wir sind mal wieder in Sierra Leone. Es ist das Jahr 1991. Es geht nicht weiter. Also steht ein langer Aufenthalt bevor. Das ist für einen typischen Mitteleuropäer schon eine ständige Nervenfolter. Immer muß man irgendwo warten. Immer stockt es. Keiner weiß warum. Oft sind es so lächerlich erscheinende menschliche und technische Nebensächlichkeiten, die Stunden um Stunden vergeuden. So sieht es jedenfalls aus. Das Wort „Stau" ist uns ja wirklich nicht fremd. Stehen wir mal eine halbe Stunde eingeklemmt in Blechkisten und Gestank, sehen wir uns als leidgeprüfte Märtyrer moderner Zeiten. Verlängert sich eine Autofahrt durch eine

Umleitung um eine Viertelstunde, sehen wir schon einen Termin platzen. Jedem kann man da die Schule Afrikas empfehlen. Der Untergang aller Pläne und Terminkalenderabsprachen scheint schon immer an der nächsten Ecke zu warten. Der Christ begreift dann allmählich den Trost und die Stärkung, die in dem Psalmwort aus Ps. 31,16 liegt *„Meine Zeit steht in deinen Händen.“*

Hier also nun wieder eine unübersehbare Gruppe, die den Beamten Probleme macht. Wir werden in die Zollhütte gelotst. Der würdevolle Chef empfängt uns mit großem Ernst. Zu mir sagt er: „Du bist doch bei Reinhard Bonnke. Ist das nicht der, durch den ein Blutbad in Kano entstanden ist?“ So war die Nachricht von Kano hier angekommen. Da gab es einiges zurechtzurücken. Wir waren nicht die Mörder der Menschen Kanos, wir hatten für sie eine gute Botschaft. Es stellte sich heraus, daß der Chef hier ein wiedergeborener Christ war. Er freute sich, daß wir da waren. Und wieder gab es eine kleine Andacht in der Hütte. Alle, die anwesend waren, haben wir in unser Gebet eingeschlossen.

Wunder hinter den Kulissen

Und wieder sind wir unterwegs. Diesmal führt der Weg durch Senegal. Ziel: Mauretanien. Und wieder einmal muß zu allem sonstigen Elend ein Fluß durchquert werden. 80m breit. Mein Bruder und Kollege Werner Drotleff, der damals im Team war, macht den „Vorkoster“, d.h. den Vorreiter. Er durchwatet den Fluß, um eine Furt zu finden. Durch ähnliche Ereignisse soll ja mal der Name „Frankfurt“ entstanden sein. Werner ertastet dann auch eine Schneise, die für unsere Zwecke geeignet scheint. Was er det hat, ist alles andere, als ein „Weg des Lebens". Schlammig und bedrohlich. Unser LKW sackt weg und droht umzukippen. Wir sind mutterseelenallein. Keine Hilfe in Sicht. Wie in Zeitlupe sinken wir Zentimeter um Zentimeter. Die schlammige Brühe zieht uns und die ganze Ausrüstung unnachsichtig nach unten. Sollte es für uns ein naßmodriges Grab in Senegal geben? Da: endlich merken wir, daß wir doch nicht allein sind. Motorengeräusch nähert sich. Wie zwei vorgeschichtliche Ungeheuer kriechen sie am anderen Ufer heran. Zwei LKWs mit Allradantrieb. Und sie haben genau das dabei, was uns fehlt, was uns und dem „Evangelisationstroß" Leben und Hoffnung zurück gibt: ein Stahlseil und Vierradantrieb. Wir werden, nachdem unsere Uhren als Fährgebühr die Besitzer wechseln, alle an Land gezogen. Es kann weitergehen nach Mauretanien. Wie schlimm ist es doch, wenn Brücken fehlen oder zerstört sind. Wenn Gott nicht eingegriffen hätte, wenn nicht die beiden LKWs gerade gekommen wären, wo wären wir geblieben? Was wäre aus den mit den Opfern vieler Missionsfreunde angeschafften Ausrüstungen geworden? Die Wunder, die sich „hinter den Kulissen" der großen Evangeliumsfeldzüge abspielen, stehen denen nicht nach, die Tausende erleben, wenn im Scheinwerferlicht Menschen ihre Rollstühle verlassen, ihre Krükken ablegen, ihre Zauberutensilien verbrennen und vor allem Vergebung und Erlösung empfangen. Gottes mächtige Hand hält alles beieinander. Sie fügt zusammen, was zerbrechen will oder schon total zerstört ist.

Platz der Träume

„Ihr werdet eure Ausrüstung verlieren,

aber euer Leben behalten!“

Umgekippter Anhänger in Togo nach der CfaN–Evangelisation

Verladung des Containers

Hintergrund: Ein durchgebrochener Brückenhauptträger mußte erst repariert werden

15-20 Männer arbeiten an der Staßenverbindung in Kamerun, damit die Weiterfahrt möglich wird

„Das Wetter..."

Von Mai bis September waren Freiversammlungen wegen der anhaltenden Regenfälle im Westen Afrikas nicht möglich und wurden dafür um so intensiver im Osten Afrikas durchgeführt. Im Oktober 1994 war die Regenzeit vorbei. Für uns das Signal: Es geht wieder los. Die Frohe Botschaft muß laufen. Die Abhängigkeit von den klimatisch bedingten Wetterverhältnissen ist ein Kapitel für sich. So was spielt etwa in Europa größtenteils kaum eine Rolle, obwohl uns 1997 z.B. die Hochwasserkatastrophe der Oder aufgeschreckt hat. In Afrika ist es lebensentscheidend. Zurück zum Tschad. Dahin sollte von Lagos aus unsere nächste Reise gehen. Wir wollten die Straße von Maiduguri nach Ndjamena unterhalb des Damms benutzen. Die Verbindungsstraße zwischen Nigeria und Kamerun war wieder einmal durch den Dammbruch während der Regenzeit blockiert. Also mußten die „Vorkoster" wieder ran. Es galt wieder einmal, Straßen und Wege zu erkunden, die benutzbar sein könnten. Diesmal fanden sie gleich zwei Schleichwege, natürlich in unmöglichem Zustand. Sie mußten durch eine Flußfurt fahren, weil alle Brücken in der Nähe durch den Dammbruch zerstört worden waren. Glaube, Geduld und tüchtige Einheimische sind immer da. So klappte es verbunden mit dem technisch gutausgerüsteten 420 PS starken 6x6 Iveco-Lkw und seinem Spezialgetriebe, der für alle üblichen „Überraschungen" gut genug war.

Auf dem Richtplatz

Die Evangelisation dort forderte von uns allerdings eine gewisse Umstellung, denn wir fanden uns auf dem Richtplatz wieder. Dorthin hatte uns die Einladung des Präsidenten beordert. Viele Menschen waren dort bei politischen und sonstigen Unruhen erschossen worden. So klopften die Herzen der Mitarbeiter und Zuhörer dann doch ein wenig schneller. Ein Ort, der nach Tod roch. Wieviele Unschuldige oder auch Schuldige mochten hier ihren letzten Atemzug getan haben. Für manche sicher auch der Anfang ewigen Verlorenseins. Vielleicht hat der eine oder die andere dort auch das gefunden, was man Schächergnade nennt, in Erinnerung an den Terroristen, der mit Jesus gekreuzigt wurde und im letzten Moment seinen Erlöser angenommen hatte. Nun war aus dem Todeseingang – jedenfalls für die Zeit, in der wir dort waren, – eine Pforte zum ewigen Leben geöffnet worden.

Und es ging weiter. Nächstes Ziel: die Stadt Sahr. Aber wie dahin kommen? Die deutsche Botschaft in Ndjamena warnte uns vor räuberischen Banden auf der unwegsamen Sandstraße von fast 600 km nach Sarh. Drei Tage vor einem Präsidentenbesuch war sie blockiert und abgesperrt worden. Das ganze Areal von Sarh war zur Sicherheitszone erklärt worden. Der Präsident und seine Minister wohnten im einzigen Hotel dieser Steppenstadt des Baumwollanbaugebietes. Winfried und Friedhelm wurden kurzerhand für die Zeit des Präsidentenbesuchs aus ihrem Hotelzimmer in die Garage des Hotels verlegt, da nicht genug Betten für die Regierungsbeamten im Hotel vorhanden waren.

Die Begegnung des Staatsoberhauptes mit der Bevölkerung hatte eine gespannte Atmosphäre, endete aber in friedlicher Übereinstimmung. Während des Staatsbesuches herrschte Ausgangsverbot in der Stadt, und wir durften auch erst nach der Abfahrt des Präsidenten unsere Evangelisationsausrüstung einen Tag vor Beginn auf dem Platz aufbauen, wo Stunden vorher der Präsident seine Ansprache an das Volk gerichtet hatte. Nachdem der Konvoi des Präsidenten auf der staubigen Aschenbahn des Flughafens abgeflogen war, kam Reinhard Bonnke mit seinem Team im sich noch setzenden Staub auf den Flughafen in einem kleinen Flugzeug an.

In den fünfziger Jahren hatte es dort Pogrome zwischen Christen und Moslems gegeben, die noch in aller Erinnerung waren, die das miterlebt bzw. davon gehört hatten.
Das hatte uns gerade noch gefehlt. Noch einmal Kano? Sollte uns das wirklich bevorstehen? – Der geplante Großeinsatz von CfaN könnte ein Beitrag zur Versöhnung sein. Es mußten endlich Brükken gebaut werden von Herz zu Herz. Wenn Gott hier nicht ein Wunder tut, könnten noch bestehende Chancen endgültig zerstört werden. Hundert natürliche Brücken über Ströme und Schluchten wären leichter zu reparieren als zerstörte Brücken zwischen den Herzen. Aber gerade das war hier nötig.

Verschwundene Wege

Es ging auf eine längere Reise. Ziel: Dakar, die Hauptstadt von Senegal. Wir kannten die Strecke schon aus früheren Zeiten. Da waren wir mit dem „Messenger“ unterwegs gewesen. Gewisse Erinnerungen verleiteten uns zu der Annahme, auf gleichen Wegen, Straßen und Flüssen ans Ziel zu kommen, und das mit möglichst geringen Zeitaufwand. Aber wie so oft: 145 km nördlich von

Bamako nach guter afrikanischer Straße, wohlgemerkt, afrikanischer Straße, war plötzlich Endstation. Dichter Dschungel vor uns zeigte: die Straße ist zuende. Es hieß also überlegen, kombinieren und vor allem Glauben investieren. Vielleicht ist es ja nur eine pannenartige Zwischenstation, eine Insel des Chaos im Walde, bevor die Straße weitergeht. Also auf Glück und Gottvertrauen steuere ich den guten, alten Iveco in den Dschungel, um die Lage zu eruieren. Einfach so hinein in das Dickicht mit all seinen unheimlichen Überraschungen. Das Konzert der Tiere, Affen, Grillen und tropischen Vögel, mischte sich zu einer modernen Sinfonie. Das Dunkelgrün der Bäume, Sträucher, einer urweltlich wirkenden Pflanzenwelt, die Möglichkeit unangenehmen Zeitgenossen zu begegnen und plötzlich für immer verschollen zu sein, ließen einen Eintopf der Gefühle aufkochen: Angst, Wachsamkeit, veredelt durch Glauben und intensives Gebet.

All das dauerte nicht zu lange, denn bald war klar: hier gibt's keine Straße mehr. Was vor einem Jahrzehnt noch Realität war, hatte sich geändert. In meinen Gedanken war die Straße zwar noch real, aber die Wirklichkeit zeigte: hier geht es nicht weiter. Also wenden und zurück. Ein Gedanke kommt mir dabei. Viele, die Jahrzehnte nach Krieg und Flucht wieder ihre Heimatorte besuchen konnten, fanden sich nicht mehr zurecht. Die Erinnerungen wurden weggespült von der Wirklichkeit. Man kann also im Dschungel Afrikas und in der modernen Welt Europas gleiche Erfahrungen machen.

Für mich hieß es also, andere Wege zu suchen. Wenn keine Straße da ist, muß man sich selbst eine schaffen. Da irgendwo schien der Anfang einer Schneise zu sein. Also nichts als hinein. Aber es war wieder nichts! Das alles spielte sich nicht in großer Einsamkeit ab. Im Gegenteil. Überall begegnete ich Menschen, denen ich meine Probleme irgendwie verständlich machen konnte. Hatte man dann mal das Gefühl, jetzt scheint es zu klappen, um dann z.B. zu erleben wie Fahrzeuge und Menschen im Treibsand versinken, kann man schon den Mut verlieren. Bald war mir klar, so kommt der LKW nicht weiter. Also gab ich den Versuch, auf Straßenwegen das Ziel zu erreichen, auf. Die Großevangelisation in Dakar war zum Glück noch einige Tage hin. Mit meinem Iveco bin ich also die bekannte Strecke nach Bamako gefahren, um dort neue Pläne zu machen und um den Ausweg aus der Sackgasse zu finden. Wichtig war übrigens, auch in Bamako gibt es eine Gemeinde der „Assemblies of God", wo ich Station machen konnte und in Ruhe neu planen wollte. Außerdem war die Sehnsucht und Aussicht auf einen schönen Gottesdienst in einer guten Gemeinde mit einer glaubensstärkenden Predigt. Vielleicht muß man erst in solche Situationen kommen und unter solchen Ausnahmesituationen dem Herrn dienen, um den Wert der geistlichen Gaben richtig einschätzen zu können.

„Fahr lieber mit der Bahn"

Wenn sich kein natürlicher Ausweg mehr öffnet, schaut man schneller und gläubiger nach oben, in Richtung Thron Gottes. Der sieht und weiß mehr. Und so kam es auch. Allerdings anders, als ich erwartet und geglaubt hatte. Ich erlebte Gott in dieser Gemeinde so, wie es Reinhold Ulonska einmal formuliert hatte, „im Angesicht meines Bruders". Nicht nur ganz allgemein gesprochen, sondern konkret im Angesicht eines bestimmten Bruders. Der war vor Jahren mit mir auf der Bibelschule „Beröa" im jetzt fernen Deutschland gewesen. Nachdem Michel und ich uns in den Armen gelegen hatten, nach dem „Wie kommst du denn hierher?" und allem, was so eine Überraschungsbegegnung mit sich bringt, klagte ich ihm mein Leid. Menschlich sieht es aus, als wenn aus dem geplanten Ziel von Reinhard Bonnke in Dakar nichts wird. Es gibt eben keine Straßen und Wege, die realistisch als Transportweg für die riesige technische Ausrüstung in Frage kommen. Was machen? Michel müßte sich da doch auskennen. Und dann verblüffte sein Rat mich doch. – Etwas, was mir in Afrika an und für sich noch nie in den Sinn gekommen war, geschweige denn als Möglichkeit einer praktischen Lösung für schwierige Transportprobleme geeignet erschien, wurde nun Realität. „Fahr lieber mit der Bahn!" – Na, wie sollte das wohl gehen?

Bahnfahrer in unseren Breiten schimpfen ja oft über die Unzulänglichkeit des Schienenverkehrs. Verspätungen, Zugausfälle, Witterungsumbrüche, unfreundliche Mitarbeiter usw. verleiden manchen das „Zug fahren". Die sollten mal nach Afrika gekommen sein, besonders, wenn es um einen großen Gütertransport geht, der zudem auch noch pünktlich ein bestimmtes Ziel erreichen soll. Ich brauchte für unsere Ausrüstung drei Waggons. Wo und wie bekommen wir die? Michel arrangierte ein Treffen mit dem Chef der Eisenbahngesellschaft in Mali.

Aber auch hier verhöhnte die Alltagspraxis immer wieder die meist bestgemeinte Theorie. In diesen Tagen bin ich zwischen Bamakos Zoll und Agenturen hin und her gefahren, daß der Zeit- und Motivationsfrust immer größer wurde. Für alle notwendigen Genehmigungen aller möglichen – oft handaufhaltenden – Institutionen bedurfte es insgesamt 40 (tatsächlich vierzig) Stempel. Und keiner vergaß immer wieder zu betonen, daß das alles eigentlich völlig unmöglich sei. Zumal ja auch andere gewichtige Interessen im Spiel waren. Es genügte schon, daß irgendein Präsident unterwegs war und somit gewisse Strecken gesperrt waren, was auch in unserem Fall geschah. So stellte sich heraus, daß statt der versprochenen und notwendigen drei Waggons nur ein einziger zur Verfügung stand. Die anderen waren angeblich auf der anderen Strecke entgleist. Das Heranschaffen und Eingliedern auch nur des einen Wagen in unseren Zug würde viel Zeit in Anspruch nehmen. Ich überlegte blitzschnell. Einen Waggon hatten wir. Also erst einmal den Container darauf unterbringen. Ich mußte also dafür sorgen, daß das alles funktionierte. Und schon kam das nächste Problem: Unser Waggon sollte als letzter an den Zug angekoppelt werden. Und das paßte überhaupt nicht ins Konzept und in den Zeitplan. Die Gleiskörperverhältnisse in diesem Teil Afrikas bringen es mit sich, daß es hinten schlingert. Das ist zwar überall so, aber in Afrika kann es sehr schnell passieren, daß man aus den Schienen herausgeschlingert wird. Der Waggon entgleist und verrottet schlimmstenfalls in irgend einem Fluß oder Graben oder im Unterholz des Dschungels. Relative Sicherheit bietet nur der Platz direkt hinter der Lokomotive. Also reden, beten und verhandeln. Und man muß sagen, der Herr hat uns geholfen. Unser Waggon kam direkt hinter die Lokomotive. Endlich konnte ich zwei meiner einheimischen Mitarbeiter rufen, um den Waggon nach Dakar zu begleiten. Bei meiner Ankunft in Dakar erfuhr ich, daß unser Waggon bis ans Ziel in Senegal durchgekommen war, weil unsere Mitarbeiter unterwegs eine große Reparatur an den Bremsen unseres Waggons durchführen konnten. Fast wäre er sonst an der Grenze auf dem Abstellgleis abgehängt worden. Dieser war der letzte Zug, der Mali in Richtung Senegal in den nächsten drei Wochen verließ, da der Beladekran einem technischen Defekt erlag und nichts mehr be- und entladen werden konnte.

Nach der Evangelisation in Dakar wurde der Container zum zweiten Mal per Bahn verladen. Auf der Rückfahrt entgleisten die letzten 16 Waggons, wobei unser Container auf dem vorletzten Waggon war, der unbeirrt auf den Gleisen stehen blieb und mit unseren Mitarbeitern heil und unversehrt in Mali wieder eintraf.

Drei Träume und ihre Erfüllung

Im Dezember 1995 sollte noch eine Großevangelisation in Guinea–Bissau stattfinden. Die technischen, klimatischen und zeitlichen Voraussetzungen ließen erwarten, daß diesmal alles recht problemlos ablaufen würde. Unsere jahrelangen Erfahrungen im Umgang mit Menschen und Natur hatten uns zu Routiniers gemacht. Auch alle zu erwartenden Tücken konnten einkalkuliert werden. Natürlich hatten wir uns auch – was in der Arbeit immer besonders wichtig war, – vorinformiert. Alle Zeichen standen auf „grün". Es würde wohl mal eine außergewöhnlich ruhige Reise werden. Alle Wege seien in Ordnung, meldete auch mein Cousin Friedhelm. Von Mali nach Guinea–Bissau; fast eine Erholungsreise. Auch über die Flüsse und Ströme waren wir dann glatt gekommen. Drei Fähren hatten gute Dienste getan. Vom mächtigen Strom, der Nigeria den Namen gegeben hatte, dem Niger, wußten wir, daß er wenig Wasser führte. Die Probleme mit den Sandbänken kannten wir. Das kann man austarieren. Sowas hatten wir schon oft gemacht. In Zeiten relativer Ruhe und Sorglosigkeit, während alle Routinehandgriffe und Vorsorge klappten, werden die Träume lebhafter, vielleicht weil man mehr zur Ruhe kommt? Es heißt nicht nur zufällig in Joel 3, daß bei der Ausgießung des Heiligen Geistes bestimmte Gnadengaben auf bestimmte Personenkreise gebündelt werden sollen.

Vor Beginn dieser für mich dann doch so dramatisch verlaufenen Reise nach Guinea–Bissau hatte ich nämlich mehrere Träume, auch wenn ich vom Lebensalter her nicht zu der älteren Generation gehöre, aber von meiner Stellung und Verantwortung in der CfaN-Crew war ich „Ältester". Also mehrere Träume hatte ich vor dieser Reise, die mich doch sehr bewegten. Sie waren alles andere als sehr ermutigend. Jemand kam im Traum und sagte jedesmal dasselbe: „Ihr werdet eure Ausrüstung verlieren, aber euer Leben behalten!" Noch heute muß man sich fragen: War das nun ein Trost oder eine Warnung? Soll man Verhalten und beabsichtigte und geplante Aktionen von solchen noch dazu wiederholten Träumen abhängig machen? Die Bibel kennt beides. Joseph, der Pflegevater Jesu, die Frau des Pilatus u.a. hörten in ihren Träumen die Stimme Gottes und taten gut daran, ihr zu folgen. Von Joseph im Alten Testament haben wir schon gesprochen. Jeremia warnt vor denen, die statt auf Gottes Wort sich auf ihre Träumereien verlassen. Also was nun? Für uns war klar: die Großevangelisation in Guinea–Bissau will Gott, wie jede andere Evangelisation auch. Es gibt keinen Grund, am Missionsbefehl Jesu, der ja unter allen Umständen gilt, zu zweifeln. Wir fuhren los.

„MR-Telegramm" vom 6.12.1995 – anders als die meisten

Das „Missionsreportage-Telegramm" vom 6. Dezember 1995 war anders als die meisten. Es gab natürlich die üblichen Siegesberichte von der Evangelisationsfront: Gottes Macht in Indonesien wurde in einem packenden Bericht beschrieben. Im Oktober 1995 hatte Reinhard Bonnke dort vor bis zu 150 000 Menschen in einer einzigen Versammlung gepredigt. 20 000 Mitarbeiterinnen und Mitarbeiter nahmen an der Feuerkonferenz teil. Zehntausende kamen in jeder Versammlung nach vorn, um Jesus als ihren Retter anzunehmen. Über drei Seiten nahm das Bild der Menschenmenge ein, die sich bei einem Gottesdienst im Nationalstadion in Jakarta versammelt hatten. Im Editorial erklärte Reinhard Bonnke u.a., warum man mit Evangelisation keinesfalls warten könne, bis Erweckung da sei. Man konnte aus diesem Telegramm auch erfahren, daß Evangelist Brent Regis und seine Frau Susanne (geb. Bonnke) Teil des CfaN-Teams geworden sind.

Was war denn nun also anders an diesem „Telegramm"? Nun, Redaktion und Technik in Frankfurt /Main erinnern sich sehr gut. Während alle meinten, die nötigen Arbeiten seien erledigt und das Blatt könne in Druck gehen, kam aus dem fernen Afrika ein Telefonanruf, der alles veränderte. Terminplanungen und dergleichen konnten zunächst vergessen werden. Die Nachricht von dem, was Winfried Wentland auf dem Weg nach Guinea–Bissau erlebt hatte, mußte ins Blatt. Das neue Titelbild zeigte einmal nicht Menschen, die geheilt waren oder ihr Leben gerade Jesus übergeben hatten, sondern eine LKW Kolonne und eingeborene Mitarbeiter, die offensichtlich schockiert einem Unglück zusahen. Fluß und Gestrüpp bildeten für das ganze einen eindrucksvollen Hintergrund. Quer über die Seite schrie einem die Schlagzeile ins Gesicht: *Dem Tod knapp entronnen!* Und kleiner darunter: Auf dem Weg nach Guinea–Bissau. Zitieren wir, was Reinhard Bonnke schrieb, nachdem er den dramatischen Telefonanruf bekommen hatte:

„Soeben kam ein Anruf aus Afrika mit katastrophalen Neuigkeiten. Winfried Wentland, unser technischer Leiter in Westafrika, der für die CfaN-Einsätze dort verantwortlich ist, war mit den 50 Tonnen Evangelistionsausrüstung auf dem Weg von Mali nach Guinea–Bissau und mußte einen Fluß überqueren. Der Lastwagen wurde mit voller Ladung auf eine Autofähre gefahren, und die Fähre fing an zu sinken. Winfried sprang in die Fahrerkabine und setzte zurück. Der Lastwagen stand nun zwei Meter im Wasser. Alles, was mit Muskelkraft bewegt werden konnte, wurde entladen. Übrig blieben der Stromgenerator und die Lichtmasten, die nur mit Hilfe eines Gabelstaplers entladen werden können. Bei den Bergungsarbeiten zog ein anderer Laster unseren über eine Seilwinde die Böschung hoch, als plötzlich das Stahlseil riß. Unser Lastwagen, mit Winfried im Fahrerhaus, raste wieder ins Wasser – aber dieses mal richtig, bis auf den Grund, acht Meter tief! Winfried berichtete: „Während der Wagen ins Wasser raste und ich nicht genug Luftdruck zum Bremsen hatte, öffnete ich das Seitenfenster und wollte herausspringen, aber die hereinstürzenden Wassermassen drückten mich zurück. Unten in acht Metern Tiefe war alles stockdunkel, und ich wußte nicht was oben und unten war.“ Unsere anderen Team-Brüder sahen zuerst Winfrieds Mütze an der Oberfläche, und kurz darauf ihn. Es muß ein Engel Gottes gewesen sein, der ihm vor dem sicheren Tod bewahrt hat. Er war mit einigen Schnittwunden davongekommen. Vor dieser Reise hatte Winfried dreimal denselben Traum, in dem ihm gesagt wurde, daß wir unsere Ausrüstung verlieren würden, aber niemand zu Tode käme. Er rief uns in Frankfurt an, und wir haben besondere Fürbitte getan. Doch gibt es für uns kein Zurück. Das Evangelium muß verkündigt werden!

Ich wurde unwillkürlich an Jona erinnert, den der Herr damals aus dem Bauch des großen Fisches rettete! Dankbar sind wir auch, daß die Ladung größtenteils unbeschädigt blieb. Allerdings ist unser wertvoller Generator untergegangen. Wir mußten für den Weitertransport zwei Lastwagen mieten, damit die Evangelisation in Guinea–Bissau wie geplant stattfinden konnte."

Und so erlebte und schildert es Winfried selbst:

Als ich unter schlammigen Wasser wegen der absoluten Dunkelheit alle Orientierung verloren hatte und möglicherweise in Sekunden vor meinem Gott stehen würde, schien die Ewigkeit für Bruchteile von Sekunden über mich hereinzubrechen. Meine Familie und Freunde, der große Auftrag, unsere kostbaren Missionsausrüstungen: Bald für immer Vergangenheit? Aber da waren doch die Träume: Ihre Kernbotschaft war jedes Mal die gleiche: Das Leben bleibt! Ja, wie nun? Das Leben bleibt! Das gilt doch so oder so. Wer ewiges Leben aus Gott hat, steht unter diesem Wort, *„der wird leben ob er gleich stürbe."* Aber um das zu wissen, braucht es doch keine speziellen Träume. Das ist Grundwissen jedes Christen. Wäre ich sonst auf der Bibelschule gewesen? Wären Offizierslaufbahn und Stewardessenglamour sonst aufgegeben worden, um als Familie dem Herrn zu folgen? Also bleibt die Konsequenz, daß meine Träume vor dieser Reise und ihre Botschaft sich auf das momentane physische Leben bezogen haben. Ich durchlebte diese Sekunden als Schrecken ohne Panik und Hysterie. Zeitgefühl und ähnliches, das sonst so eine große Bedeutung für den Ablauf unserer Tage hat, war nicht mehr vorhanden.

Da, plötzlich Licht. Im letzten Moment durchbrach ich die Wasseroberfläche. Das Zeitgefühl, die reale Welt Afrikas, waren wieder da. Terminvorstellungen ordneten sich, die Arbeit und Verantwortung setzten wieder ein, der Stromausfall war beendet. Der CfaN-Mitarbeiter Winfried Wentland hatte auch diesmal alles im Griff. Und er bemerkte sofort, daß da irgendwas nicht stimmte. Räuber hatten sich eingefunden. Sie versuchten den PKW zu plündern. Wie die Geier den Geruch des Todes wahrnehmen, so waren die menschlichen Geier auch da. Aber auch diesmal hatte der Tod, wie so oft, verloren. Der Geruch zum Leben verscheuchte auch die Geier ohne Flügel. Man kann über die Erfahrungen dieses Tages wirklich nur eine Überschrift setzen, die zugleich auch Ausrufezeichen ist. *„Tod, wo ist dein Stachel? Hölle, wo ist dein Sieg?“* Fünf Wochen nach diesem traumatischen Untergang wurde der LkW und die restliche Ausrüstung fast unversehrt aus dem Fluß geborgen.

Der Missionsalltag war wieder eingekehrt: Kampf mit Naturgewalten, verschüttete Landstraßen, Tücken der Technik, Tükken der Menschen, nicht immer sofort funktionierende Telefongespräche, um zu hören, ob es der Familie in Lagos einigermaßen gut geht. Nach meiner Todeserfahrung hatte der Alltag ganz neue Farben bekommen, wenn man es mal mit einem Kunstwerk vergleichen möchte. Das Gold der Dankbarkeit versah alles mit einem milden Glanz. Wir waren immer noch jung, gesund und wußten uns in einer herrlichen Berufung. Gebet, Gottes Wort und die persönlichen Begegnungen im Lobpreis waren wie die Juwelen in einem grauen Alltagsleben Afrikas.

Doch zurück zum Nachspiel der Bewahrung, die wir alle erfahren hatten. In Conakry, der Hauptstadt Guineas hatte sich ein islamischer Kongreß versammelt. Wieder einmal gab es Alarmbereitschaft. Man hatte Angst, daß islamische Fundamentalisten Terror machen würden. So waren die Grenzen mal wieder geschlossen worden. Wegen der Teilnahme des gemäßigten ägyptischen Präsidenten Mubarak war höchste Alarmstufe gegeben worden. Sollte etwa wegen aller dieser Hindernisse auch die Tür für das Evangelium geschlossen sein? Es hieß also zunächst einmal wieder warten und nochmals warten.

Und wieder hatte der Herr längst alles geordnet. Der Sohn des Polizeikommissars begegnete uns. Den kannten wir. Seine Schwester war die Frau des Botschafters von Guinea in Guinea–Bissau. Und trotz der hermetischen Grenzsperren gab es genug Schlupflöcher. Auf Sonderstraßen und unter persönlicher Bewachung des Kommissars und weiterer zehn Gendarmerieoffiziere kamen wir ins Land, in das wir wollten.

Zeichen und Wunder in jedem Dorf durch Video

1989 begannen wir so ganz nebenbei mit der Vervielfältigung von Predigten von Reinhard Bonnke auf Video. Wir hatten zwei Videorekorder am Anfang, die rund um die Uhr duplizierten. Für jeden erschwinglich wurde so die Gute Nachricht von Jesus per Video in die entlegensten Dörfer gebracht. Wir ahnten noch gar nicht, welch ein Ausmaß das annehmen sollte. Innerhalb von fünf Jahren verdoppelten wir jährlich unseren Verkauf und brachten so über 100.000 Videos von den Predigten und Wundern Gottes unter das Volk. Inzwischen war ein ganzes Büro entstanden mit vielen Geräten und Mitarbeitern. Wir hörten immer wieder von Zeugnissen und Heilungswundern, die nach dem Empfangen der Video-Botschaft geschahen. Ein Geschäftsmann aus Lagos berichtete uns von der völligen Heilung seiner gelähmten Frau nachdem sie die Botschaft per Video gehört hatte und auch der Heilung seiner Schwiegermutter, die zuvor an Gicht gelitten hatte.

Audiokassetten und zehntausende von Büchern wurden direkt aus unserem Haus in Lagos an jeden der kam verkauft, oder auch teilweise verschenkt. So wurden Unzählige mit dem Evangelium von Jesus Christus erreicht, auch in die Nachbarländer hinein. Später wurden Supermärkte und Geschäfte sowie Großhändler in Nigeria von uns beliefert, damit diese Botschaften möglichst vielen Menschen zuteil wurden. Fernseher und Videogeräte sind inzwischen in ganz Afrika sehr verbreitet.

Abschied und Neubeginn

Im April 1994 ging mein Schwiegervater Siegfried Goetz in die Ewigkeit. Ein Leben im Dienst des Herrn war vollendet. Sollte das etwa für mein eigenes Leben, für meine eigene Berufung ein Signal sein? Ich konnte mir eigentlich überhaupt nicht vorstellen, daß es ein „Zurück“ nach Deutschland geben könne. „Africa forever“ war so etwas wie eine Lebenslosung für mich persönlich geworden. Weiter oben hatte ich schon erwähnt, daß das für Gaby etwas anders aussah. Sie hatte bei unserer Ankunft in Nigeria unmißverständlich zu verstehen gegeben: Hier bleiben wir keine zwei Jahre! Es wurden dann immerhin doch noch fast zehn Jahre.

Aber der Heimgang meines Schwiegervaters war doch ein Signal. Bremse und Gashebel zugleich. Weichen mußten geprüft und möglicherweise neu gestellt werden. Der Ruf, Pastor einer Gemeinde in Norddeutschland zu werden, drang immer mehr durch – aber der CfaN-Dienst in Afrika war ja keinesfalls beendet. Nur der Zeitpunkt für unsere Rückkehr war noch nicht klar. Deutschland rief, aber die Arbeit in Afrika war brisanter als je zuvor. Zu viele Jahre an Erfahrungen lagen hinter uns, wir wollten sie weiterhin in das Werk des Herrn investieren. Sollte es womöglich eine ganz neue Variante unserer Zukunft geben?

Im Oktober 1994 hatten wir eine Großevangelisation im Tschad. Da war Gelegenheit, auch mit der Missionsleitung über die Fragen zu sprechen und zu beten. Eine göttliche Lösung öffnete sich. Man kann das eine tun und das andere nicht lassen. Reinhard Bonnke hatte die Antwort: Koordination zwischen Afrika und der zukünftigen Gemeinde in Deutschland. Es gab keinen Zweifel: Viele Aufgaben konnten in Afrika direkt gelöst werden. Da waren genug treue Brüder, Schwestern und Gemeinden, denen man Verantwortung übertragen konnte. Wir leben schließlich an der Jahrtausendwende. Sollen Errungenschaften der Technik, der Telekommunikation, moderne Verkehrsverhältnisse nicht optimal genutzt werden? Als Ratgeber und gelegentlicher Direkteingreifer konnte Winfried immer noch das Potential seiner Erfahrungen und seines Engagements einbringen, die vielen Kontakte und Vertrauensverhältnisse ausbauen, damit Afrika im Blut Jesu gewaschen sein könne, wie es ja der Vision des Dienstes von Reinhard Bonnke entspricht. Ein wichtiger Beweis, daß es im Willen Gottes war, lieferte auch die Gemeinde in Neugraben, die die Wentlands gern als Pastorenehepaar empfingen. Sie war mit allem einverstanden.

Sahara

1. Mai **1980**

Gaby Wentland in der Wüste Sahara

Bobo

Burkina Faso

April 1991

Idylische Wasserszene am Fluß in Bangui, Zentralafrika

Durch Dammbruch eingestürze Brücke in Tschad, 1994

Brückenbau in Kamerun

Inspektion einer zentralafrikanischen Brücke

Brücken

Wasserfreude in Westafrika

Die Enkelin

Emmi Goetz war zu ihrer Zeit nicht unumstritten. Ihre Dienste und Seelsorge an belasteten Menschen sind weit über den norddeutschen Rahmen hinaus bekanntgeworden. Viele verdanken „Neugraben" Stabilisierung und Festigung ihres geistlichen und oft auch seelisch-körperlichen Lebens. Es gab auch weniger befriedigende Erfahrungen. Wie auch immer, der Enkelin Gabriele ist das alles nicht schlecht bekommen. Sie konnte in dieser Atmosphäre voll aufblühen. Leicht abgewandelt könnte man Paulus direkt zitieren, 2. Tim.1,3-5: *„Der Glaube, der in der Großmutter, der Mutter und nun auch in dir wohnte und wohnt."* Statt Timotheus steht nun Gaby vor uns. Der achtzehnjährige schlanke, blonde Teenager hatte offensichtlich sehr klare Vorstellungen vom Leben. Und so beginnt die Romanze mit dem Pastorensohn und künftigen Offiziersanwärter Winfried. Der Weg schien zunächst in eine ganz andere Richtung zu gehen. Beim Anblick einer schmucken Lufthansa-Stewardeß, das war Gaby nämlich geworden, denkt man eigentlich nicht an Mission, Entbehrung und Verzicht. Gaby wußte sich aber von Gott berufen, leidenden Menschen zu helfen, nicht nur, daß sie Jesus als Erlöser kennenlernen, sondern auch als Arzt. Sie war überzeugt, Gott kann mehr als die Chirurgen. Die Entscheidung, einen Missionar zu heiraten, war für sie die logische Folge des Rufes Gottes. Heute sagt sie: „Es war die beste Entscheidung meines Lebens." Auf die Frage: Hattest du eine geradezu zwingende Stimme gehört?, hat sie ein klares „Nein. Es war ein kristallklarer Gedanke, der zu einer Schau wurde."

Allerdings: Ihre „Sehnsucht nach Afrika" war nur bedingt. Das hat sie sehr schnell deutlich gemacht. Ganz klar waren ihre Vorstellungen: So lange wie nötig und möglich gehe ich an der Seite meines Mannes mit und schrecke vor nichts zurück. Aber genau so klar war für sie auch ihre Rückkehr in die Heimat. Ohne Frage eine recht vorgezeichnete Wegführung, die sich bestätigen sollte.

Ein Afrikaner - Zehn Deutsche

Winfried war von der Not Afrikas erschüttert und ergriffen. Die Aufgabe, die ihnen dort gestellt war: ein und auch zwei Menschenleben schienen nicht auszureichen, sie auch nur annähernd zu erfüllen. Gaby sah ihren Weg zwar auch klar vor sich, aber nur bis zur „nächsten Ecke". Und sie erwartete auch nicht, „um die Ecke" schauen zu können. Der Herr würde dann schon Licht durch sein Wort und seinen Geist geben, wie es weiter gehen soll. Sie hatte sich einen Gebetsleitfaden geschaffen, den sie auch nie aus der Hand gegeben hat: Auf jeden durch unseren Dienst geretteten Afrikaner möchten wir zehn Deutsche gerettet sehen. – Verständlich, wenn man bedenkt, daß unser Land, ja sogar unser Kontinent, räumlich gesehen gegenüber Afrika ein Nichts zu sein scheint, in dem die Massen der Namenschristen und Atheisten sich drängen und gegenseitig auf die Füße zu treten scheinen.

Ein Zauberer kehrt um

Hier ein Auszug aus einer „Missions-Reportage" von 1991: „Im November folgte eine weitere außergewöhnliche Evangelisation in der nigerianischen Stadt Ilorin. Die 500 000 Einwohner waren, wie verlautet, zu 80 Prozent Moslems. Wenn alle Christen der Stadt an einer Versammlung teilnehmen würden, so sagte man uns, könnten wir auf bis zu 20 000 Besucher hoffen! Doch, siehe da, es waren zehnmal so viele, die bei einem einzigen Gottesdienst zusammenkamen! Der Vorsitzende des Feldzugkomitees erklärte uns, daß die Moslems „scharenweise" herbeiströmen – und sie bekehrten sich auch wirklich „scharenweise"! Ein stadtbekannter Zauberdoktor übergab sein Leben Jesus und verbrannte öffentlich alle seine Zaubergegenstände."

Dieser Mann kam uns noch des öfteren besuchen und holte Evangelisationsmaterial aus unserem Lagos-Büro für seine eigenen Evangelisationen in Illorin und Umgebung. Seine Kollegen aus der Zauberei waren geschockt über seine Entscheidung, mußten aber erkennen, daß seine Bekehrung von Dauer war und er als ein Evangelist stadtbekannt wurde.

22.000 Volt, Stromausfall, Wunder

Schalten wir zurück in die Anfänge des Dienstes von Gaby und Winfried. Sie waren noch in Südafrika stationiert. Hauptaufgabe: Betreuung der Missionszelte und Evangelisationszüge als Zeltmeister.

Eine Evangelisation in einem Gebiet, das besonders von Zauberern und okkulten Mächten beherrscht war, war beendet. Sie hatten oft erlebt, wie die Menschen Utensilien verbrannt haben, die in irgend einem Zusammenhang mit Okkultismus, Aberglauben und ähnlichen Ritualen aus ihrem heidnischen Religionsvorstellungen zu tun hatten. In vielen Teilen Afrikas kann man das immer noch als Normalzustand bezeichnen. Winfried arbeitet also an einem Kran, den sie brauchten, um die imposante Zeltausrüstung auf- und auch wieder abbauen zu können. Plötzlich erschallt ein markerschütternder Schrei und übertönt sogar den Lärm der Abbauarbeiten: Gaby!!! „Ich fahre zusammen. Etwas furchtbares muß passiert sein. Und da bemerkte ich in all dem Getümmel etwas, was mich auch fast zum Schreien gebracht hätte. Das Bündel, das da herumzuliegen scheint, ist mein geliebter Mann. O, mein Gott! Er war tatsächlich in den Starkstromkreis geraten. Man kennt ja weltweit die Warnschilder. Meist zeigen sie einen Blitz und einen Totenkopf. Wer da in die Hochspannung gerät, ist unwiderruflich verloren. Und genau das ist soeben Winfried passiert. 22 000 Volt hatten ihn einerseits erschlagen und andererseits selbst zu einem Todesrisiko gemacht für alle, die ihn berühren wollten. Und genau das wäre doch für mich als seine Frau das Selbstverständlichste von der Welt gewesen. Aber ich riß mich zusammen. Mein Mann lag im Stromfeld.

Mit Holzlatten mußte Winfried aus dem Todeskreislauf herausgezogen werden. Langsam und vorsichtig, wie irgendein verdächtiges Gepäckstück. Und dann nahm ich allen Glauben zusammen und gebot den Mächten der Finsternis: Im Namen Jesu! Und das Wunder geschah. Winfried stand benommen und langsam auf. Er war dem Tode entronnen. Als Winfried sich selbst äußern kann, wird es fast unheimlich. Das Ereignis, das uns alle so schockiert und mitgenommen hatte, weil wir die Mächte der Finsternis schmerzvoll und peinigend erlebt hatten, hinterließ bei ihm „nur“ eine Gedächtnislücke. Er war halt bewußtlos. Allerdings: Die Spuren an seinen Händen waren Zeugnisse, deren Beweiskraft er nicht ausweichen konnte. Bis auf die bloßen Knochen reichten die Wunden. Er wäre, wenn nichts geschehen wäre, buchstäblich zu Tode gegrillt worden. Aber Gott hatte seinen Knecht aus dieser Grube herausgezogen.“ Man kann – auch heute im nachhinein – von einem Wunder reden. Fast eine Erweckung aus dem Totenreich, die durch das Glaubensgebet Gabys Wirklichkeit wurde. Welche elektrischen Kräfte durch diesen Unfall ausgelöst wurden, stellte sich bald heraus: Überall in der Umgebung gab es Stromausfall. Bereits drei Wochen nach diesem Unfall hielt Winfried das Lenkrad im LKW fest im Griff. Seine Verbrennungen dritten Grades an beiden Händen heilten so schnell und gut, daß man keine bleibenden Schäden feststellen kann.

Malaria

Jeder weiß, daß es in Afrika viele unheimliche, wilde Riesentiere gibt. Wir sehen Löwen, Elefanten, Giraffen usw. Man vergißt dabei oft, daß die kleinen Tiere manchmal gefährlicher sein können. Da wäre z.B. die Anophelesmücke, die Erregerin der Malaria. Wehe dem, den ihr Stich trifft. Das Delirium, die ungebändigten Fieberausbrüche Malariakranker sind immer noch lebensbedrohend. Erst vor kurzem lag ein deutscher Minister wochenlang nach einer Malariainfektion im Koma. Aber nun hat es uns getroffen. Winfried wurde in Lagos an einem Abend übel. Auch Simon, unser damals sechsjähriger Sohn, blieb nicht verschont. Ganz schnell eskalierte die Übelkeit zum Delirium. Auch als medizinische Laien konnten wir die Diagnose ganz schnell stellen: Malaria! Eine verzweifelte Suche nach einem Arzt begann. Wir waren ja in Lagos nicht daheim, also wußten wir selber keinen. Irgendwie gelang es, an die Adresse der deutschen Schule zu kommen. Wenigstens etwas! Dort verwies man auf eine Adresse einer deutschen Ärztin in Apapa. Diese Ärztin erkannte die Gefahr in der die beiden schwebten und kam sofort mit nach Ejigbo, einem Vorort von Lagos, wo unser Haus stand. Simon lag bereits im Delirium, es fehlte nicht viel und er wäre gestorben. Mit einer fiebersenkenden Lösung und viel Eis aus dem Gefrierschrank gelang es uns den kleinen, fiebrigen Körper zu kühlen. Er erwachte auch bald darauf aus seinem Zustand und schien über den Berg zu sein. Winfried lag zwar mit großen Schmerzen und hoher Temperatur im Bett, aber er war ja ein durchtrainierter Mann, der mit Hilfe einer Spritze diesen Anfall überstehen sollte. Doch weit gefehlt: Der kurze Aufenthalt in einer guten Klinik, der eigentlich nur zur Beobachtung stattfand, wurde zu einem Kampf auf Leben und Tod. Neun Tage und Nächte wurde Winfried mit frisch importierten Medikamenten versorgt, und sechs Ärzte kämpften um sein Leben und ihr Ansehen. Am neunten Tag kam die Nachricht, es ist alles umsonst gewesen, die Blutwerte haben ein weiteres Leben unmöglich gemacht. Sogar ein arrangierter Flug in letzter Minute nach Deutschland wurde durch die Unberechenbarkeit eines Virus zerstört. Jetzt blieb nur noch die letzte Hoffnung eines Wunders, für das wir gebetet hatten.

Der große Chef hat eingegriffen

Die Nacht war zu kurz, um Ruhe zu finden. Ein Läuten an der Haustür in der frühen Morgenstunde schreckte Gaby aus dem Schlaf. Ein schwarzer, amerikanischer Missionar, der erst wenige Tage in der Stadt war , stand vor der Tür. Er hätte in dieser Nacht für ein Missionsehepaar beten müssen, die in Todesgefahr seien, berichtete er. Als ein Pastor ihm den Weg zeigte zu unserem Haus, sei er sicher geworden, daß Gott eingegriffen hätte. Für Gaby und die Kinder eine große Ermutigung, wußten sie doch zu diesem Zeitpunkt noch nichts von Winfrieds Begegnung mit seinem großen Chef.

Sie hatte aufgehört die Fahrten zu zählen ins 25 km entfernte Hospital. Aber an diesem Morgen fand sie Winfried nicht wie üblich im Bett, im Delirium oder bewußtlos. Er saß im Bad und versorgte sich dort. Alle Infusionen , die der Arzt in den vergangenen Tagen gelegt hatte, hatte Winfried sich am Morgen aus den Armen gezogen. Das Fieber von fast 42 Grad am späten Abend war auf Normaltemperatur 36,6 Grad gefallen. Die große Visite der Ärzte sollte gleich stattfinden. Als der Oberarzt Winfried untersucht hatte, stellte er fest: „Da hat der große Chef eingegriffen!" Noch am gleichen Tag verließ er das Krankenhaus und konnte zur nächsten Evangelisation in Ghana wieder dabei sein. Gott hatte die Familie und damit ihr Werk nicht verlassen. Es konnte – versehen mit einer neuen großen Glaubens- und Geduldserfahrung – weitergehen. Ähnliche Glaubenserfahrungen haben wir übrigens – wenn auch nicht immer mit der gleichen Dramatik – oft erlebt. Jesus ist Sieger!

1990 war eine Großevangelisation in Kaduna / Nigeria. John Darku war der Leiter. Gaby leitete die Gebetsdienste in Vertretung für Suzette Hattingh. Dies war auch sonst neben all den anderen Tätigkeiten eine ihrer Aufgaben. Die sogenannte Intercession, der Einsatz der Gebetskämpfer, die „hinter den Kulissen" ununterbrochen den Verkündigungsdienst begleiten. Suzette Hattingh hat mit dieser Initiative viele Jahre den weltweiten CfaN-Einsatz von Reinhard Bonnke und seinem Team unterstützt. Wie einst beim Volk Israel in der Wüste: Josua kämpfte im Tal gegen die Amalekiter. Mose, Aaron und Hur begleiteten mit ihren Gebeten die Kämpfe. Wir wissen, solange sie im Gebet blieben, siegte Israel. Das hat sich gerade auch in den Großevangelisationen bis heute bestätigt. Gaby und ihre Mitstreiter trafen sich auch mittags für eine Stunde in einer Kirche. Dort sammelten sich Leiter aus verschiedenen Gemeinden und Angestellte aus Firmen, die abends keine Zeit zum Gebet hatten. In diesen Versammlungen herrschte ein Geist der Buße und Neuübergabe unter den Gläubigen. Auch für persönliche Sünden der Vergangenheit. Für alles Böse und Destruktive in der Gesellschaft traten die Beter in den Riß. Gaby sagt, hier finden wir letztlich die Wurzeln der mächtigen Volkserweckung, die gerade auch in dieser Stadt ausbrach. Sie erfaßte bezeichnenderweise große Teile der moslemischen Bevölkerung. Es ist fast unglaublich: Bis zu 500 000 Menschen drängten sich in einer Versammlung. Die Einwohnerzahl einer europäischen Großstadt wie etwa Zürich oder Dresden. Die Menschen drängten sich auf dem Pferderennplatz. Die CfaN-Mitarbeiter selbst konnten kaum zur Plattform durchdringen. Mehrere Moscheen in der Stadt wurden geschlossen. Die CfaN-Missions-

Reportage berichtete u.a.: „Es war im Jahr 1987, als die Moslems in der Staat Kaduna plötzlich aggressiv wurden und über hundert Kirchen zerstörten. Schäden in Höhe von etwa zwölf Millionen DM entstanden, aber, was noch viel schlimmer war, neunzehn Christen kamen bei den Unruhen ums Leben. Noch im selben Jahr gab Gott bei einer Veranstaltung der ‚Geschäftsleute des vollen Evangeliums' durch eine prophetische Rede die Verheißung, es werde eine Erweckung in der Stadt ausbrechen, und zwar auf dem riesigen Murtala Muhammed Platz. Kein Mensch konnte zu jener Zeit ahnen, daß Reinhard Bonnke dreieinhalb Jahre später nach Kaduna kommen und genau auf diesem Platz vor einer auf zehn Hektar zusammengedrängten Menschenmenge das Evangelium predigen würde!

Man kann ohne Übertreibung sagen, daß wohl kaum ein Mensch in Kaduna nichts von der Evangelisation wußte. Die vielen außergewöhnlichen Heilungswunder bildeten das Tagesgespräch in der Stadt. Wie ein Lauffeuer verbreiteten sich die, von begeisterten Marktbesuchern weitergegebenen Geschichten, wie Taube, Stumme, Blinde und Krüppel geheilt worden waren."

Hamburg–Neugraben, 1997

Der Kaffee ist kalt geworden. Der Kuchen droht zu vertrocknen. Durch das gekippte Fenster dringt ein Jubelkonzert fast aller bei uns vorstellbaren Vogelarten. Die Nachmittagssonne im Hamburger Süden hat noch nicht die typische Sommerkraft. Es ist ja auch erst Vorfrühling, während wir zusammensitzen, um über Afrika, Nigeria, Lagos und das Leben dort zu sprechen. Man muß es sich immer wieder vorsagen und bestätigen lassen. „Wirklich 500 000

Menschen in einem Gottesdienst?“ Zeichen und Wunder als Normalfall. Auf jeden erretteten Afrikaner sollten ja laut Gaby Wentlands persönlicher Mengenlehre zehn Deutsche kommen. Fünfhunderttausend ergeben dann fünf Millionen. Die Einwohnerschaft fast aller drei größten deutschen Städte – in einer Versammlung. Mir persönlich bleibt bei solchen Überlegungen fast das Blut stocken. „Gaby, wo bleibt das bei uns? Wir beten doch auch intensiv. Buße und Sündenbekenntnis ist vielen unter uns nicht fremd.“

Gaby: „Wahrscheinlich besitzen wir – immer noch – zu vieles auch ohne Gebet. Das gilt für Heilung, materielle Versorgung usw.. In manchen Dingen sind wir gar nicht so sehr darauf angewiesen, Gottes Wort ernst zu nehmen. Aber auch ohne diese besonderen glücklichen Umstände, unter denen wir leben, wir nehmen Gottes Wort nicht ernst genug. Heißt es nicht im 103. Psalm*: Er heilt alle deine Gebrechen?* Nicht alle in derselben Weise und augenblicklich. Aber doch prinzipiell. Wir können von den Menschen in Afrika, die das alles täglich erbeten und erleben, unendlich viel lernen.“ Wenn man das alles so hört, bekommt man im behüteten Deutschland schon fast ein schlechtes Gewissen.

Nie wieder Angst

Gleiten die Missionare in Afrika über die Probleme hinweg? Taumeln sie wie die Schmetterlinge von Blüte zu Blüte göttlicher Verheißungen und saugen Honig des Glaubens? Überqueren sie das finstere Tal des Todes im Luftkissenboot? Gaby schüttet sich aus vor Lachen. Ihre goldblonde Haarpracht wirbelt wie eine Landschaft bei Windstärke 5: „Nein, wir wissen auch, was Angst ist.

Ich war damals ja erst in meinen Zwanzigern. Und so oft unterwegs. Die schon erwähnten Probleme einer afrikanischen Großstadt, die Sorge um unsere Kinder, um Winfried und sein Team. Die Überfälle! Der Dschungel auf den Straßen, wo es sie dann gab, die vielen kleinen und großen Unpäßlichkeiten, das sollte einen nicht in Angst versetzen? Luftkissenbootsfahrten – um im Bild zu bleiben – gab es hier weder gratis noch für viel Geld. Gut, wir hatten unsere Grundversorgung durch die Gemeinde in Neugraben und CfaN. Aber wenn man plötzlich vor unerwarteten Ausgaben stand, was dann? Einmal brauchten wir wirklich ein neues Auto.

Alles was ihr bittet im Gebet

Ich war es satt, immer ein altes Auto reparieren lassen zu müssen, auch wenn mein Mann ein wahrer Autokünstler geworden war. Viel zu oft mußte ich weite Strecken alleine zurücklegen und hatte dabei auch unsere heranwachsenden Kinder als Passagiere dabei. Mein Traum war ein neuer Landcruiser, ein weißer Schlitten, der mit Klimaanlage und vielen nützlichen Extras in jeder Straßenlage unschlagbar war. Außerdem sollte er neu sein, also Reparaturen erst in weiter Ferne brauchen. Mein Gebet war einfach: Herr, ich diene Dir und tue Deinen Willen gerne, aber ich wünsche mir auf Dein Wort hin, einen neuen weißen Landcruiser für unseren Dienst in Afrika.

Landcruiser

Doch die nächste Nachricht kam prompt aus Deutschland von unserer Gemeinde: Wir müssen euer Gehalt ab sofort einstellen, denn es fehlt uns an Geld dafür! Diese Nachricht schien direkt vom Spielverderber zu sein, und der ist bekanntlich ein Lügner. Ich dankte dem Herrn für weitere Zahlungen unseres bescheidenen Gehaltes und den neuen, versprochenen Landcruiser.

Nur eine Woche später, ich flog mal wieder mit günstigem Lufthansaticket nach Hamburg, da sah ich den weißen Wagen beim Toyota-Händler stehen und unterschrieb den Vertrag. Noch war das Geld nicht da, aber ich hatte eine Zusage von Gottes Wort, er hält Seine Zusagen gewiß! Und genau das tat Er: Unbekannte Spender überwiesen Geld auf unser Konto und der Verkauf unseres alten Wagens ergab genau die Summe für den Kauf. Die Verschiffung und vor allem der Zoll in Nigeria waren zwei weitere Wunder in dieser Segenskette: „so ihr glaubet, werdet ihr empfangen!“ Heute rollt dieser Wagen noch immer für eine Missionarin im Niger (und wir besorgen die Ersatzteile für die Reparaturen!).

...und die Furcht?

Ich kann nur sagen: es gibt einen Geist der Furcht und der Angst, der die ohnehin durch menschliche Begrenzung vorhandenen Zustände von Angst, Furcht und Verunsicherung gewissermaßen ergreift, bündelt und zu einer Geißel macht, die wir diesem Geist mit unseren natürlichen Kräften nicht entwinden können. Er wird dann zu einer Art Herrscher, der uns bei jeder passenden Gelegenheit und auch sonst unter seine Knute zwingt. Aber er kann das nur tun, wenn wir es ihm erlauben. Durch die vielen unbekannten, furchteinflößenden Erlebnisse hatte sich Furcht in meinen Gedanken Raum geschaffen. Ich wurde des öfteren von Fieberanfällen und starken Leibschmerzen überfallen und konnte mich vor Schmerz kaum bewegen. Die Ärzte, die ich aufsuchte, konnten keine Krankheiten finden und schließlich wurde mir klar, daß diese Furcht, die ich angenommen hatte, die Ursache war. Eines Tages habe ich Gott um Vergebung gebeten und mich bestimmt und ausdrücklich im Namen Jesu von diesem Geist der Furcht losgesagt. Und ich kann nur zur Ehre Gottes sagen, ich hatte nie wieder wirklich Angst, nicht einmal während der schrecklichen Ereignisse in Kano."

Inzwischen ist die Sonne untergegangen. Die dezente Zimmerbeleuchtung taucht alles in ein mildes Licht, das so gar nicht zu der Stimmung und Dramatik paßt, von der wir reden. Wenn auch über unserem Gespräch ein Geist des Friedens und großer Geborgenheit liegt, entgeht man nicht dem Schauplatz Afrikas. Er scheint zum Greifen nah. Gaby fährt fort: „Es war 1989 in Warri....

Ein großer Evangeliumsfeldzug stand bevor, und wir waren wieder beschäftigt mit den nötigen Gebetsvorbereitungen. Ich war allein, als der Feind zu einem Großangriff ansetzte. Es begann recht undramatisch, wenn man einen Schwächeanfall mit Fieber so bezeichnen will. Ich fühlte mich wie von Eisenringen umklammert, die mir das Gefühl gaben, ich sei am Ersticken. Und dann kamen Horrorvisionen. Die in berühmten Gemälden festgehaltenen Visionen aus der Hölle (H. Bosch, M. Grünewald) schienen harmlos dagegen. Moderne Horrorvideos kenne ich ja nicht. Ich sah wüst und gräßlich aussehende Hunde, die dabei waren, meinen geliebten Mann, Winfried, zu zerfleischen. Ein wahres Pandämonium aus der Hölle. Es war, als stünde ich mitten drin im Inferno. Aber mir war völlig klar: dies ist ein direkter Angriff aus der Hölle. So schrie ich zum Herrn – und damit war der Bann auch schon gebrochen. Der ganze Raum war plötzlich erfüllt mit der Harmonie eines tiefen Friedens. Ich fühlte dann die Gegenwart Jesu so deutlich wie nie zuvor. Er sprach zu mir und erklärte, was geschehen war. Jesus erinnerte mich an den Kampf und Sieg auf Golgatha. Die Auferstehung hat den Sieg über Tod und Teufel besiegelt. Jesus ist für alle Ewigkeit unantastbar. Seine Gemeinde blieb und bleibt nun nur noch als möglicherweise verwundbarer Teil des vollbrachten Erlösungswerkes. Sie hat zwar den Heiligen Geist als Schutz, Waffe und Tröster. Dennoch steht sie im Kampf, so wie es der Herr auch selbst erlebt hat. Aber die Tatsache, daß der Krieg entschieden ist, macht die dämonische Welt wütend, und weil sie weiß, daß sie wenig Zeit hat, ist sie in permanenter Panik. Gaby, bleibe in enger Verbindung mit mir, wo du auch gehst und stehst. Du hast dich ein für allemal für mich entschieden. Ich hatte das schon vor Grundlegung der Welt für dich getan.

Ich muß sagen, noch nie habe ich die Gegenwart des Herrn so real erlebt. Er war in mir, um mich herum und auch über mir. Ich konnte dann sofort aufstehen. Fieber und Übelkeit waren verschwunden. Ich hatte den Kampf zwischen Licht und Finsternis buchstäblich miterlebt. Ich wußte: Wir als Familie stehen auf der richtigen Seite. Nie wieder habe ich seitdem Dämonen gesehen und mit ihnen persönlich zu tun gehabt. Und noch eine sehr persönliche Bemerkung: in nun 18 Ehejahren gab es bei uns nie eine Ehekrise. Ich sage das nicht mit Arroganz, es ist einfach eine Tatsache. Auch in dieser Beziehung versuchten und versuchen wir, ein Vorbild zu sein. Gott hat mir einmal klargemacht: Dein Mann ist dir anvertraut. Liebe und behandle ihn als eine kostbare Gabe! – Ich meine, das ist für viele in dieser Zeit so gefährdeten Ehen und Familien ein gutes Rezept."

12 Tage im Januar – Zwischen Furcht und Hoffnung

Eigentlich sollte dieses Buch 1997 erschienen sein. Technische Störungen u.ä. verhinderten das. Wir dachten: Schade. Viele hatten es schon als Weihnachtsgeschenk eingeplant. Jetzt wissen wir: Es fehlte noch ein Kapitel, das dann das Leben im Januar 1998 schrieb.

Es begann mit einem ersten großen Missionseinsatz in Garoua, Nordkamerun. Man könnte sagen: keine besonderen Ereignisse hier – wenn man die Tatsache von Entscheidungen für Jesus, Wunderheilungen, Befreiungen usw. als etwas durchschnittlich normales ansehen will. Nächstes Ziel war das relativ kleine Land Äquatorial-Guinea. 500.000 Einwohner. Überwiegend Steppe und Urwald. Schlechte, meist unpassierbare Straßen. Der ehemals spanischen Kolonie war eine Insel vorgelagert, Malabo. Hier residierte auch Präsident Teodoro Obiang Nguema Mbasog in seinem festungsartigen Regierungspalast. Die einzige Verbindung zum Festland sind Hubschrauber und Flugzeuge. Einen Fährverkehr gibt es seit langem nicht. Unser Ziel war die Küstenstadt Bata mit ca. 70.000 Einwohnern. Normalerweise kann man dort das, was man Straßen nennen könnte, nicht passieren. Es gibt kaum Asphalt. Im Januar aber ist Trockenzeit, und man hat Chancen, nicht im Schlamm zu versinken.

Zunächst glich unsere Reise einer Safari. Fast wie in der Serengeti. Gorillas und ähnliche Geschöpfe aus der Wunderwerkstatt unseres Gottes schauten uns an, sprangen um uns herum und sorgten für genügend Abwechslung. So schien auch diesmal alles zu klappen. Nur noch über die Grenze, aufbauen, und Reinhard Bonnke konnte kommen. Der hatte ganz besondere Tage hinter sich. 1998 – ca. sieben Jahre nach den tragischen Ereignissen in Kano, Nigeria – war der Evangelist wieder Gast in diesem Land. Präsident S. Abacha hatte ihn persönlich eingeladen und mit allen Ehren empfangen. Für das Evangelium hatte sich die Tür wieder geöffnet. Eine Art Schlußstrich war gezogen worden. Für alle – gerade auch die, die dem Inferno 1991 entkommen waren –, ein Sieg Jesu.

Wir hatten nun die Grenze von Äquatorial-Guinea erreicht – und staunten mal wieder. Eigentlich konnte uns ja nichts mehr erschüttern. Aber das hatten wir bisher kaum erlebt: Kein leitender Beamte oder Zöllner war zu finden. Auch keine Polizeiführer oder Offiziere, wie es gerade in Afrika an wichtigen Grenzübergangsstellungen üblich ist. Wer nun denkt, daß wir also sofort durchrauschen konnten, um im Stadion aufzubauen, der hat sich getäuscht. Es gab mehr als genug Leute, die zuständig waren oder sich für zuständig hielten. Die mußten erst zusammengetrommelt werden. Sie mußten aus Bars und ähnlichen „Dienstorten" herausgeholt werden. Doch der Reihe nach.

Dieses kleine Land steckt voller Besonderheiten. Viele sind bewaffnet. Der Ausdruck Anarchie ist nicht zu stark, um die Situation wiederzugeben. 40 Prozent der erwachsenen Bevölkerung scheinen irgend einem Geheimdienst anzugehören. Man bespitzelt und belauert sich gegenseitig. Erinnerungen an Gestapo und Stasi drängen sich auf. Die etwa 300 km vorgelagerte Hauptstadtinsel scheint weiter entfernt als der Mond. Für Intriganten und Hasardeure ein ideales Betätigungsfeld. Ein Netz der Angst und des Mißtrauens schnürt das öffentliche Leben und den Überlebenskampf der Menschen immer mehr zusammen. Man spürt die unheimliche Atmosphäre fast körperlich.

„Es erhob sich ein Aufruhr…“

Die Stimmung in Bata erinnerte an einen Topf Wasser, der, zunächst auf kleiner Flamme kochend, allmählich zum Sieden kommt. Es war ja – wie immer vor Beginn eines großen Evangeliumsfeldzuges – so viel zu tun. Stadion besichtigen, wo immer noch Fußball gespielt wurde. Obwohl die grundsätzlichen Genehmigungen für uns alle erteilt waren, den Aufbau und die Werbung in Angriff nehmen usw., usw. Für das Team eine Routine. Aber hier war alles anders. Unsere Arbeit, Aufhängen der Poster und Banner in der Stadt und im Stadion war begleitet und behindert von Demonstrationen offener Feindseligkeit. Es war klar: Hier wurde das Evangelium zumindest von den führenden Schichten und ihren Vasallen nicht gewünscht.

Ein faszinierender Kontrast: Reinhard Bonnke kam aus Nigeria, wo er vom Präsidenten feierlich empfangen wurde. Der bekehrte Präsident von der Republik Benin hatte seinen Einfluß in diesem Geschehen voll ausgespielt. Fast ehern verschlossene Türen begannen sich wieder für die Frohe Botschaft zu öffnen. Und in Bata dagegen die lähmende Schwüle drückender Feindschaft. Man wurde wirklich an die Berichte aus der Apostelgeschichte erinnert, wo die Ankunft der Verkündiger des Evangeliums von Haß- und Angstausbrüchen der jeweiligen Machthaber begleitet waren.

Gesegneter Anfang trotz Widerstand

Reinhard Bonnke kam also von Douala nach Bata. Wir empfingen ihn als Mitarbeiter wie üblich. Auch er merkte sofort, daß etwas anders ist. Widerstand und Haß schienen sich zu einer hochexplosiven Mischung zusammenzubrauen. Dennoch: Die erste Versammlung startete. 12.000 Menschen drängten sich im Stadion. Nicht schlecht in einer Stadt von 70.000 Einwohnern. Und es zeigte sich: Wenn das Evangelium irgendwo nötig war, dann hier in Bata. Durch die selbst für afrikanische Verhältnisse katastrophalen Bedingungen auf allen Gebieten war Äquatorial-Guinea eine Hochburg aller vorstellbaren Probleme in menschlicher, sozialer und natürlich auch religiöser Beziehung. Zauberei, Okkultismus und Angst beherrschten das Leben der Menschen. Ritualmorde waren nicht selten. Zunächst lief alles wie immer. Menschen entschieden sich für Jesus, Heilungswunder geschahen. Begeistert bezeugten Menschen, was sie unter der Verkündigung und unter Gebet erlebt hatten. Blitzartig schlug die Stimmung um.

Prügel

Der Chef der Gendarmerie sorgte für einen Klimawechsel. Seine Leute begannen auf die, die Zeugnis gegeben hatten, auf dem Heimweg einzuprügeln. Während Reinhard Bonnke noch predigte, hatten Banden und Rowdys das Gesetz des Handelns an sich gerissen. Unser Büchertisch wurde geplündert. Es sah zwar alles sehr spontan aus, schien aber sorgfältig inszeniert. Und die Polizei stand dabei, schaute tatenlos zu.

Dennoch weiter

Das alles hielt uns nicht davon ab, weiterzumachen. Der nächste Abend sah immerhin noch 8.000 Anwesende. Man hatte alles getan, um die Leute einzuschüchtern. Wie in Afrika üblich, hatten wir auch das große Gefäß aufgebaut, in das die Menschen ihre Zauberutensilien werfen und verbrennen konnten. In den meisten afrikanischen Staaten ist das ganz wichtig, um den Glauben zu stärken. Gerade das brachte die Situation zum Überlaufen. Aberglaube und Angst umschließen die Sinne und die Emotionen der Menschen wie eiserne Fesseln. Die Oberen dort sahen in Reinhard Bonnke eine Art Konkurrenz. Sollte er etwa mit noch mächtigeren Göttern und Kräften in Verbindung stehen? Wozu sammelt er die Zauberutensilien ein? Will er ihnen die Macht nehmen? Bereitet er vielleicht einen Umsturz vor? Werden sie von neuen revolutionären Mächten bedroht und davon gejagt? Vielleicht noch schlimmeres? Und so stürzen sich die Soldaten auf alles, was ihnen fremd und verdächtig vorkommt. LKW, Container, das ganze Equipment werden rüde und brutal durchsucht. Schmutzige Stiefel stampfen über wertvolle und sorgfältig gepflegte

Inneneinrichtungen. Über eineinhalb Stunden dauert das Wüten und Rumwühlen. Und mitten in allem betet das Team inbrünstig und tapfer, daß das Evangelium dennoch die Herzen vieler erreicht. Der Evangelist selber läßt sich in der leidenschaftlichen Verkündigung nicht beirren. Er spricht über die Bindungen des Satans und wie man davon los kommt. Er erinnert daran, die Zauberutensilien zu vernichten. Ein unvergeßlicher Eindruck: Unten das Chaos und die Brutalität einer militärischen Gewaltaktion. Und von vorn das unveränderliche Evangelium der Liebe Gottes zu allen Verlorenen, unbeirrbar in seiner Barmherzigkeit, die einzig wirksame Antwort auf alles Elend der Menschheit.

Regierungskrise

Heute wissen wir, was eigentlich hinter den Kulissen vorgegangen war. Die Regierung war in eine schwere Krise verstrickt. Es hieß, daß ein Umsturzversuch gescheitert sei. Viele waren verhaftet worden Ein echter blutiger Volksaufstand schien bevorzustehen. Sollte das Missionswerk „Christus für alle Nationen" etwa geheimer Drahtzieher sein? Reinhard Bonnke entschloß sich schweren Herzens nach Absprache mit dem Team und den Mitarbeitern, der eskalierenden Situation Rechnung zu tragen. Ein zweites Kano sollte es nicht geben.

Scheinbarer Sieg des Teufels

Mit der lapidaren Mitteilung, daß aus Sicherheitsgründen eine normale Fortsetzung der Evangelisation nicht zu gewährleisten sei, schien die Episode „Bata" zunächst abgeschlossen zu sein. Der Evangelist würde abfliegen und Winfried Wentland wie immer abbauen, aufladen und die Ausrüstung an den nächsten Platz schaffen. Es kam ganz anders.

Die Reisepässe der Mitarbeiter, die mit dem Flugzeug kamen, waren ihnen ja abgenommen worden. Die bekam man erst bei der Ausreise wieder. Das CfaN-Team mußte lange warten, ehe es mit einer gecharterten Sondermaschine das Land verlassen konnte. Winfried und sein Kollege Martin waren aber nicht mit dem Flugzeug gekommen, sondern im Konvoi über Land. Sie hatten also ihre Pässe noch. Für sie wäre an sich die Ausreise mit der Ausrüstung ganz leicht gewesen.

Festgehalten

Aber: ihnen wird unmißverständlich klargemacht, das sie das Stadion und damit die Stadt Bata nicht verlassen dürfen. Was soll das bedeuten? Die beiden Männer sind doch nicht etwa Geiseln? Sie haben sich doch nichts zuschulden kommen lassen. Was wird hier für ein abgekartetes Spiel begonnen? Oder sollte es man auf die hohem Standard entsprechende Ausrüstung abgesehen haben?

Es hatte sich schon herumgesprochen, daß man ein „liebevolles" Auge auf die CfaN Ausrüstung geworfen hatte. Vergleichbarer Standard in Beleuchtung, Beschallung usw. konnte man sich in diesem Land nicht vorstellen. CfaNs Afrikaausrüstung und die Experten zu ihrer Benutzung gleich dabei – das wäre doch ein tolles Faustpfand.

Nervenkrieg

Was nun beginnt, kann man als Katz- und Mausspiel bezeichnen. Oder soll man von Psychoterror sprechen? Das Stadion von Bata wird zum Austragungsort einer ganz besonderen Sorte von „Wettkampf“. Konnte man schon den Evangelisten nicht ausschalten, so wäre das kostbare Equipment von CfaN eine willkommene Beute. Damit hätte sich Bata irgendwie schadlos halten können. Nadelstichartig wird Winfried nun gezwungen, den großen Laster immer wieder woanders hinzufahren. Scheint endlich ein endgültiger Platz gefunden, kommt neue Order. Das CfaN-Team hatte gewiß schon manche Schikane erlebt. Aber so etwas war noch nicht da.

Ein infamer Plan scheint diesem Nervenkrieg den zündenden Funken gegeben zu haben: Man hat dann nämlich nicht nur die Ausrüstung kassiert. Durch die vielen Fahr- und Rangiermanöver wurde das Stadion von Bata ganz schnell zu einer Wüste. Bei der ohnehin bescheidenen „Qualität“ eine echte Katastrophe. Die Spuren der schweren LKW-Räder verwandelten die Wiese in eine Ödnis. Wenn das so weitergeht, ist aus dem Stadion eine Urwüste geworden. Aber was tun? Winfried und Martin waren der Willkür und Verschlagenheit der Machthaber hilflos ausgeliefert. Und das dicke Ende kam schnell.

„Ihr habt unsere schöne Wiese mit eurem Herumfahren zerstört. Das müßt ihr in Ordnung bringen. Ihr müßt alles bezahlen.“ – Welche Infamie! Vielleicht meinten die, damit einen Rechtsanspruch auf unsere Ausrüstung zu erwerben. Die Vermutung steigerte sich fast zur Gewißheit: Man will die kostbare Technik von CfaN behalten, also rauben. Winfried und sein Mitarbeiter waren ganz allein. Sie hatten jetzt die Verantwortung für das, was mit vielen Opfern von Freunden einst hatte erworben werden können. Die Zukunft der Afrikamission stand auf dem Spiel. Inzwischen war das Wochenende da. Normalerweise hätten wir im überfüllten Stadion jetzt den Höhepunkt der Evangelisation. Die Stadt wäre erfüllt vom Reden und Danken über den Sieg des Evangeliums. Die Presse und andere Medien überkochend von guten Nachrichten. Aber auch das, was wir jetzt hatten, ist ein Stück der Wahrheit des Evangeliums. Die Menschen, die Gott gebraucht, müssen auch die Macht des Feindes spüren. Test gehört dazu – wie es in der Apostelgeschichte war, die nicht nur triumphiert, sondern die – begrenzte – Macht des Feindes genau registriert und beschreibt.

Eine Gemeinde packt an

So sitzen wir nun fest. Natürlich konnten wir uns sonst frei bewegen. Wir hatten auch die Möglichkeit, in der dortigen „Assemblies of God"-Gemeinde bei unseren Brüdern und Schwestern zu sein. Wie wichtig war gerade in dieser Situation die Gemeinschaft. Ich predigte an dem Wochenende dort über das Thema „Fürchte dich nicht – Glaube nur." Aber es gab ein noch wichtigeres und buchstäblich „Eindruck" hinterlassendes Ereignis an diesem Wochenende: Obwohl wir nichts unrechtes getan hatten, brachte die ganze Gemeinde das verwüstete Stadion wieder in Ordnung. Wir richteten auf, was umgekippt war, glichen die Unebenheiten des Bodens in mühevoller Arbeit aus. Immer wieder mußte Sand herangekarrt werden. Das Stadion wurde schöner als es je gewesen war. Man konnte sich das Schmuckstück in voller Festbeleuchtung sehr gut vorstellen. Das taten die Oberen in Bata offensichtlich auch. Das erneuerte Stadion, CfaNs Ausrüstung, das wäre leicht erworbener Ruhm für den Gouverneur.

Aber in der Hauptstadt Äquatorial-Guineas hatte sich auch was getan. Wieder einmal war die Regierung umgebildet worden. Der Sohn des Präsidenten war nun auch Kabinettsmitglied und zuständig. Ihm oblag jetzt die Genehmigung für unseres Ausreise. Für Montagmorgen wurde seine Ankunft in Bata erwartet.

Frankfurt rotiert

Der Montagmorgen kam. Wer nicht kam, war der Präsidentensohn. Auch keine Nachricht von ihm – zumindest nicht offiziell. So saßen wir also in der Falle. Man konnte sich nicht vorstellen, wie wir weiter vorgehen sollten. Was man auch macht, Fehler und damit eine Katastrophe waren immer inbegriffen. Gott sei Dank konnten wir telefonieren. Und die Missionszentrale in Frankfurt/Main begann zu rotieren. Der dortige Geschäftsführer, Siegfried Tomazsewski, ist bekanntlich nicht auf den Mund gefallen. Schwäbisch gründlich, mit rollender Eloquenz leitet er nicht nur Großversammlungen, sondern kann auch verhandeln. Im Umgang mit „hohen Tieren" leidet er nicht an Komplexen. Und so glühten die Drähte – oder besser gesagt – bebten die Ätherwellen. Die in Frage kommenden Botschaften, Ministerien wurden schnell wach gemacht. Handeln war gefragt.

Wir lernten mal wieder die afrikanische Grundlektion: Warten und dennoch nicht untätig bleiben. Wir wußten uns getragen von starken Armen der Fürbitter in der ganzen Welt. Inzwischen kannten alle unsere Freunde in der ganzen Welt unsere menschlich hoffnungslose Situation. Gaby und die Kinder, unsere Gemeinde, das Büro in Frankfurt und Sacramento wurden zu Gebetshauptquartieren. Und die Assemblies-Gemeinde in Bata hatte uns am Wochenende in einem beispiellosen Einsatz unterstützt und war auch jetzt – für uns da. So gefährlich und bedrohlich unsere Situation war, wir waren geborgen in den Armen Jesu. Der Präsidentensohn hatte uns versetzt, unser Herr aber war da. Vor allem behalten wir unsere Ausrüstung jetzt ständig im Auge, argwöhnisch verfolgt von unseren Peinigern. Sie bewegten sich ja auch frei. Man könnte uns irgend etwas einschmuggeln, Rauschgift oder dgl., um etwas gegen uns in der Hand zu haben.

Psychoterror

Nichts bleibt uns erspart. Nachts werden die LKW-Wachen durch ständiges Klopfen terrorisiert. Man streicht um unsere Fahrzeuge herum wie Raubtiere, die auf Opferjagd sind. Es ist fast unerträglich. Zu was mögen die noch fähig sein? Winfried gelingt es, den spanischen Botschafter zu konsultieren. Spanien nimmt in diesem Land auch die deutschen Interessen wahr. Der Botschafter bewertet die Lage als sehr ernst. Er kennt sich aus mit der besonderen Situation in diesem Land. Er hat letztlich nur einen Rat für uns: Ruhig und gelassen bleiben, sich nicht provozieren lassen.

Leicht gesagt. Winfried und die Christen befinden sich in diesem Teufelskreis wirklich ganz unten in der Höhle des Löwen. Das ist nicht so schlecht, wenn man die Geschichte von Daniel, dem großen Propheten in Babylon kennt. Über allem der Herr selbst. Die Direktverbindung zu ihm ist ja nicht gestört. Aber Gott bedient sich auch der Helfer. Alle Dinge wirken jetzt in Bata zusammen, um Gottes Dienern und der Sache des Herrn zum Besten zu verhelfen. Da ist das CfaN-Hauptquartier in Deutschland, das inzwischen seine Fühler nach überall ausstreckt, wo man helfen kann. Auf der Stadt in Afrika mit ihren 70.000 Einwohnern, von denen so viele in wenigen Tagen erlöst und geheilt wurden, ruht jetzt die Aufmerksamkeit der spanischen Botschaft, des Auswärtigen Amtes in Deutschland, der UN, der Botschaft in Paris und auch wichtiger Leute in den USA.

Der, der alle Probleme durch sein Machtwort lösen könnte, bleibt verschwunden. Der Präsidentensohn kommt nicht. Bei allem Vertrauen auf Gott, man kommt sich vor, wie in einem Schlangennest ohne Ausgang. Wird man erdrückt oder vergiftet? Der Verdacht erhärtet sich, daß man in Malabo, der Hauptstadt des Staates, nichts weiß von der Situation in Bata. Wenn es so weiter geht, dann kocht der Topf bald über. Wer weiß schon, welche Rivalitäten und Machtkämpfe hinter den Kulissen toben. Da scheinen sich einige neue Putsche vorzubereiten. Plötzlich kommt vom Außenminister die Order, uns gehen zu lassen. Na also. Aber der Gouverneur von Bata weiß von nichts - also Kommando zurück: Allen Frust kann man wieder auf uns abladen. Der Außenminister explodiert in einer Schimpfkanonade. Durch die ganze Woche hindurch zieht sich dieser Terror. Wir spüren nicht viel von all dem, was hinter dem Kulissen vor sich geht. Uns bleibt Glauben, Beten und Handeln. Jemand hat mal gesagt: Unser geistliches Leben darf keine Schlagseite bekommen. Wir verfallen oft in hektische Aktivität, wo wir beten sollten. Gelegentlich aber verstecken wir uns hinter viel Gebet und „Gott fragen", wo wir handeln sollten. Das kann man von Bata wirklich nicht sagen. Hier kam beides zusammen. Entsprechend auch das Ergebnis. Zunächst aber eskalierte die Situation. Wann und wie würde sich die Spannung entladen?

Die Ereignisse überschlagen sich

Der Freitag war gekommen. Und am Vormittag überschlagen sich plötzlich die Ereignisse. Winfried telefonierte wieder mir Siegfried Tomazsewski in Frankfurt, der durch seine vielfältigen Kontakte „Entwarnung“ signalisierte. Da heißt es von der Gendarmerie „So schnell wie möglich den LKW aus dem Stadion fahren. Schnell, schnell!“ Aber wohin? Welche neue Finte mag dahinter stecken? Der Außenminister drückt seinen Daumen nun auf den Gouverneur von Bata. Für den und seine Leute ist das natürlich ein Riesenprestigeverlust, der ihm das Gesicht raubt. Das Ende seiner Karriere wäre noch das mindeste, was ihm passieren könnte. Verzweifelt kämpft der Mann, wie ein im Sumpf Ertrinkender. Jetzt plötzlich heißt es, die Papiere seien nicht zu finden, die seinerzeit hinterlegt worden waren. Die Situation war da. Einer hat vor dem anderen Angst. Jeder will sich hinter jedem verstecken. Bürokratie und Brutalität unterscheiden sich nirgends in der Welt voneinander. Immer wichtiger wird für uns, daß wir nicht nur unsere Papiere zurückbekommen. Wir brauchen auch ein offizielles Schreiben. Wenn schon nicht vom Präsidenten oder seinem immer angekündigten aber nie erschienenen Sohn, dann aber mindestens vom Gouverneur von Bata.

Aber der will nichts herausrücken. Er hat Angst vor denen auf der 300 km entfernten Hauptstadtinsel – Seine Untergebenen wiederum trauen sich nicht an ihn heran. Was tun? Winfried wird klar, wir lassen uns nicht länger wie eine Kuh mit dem Ring in der Nase durch die Gasse jagen. Wir holen uns, was wir brauchen und was uns auch zusteht.

In der Apostelgeschichte Kapitel 16 lesen wir vom Gefängnisaufseher in Philippi und der Erweckung, die in seinem Kerker ausbrach. Ab Vers 23 finden wir den Bericht. Große Wunder waren geschehen. Wenn die Mauern des Hauses auch stehenblieben, das erwähnte Erdbeben konnte sie nicht zerstören, die Menschen, bei denen das alles geschah, waren von Grund auf neu geworden. Der Heilige Geist hatte an den Fundamenten römischer Gesetzesordnung gerüttelt. Allein die Vorstellung, daß eine solche Staatsinstitution nun von wiedergeborenen Christen geleitet wird, ist revolutionär. Also will man dort die Christen schnellstens loswerden. Diese Order läßt man durch untergeordnete Chargen überbringen. Geht! Ganz schnell! Aber Paulus und Silas lassen sich so nicht abspeisen. Die, die sie in diese Lage gebracht haben, mögen bitte auch die Konsequenzen tragen. Sie sollen selbst diese Geschichte zu einem guten Ende bringen. Und die beeilen sich, entsprechend zu verfahren. Würdig und mit angemessener Höflichkeit werden die Diener Christi verabschiedet. Ein Stück echter Gesellschaftsveränderung schon in biblischen Zeiten.

Zurück nach Bata

Winfried und Martin werden sich also das Schreiben selbst holen. Ganz schnell und direkt. Dann kann sich der Gouverneur nicht mehr verleugnen lassen. Wie sich doch die Bilder von Amtsstuben gleichen! Irgend etwas kommt immer gerade dazwischen. Korruption und Feigheit scheinen eine weltweite Krankheit zu sein.

Und es zeigt sich doch tatsächlich, daß Gottes Timing sekundengenau funktioniert. Wir passen den Gouverneur gerade ab, als er das Haus verlassen will. Na sowas! „Ach, das Schreiben...."
Es liegt selbstverständlich bereit. Der Chef von Bata konnte zwar nicht mit der Freude eines erlösten Christen einen fröhlichen Lobpreis bringen. Aber irgendwie schien es, als wenn Batas gesamte Hierarchie hörbar aufatmete, – etwa nach dem Motto: Die sind wir erstmal los! Und dann erdreistet man sich noch zu einer Bemerkung: Wir hoffen, daß sie eine gute Zeit hatten! „Sei's drum!"

Nun geht alles Schlag auf Schlag! Wir vom CfaN-Team fühlen uns wie von einer Riesenwoge der Dankbarkeit emporgehoben. Im Hotel halten wir eine Lobpreisversammlung ab. Immer mehr Leute, die uns von den zwei Evangelisationstagen kannten und danach alles verfolgt hatten, kommen herzu. Viele hatten Gott in besonderer Weise erlebt. Einerseits hätten sie uns wahrscheinlich am liebsten festgebunden, andererseits mußten sie uns drängen: Beeilt euch! Rettet euer Leben! Ehe es sich jemand wieder anders überlegt. Winfried sagt. „Gott wird noch große Wunder tun. So wie er den blinden Mann sehend gemacht hat."

Die Menschen von Bata hören – vorläufig – zum letzten Mal ein Wort vom CfaN-Team. Der Satz, den Winfried Wentland prägt, wird hängenbleiben: Fürchte dich nicht, glaube nur! und nicht: Fürchte dich viel, glaube wenig!

Wir müssen noch von dem „schwitzenden" Augustin berichten. Er war einer von denen, der eigentlich Brückenbauer in den Amtsstuben Batas sein sollte – und sich nie traute. Er schwitzte dann vor Angst. Es sah aus, als stünde er dann unter einer Dauerdusche. Er hatte unter unserer Gegenwart schwer zu leiden. Nun aber, wo fast alles geklärt war, wollte er uns unbedingt zur Grenze Kameruns begleiten. Natürlich ließen wir das zu. Durch ein Spalier von dankbaren, weinenden und lachenden Menschen, die uns durch ihr Verhalten bewiesen, daß unser Dienst in Äquatorial-Guinea letztlich doch gesegnet und fruchtbar war, verließen wir das Land. Und Augustin konnte noch einmal – nun vor Freude – schwitzen, denn an der Grenze traf er seinen Onkel, der überraschend nach dort versetzt wurde, wieder.

12 dramatische Tage waren zu Ende. Das Jahr 1998 hatte für CfaN und das Team spannend begonnen. Die Macht des Feindes hatten wir hautnah verspürt. Um so bewegender und erhebender dann das Bewußtsein, gerade auch in solchen Situationen in Jesu Hand zu sein, aus der uns niemand und keine Macht der Welt reißen kann. Und die Tränen der Dankbarkeit, die uns wie Abschiedsblumen gestreut wurden von den vielen, die Jesus erlebt hatten, schienen uns wie eine Saat auch für die Zukunft der so schwer geprüften Einwohner des Landes. Die Freudentränensaat von Bata wird der Anfang einer reichen Freudenernte sein.

In Bata selbst blieb nach unserem Weggang bis jetzt alles ruhig. Die Assemblies of God-Gemeinde plant demnächst einen eigenen Evangelisationsfeldzug im Lande und betet intensiv um Gottes Führung. Preis dem Herrn. Hier schließen wir nun den Bericht über die Wentlands vorläufig ab. Auch im Januar 1998 galt wie so oft:

Sie waren dem Tod knapp entronnen!

Einige grundsätzliche Fragen an Winfried Wentland

Gibt es grundsätzliche Unterschiede zwischen den Afrikanern – soweit du sie in ihrer Verschiedenheit kennengelernt hast – und den Zentraleuropäern?

Ich meine sagen zu können, daß der Afrikaner dem Evangelium unbefangener und grundsätzlich aufgeschlossener gegenübersteht als der durch „Aufklärung“ u.ä. skeptisch gewordene Zentraleuropäer. Gerade in Nigeria ist das gesamte öffentliche und kulturelle Leben geprägt durch z.T. Jahrtausende alte religiöse und stammesgeschichtliche Besonderheiten. Bei aller Verschiedenheit des in den nördlichen Landesteilen, in den Savannen um Kano herrschenden Islam, der sich in den entsprechenden Festen und staatlichen Anlässen in aller Buntheit und Pracht entfaltet und der Naturgöttervielfalt um Lagos im Süden hält alle eine tiefe, wenn auch angsterfüllte Religiosität zusammen. Das Böse und das Gute verkörpert sich für die Menschen eben personal letztlich in Gott oder den Göttern und dem Teufel und Dämonen.

Selbst die in unseren Augen primitive Beseelung aller Naturvorgänge als unmittelbare Auswirkung von nicht durch Opfer und dgl. besänftigten Naturgottheiten, macht sie empfänglich für das Übernatürliche. Atheismus in unserem Sinne ist ihnen grundsätzlich fremd, obwohl sie sich längst gerade im südlichen Nigeria als tüchtige, hochintelligente, moderne Menschen zeigen. Ein glaubwürdig verkündigtes und gelebtes Evangelium führt sehr schnell zu konsequenter Nachfolge und leidenschaftlich aus ihrer reichen kulturellen Tradition gestalteten christlichen Gottesdiensten.

Man hat bei uns viel über schreckliche, noch aus mysteriöser Vergangenheit stammenden Ritualen gehört. z.B. die Beschneidung der jungen Frauen. Was bedeutet das für die Missionsarbeit?

Ein fast unlösbares Problem. Wir kennen und wissen es nicht nur aus der Seelsorge. Es ist aber Teil ihrer Kultur und Tradition. Den Jahrhunderte dauernden Fehler, Evangelisierung und Mission zu verbinden mit dem Überstülpen unserer zentraleuropäischen Geschichte und Praxis wollen wir nicht wiederholen. Deshalb mischen wir uns nicht ein. Wir glauben aber fest, daß sich diese entsetzliche Unsitte im Lauf der Zeit allmählich von selbst ändert. Die bevollmächtigte und durch Kraft und mitfolgende Zeichen begleitete Verkündigung des Evangeliums hat immer ihre Früchte getragen, aber eben in einer Entwicklung, die erfahrungsgemäß mindestens über drei Generationen geht.

Wie macht sich der Einfluß von Sitten und Kulturen noch bemerkbar?

Diese Frage kann man fast nicht fair beantworten. Man muß immer differenzieren. Oft erweisen sich uns als seltsam bis skurril erscheinende Sitten als Spiegelbilder einer tief empfundenen Ehrfurcht vor den Gesetzmäßigkeiten von Tod und Leben. Ich denke da z.B. an die für unser Verständnis schockierende Sitte des Trinkens vom Badewasser Verstorbener. Leider beweisen die vielfältigen Totenkulte eben immer wieder die Angst vor dem, was danach kommt.
Dieser Kontrast zwischen aufrauschendem modernen Leben und Technik etwa in Lagos, Kinshasa, Abidjan und ähnlichen Großstädten (z.B. Kaduna) macht die Missionsarbeit zu einer Herausforderung aber auch zu einem Abenteuer, von dem man zuhause fast nichts geahnt hat. Gaby und ich lieben nicht nur die Afrikaner – ob Mitarbeiter oder was immer – sondern haben großen Respekt. Sie strahlen eine Würde

und natürliche Autorität aus, als wollten sie die Sklavenzeit ihrer Vorfahren ausgleichen. Würde es ihnen einmal gelingen, in der Welt mehr Einfluß zu gewinnen – ihr Reichtum an Geschichte, Kultur gegründet auf einem mit heißer Leidenschaft gelebten Christentum – man kann kaum ahnen, was der Welt dann bevorstünde.

Gelegentlich hört man den Vorwurf, daß Ihr Euch zwar um das Seelenheil der Menschen kümmert. Was ist aber mit materieller und karitativer Hilfe? Gerade Ihr, wenn Ihr durch Dschungel und Wüste reist, bekommt das doch hautnah mit. Wie steht es also mit diesem Problem?

Ich könnte sehr banal antworten: Andere bauen Krankenhäuser, wir predigen das Evangelium. Aber so einfach ist das nicht. Diakonie ist ja nicht nur ein biblisches Wort, sondern eine selbstverständliche Ergänzung des Evangeliums. Ein wesentlicher Teil unseres und anderer Einsatz dient ja den Menschen und ihren unmittelbaren Bedürfnissen an Nahrung, Kleidung, Wohnraum, Bildung usw. Aber: Es gehört dazu. Herz und Seele des Missionsauftrages ist und bleibt Verkündigung des Evangeliums. Die Afrikaner aller Schattierungen, Rassen, Stämme und religiöser Unterschiede haben eines gemeinsam: Sie sind verloren, wenn sie nicht Jesus Christus angenommen haben. Dasselbe gilt ja auch für uns alle, ohne Ausnahme. Deshalb liegt auch in unserem diakonischen Dienst aller Nachdruck auf dem, was man Subsidiarität nennt, d.h. Hilfe zur Selbsthilfe. Genau das versuchen wir – neben der oben beschriebenen Hauptsache: Wir helfen, daß sie sich selbst helfen können. Und das geschieht dann auch, oft in erstaunlich kurzer Zeit. Nichts aber ersetzt die vollmächtige Verkündigung. Dadurch verändern sich ganze Landstriche. Dieses rohstoff- und ressourcenreiche Afrika wird sich so seines größten Schatzes bewußt: seiner Menschen. Sie können eine Hoffnung für künftige Weltentwicklungen sein. Vor allem sind sie kostbare Juwelen in der Hand Gottes. Wenn ich von vollmächtiger Verkündigung rede, dann schließt das auf jeden Fall Zeichen und Wunder an Geist, Seele und auch dem Leib ein.

Nun besteht ja gerade Dein und Gabys Dienst in Afrika nicht in reinem Verkündigen. Ihr sorgt ja – wenn man will – auch „hinter den Kulissen“ dafür, daß die großen Evangeliumsfeldzüge überhaupt funktionieren. Dennoch habt Ihr auch eine ganz eindeutige Verkündigungs- und Seelsorgeaufgabe. Überfordert das nicht manchmal?

Keineswegs. Im Gegenteil. Ich sehe unsere Berufung in drei Aspekten.

1. Berufungsgewißheit

Die ist uns - jedem in seiner Art und zu seiner Zeit - zuteil geworden. Gewißheit verleiht auch Fähigkeit zu vielem. Wir analysieren und bohren nicht ständig, wenn sich Tätigkeiten ergeben, mit denen wir vielleicht vorher nicht gerechnet hatten, wenn sich Pflichten so häufen, daß man ins Trudeln kommen könnte. Wir beten, lassen uns vom Heiligen Geist leiten und setzen Prioritäten. Wir merken dabei, daß ohne ein starkes Team nichts mehr funktionieren würde. Mitarbeiter, die zuverlässig und geistlich stark sind , sind unentbehrlich.

2. Berufungstreue

Auch im kleinsten treu zu sein, viel Geduld zu haben, was zum gegebenen Zeitpunkt dem Glauben Flügel verleiht, wenn er besonders gefordert ist. Diese Berufungstreue schenkt einem auch immer wieder diese ganz besondere Erfahrung. Ich nenne sie mal Berufungstreue.

3. Berufungsgnade

Da erlebt man dann die Frucht und Erhörung der Gebete. Die Zeichen und Wunder, die einem bewußt machen, welche Gnade es ist, diesen Dienst für Jesus und für Menschen zu tun. Diese Prinzipien gelten übrigens in fernen unbekannten Kontinenten genau so wie daheim. Gaby und ich dürfen beides schon in verhältnismäßig jungen Jahren genießen. Dafür danken wir dem Herrn.

Worin seht ihr die Unterschiede zwischen der gesellschaftlichen Situation Europas und der Afrikas?

Beide Kontinente sind in ihrer Struktur, im Wesen und Eigenart sehr unterschiedlich geprägt und bewohnt. Von der dichten Bevölkerung Europas zu der endlosen Weite der Wüste Sahara oder des Landes Botswana mit seiner Kalahari. Ausgenommen sind einige bevölkerungsdichte Länder wie Nigeria mit ca. 120 Mio. Einwohnern und die Hauptstädte der jeweiligen Länder, die ein entsprechend großstädtisches Bild entstehen lassen. Trotz der weiten dünnbesiedelten Gebiete trifft man überall Menschen, die sich in Familien- und Sippenverbänden auf dem ganzen Kontinent niedergelassen haben. Ein Familienverband wird immer zusammenhalten und sich auch gegenseitig in jeglicher Hinsicht unterstützen. Finanziell bei Tod und Krankheit ist Hilfeleistung verpflichtend für jedes Familienmitglied. Keiner kann ausscheren und sich anderen Formen der Gesellschaft und Kulturen zuwenden, ohne daß er den Schutz, die Annahme und das Verständnis in der Familie aufs Spiel setzen würde.

Jeder erkennt die Autorität des Familienoberhauptes an und würde notfalls alle ihm zur Verfügung stehenden Mittel einsetzen, um Schaden von seiner Familie und Sippe abzuwenden.

Es gibt keine Altersversorgung, keine Krankenversicherung, kaum Haftpflicht und Unfallversorgung, die das persönliche Leben schützen und regeln, sondern es wird alles im Familienverband aufgefangen und versorgt. Wenn jemand Arbeit hat und Geld verdient, so ist es Geld, das er für die ganze Sippe mitverdient und auch dort zum Teil abgeben muß, wenn Not da ist. Keiner kann sich aus der Familienversorgung herausnehmen, weil er ein Teil der Großfamilie ist. Familie versteht man nicht nur so wie bei uns mit Vater, Mutter und Kindern, sondern wird erweitert auf die anderen Verwandten, Onkel, Tanten, Großeltern und anderen Frauen des Ernährers und Zeugers der Familie. So kann es zu Großfamilien kommen, die bis zu 1000 (eintausend) Familienmitglieder zählen. Da Männer mehrere Frauen „besitzen" dürfen, kommt es nicht selten vor, daß Väter zwischen 30 und 60 Kinder haben. Ich habe von Fällen gehört, wo ein Vater 496 Kinder von 69 Frauen hatte, die alle zu seinem engsten Familienkreis gehörten.

Da Frauen in einigen Ländern immer noch verheiratet werden und auch von ihrem Mann „bezahlt" werden müssen, betrachtet man sie als Besitz und kann über sie verfügen, wie man will. Kinder werden als eine „Altersversorgung" gesehen und man ist froh, wenn die Frau viele Kinder bekommt.

In den Städten Afrikas hat sich das Bild dieses herkömmlichen Zustandes stark verändert, aber in den Köpfen der Menschen herrscht es immer noch vor.

Geistliche Situation Europas und Afrikas

Der Glaube eines Afrikaners ist seit seiner frühen Kindheit im Elternhaus mitgegeben. Er wächst mit der Vorstellung und Gewißheit auf, daß es auch für ihn unsichtbare Götter gibt. Es ist nicht schwer für ihn zu glauben, daß außerhalb seines Wahrnehmungsbereiches auch noch andere Geister da sind, die ihn bestimmen, z.B. Medizinmann, Okkultbereich. Im Europa der materialistischen Anschauung ist uns das Bild von Gott abhanden gekommen. Erst in jüngster Zeit erinnert man sich daran und sucht über verschiedene Wege wieder zu sich selbst und zu Gott zu finden. In Afrika glaubt fast jeder an Gott und den Teufel. Diese Begriffe müssen in den meisten Ländern nicht erst erklärt werden, sondern sie sind im Bewußtsein des Menschen vorhanden. Himmel und Hölle sind bekannt. Sie müssen nur auf die Tragweite des Evangeliums hingewiesen werden, und die Liebe Gottes kann ihre Herzen erreichen.

Zukunft Europas und Afrikas

Beide Kontinente haben ihre eigene Erfahrungen der Befreiungen aus Menschenhand machen müssen und beide Kontinente brauchen die Erlösung, die nur Jesus geben kann. In Afrika hat die Missionierung eine totale Änderung des geistlichen Verständnisses gebracht. Menschen sind erlöst worden von ihrer Angst vor dem Medizinmann und den Flüchen, Angstzuständen, in denen sie gefangen waren, und haben erlebt, wie Gott sie geheilt und ihnen eine Freudigkeit ins Herz gegeben hat, die ihnen keiner mehr rauben kann. Ihr einfacher Glaube an Gott ermöglicht ihnen, die Wunder Gottes zu erfahren.

Dem Glaubenden gibt Gott Gnade und hilft ihm. Wie kann man es sich sonst erklären, daß so viele Menschen eine Hinwendung - Bekehrung erleben und darüber hinaus von Krankenheilung bis zur Totenauferstehung in ihren Gemeinden frühapostolische Erfahrungen machen, die ihr ganzes Leben prägen. Gott ist für sie nicht ein Ersatz für verlorengegangene Religion, sondern Gott ist für jeden Realität, die man in seinem eigenen Leben erfahren darf, der ihnen in ihrer täglichen Arbeit hilft, zu dem man kommen darf, nicht nur wenn Probleme da sind, sondern man findet sich oft in täglichen Gebetsgemeinschaften zusammen und hat untereinander Gemeinschaft.

Für uns Europäer ist Gott oft nur ein Begriff aus dem Lexikon und für manchen Gläubigen nur ein Ansprechpartner in Not, wenn alle Absicherungen, die er getroffen hat, nicht mehr helfen. Gott möchte uns immer begegnen, und er möchte Gemeinschaft haben mit uns. Wir wollen unserer Gesellschaft Jesus, seinen Sohn, nicht vorenthalten und ihn über unsere Sozialprogramme setzen, wir wollen ihn wieder Herr in unserem Leben werden lassen, der unser Leben bestimmt und uns die Freude und den Frieden gibt, nach dem sich unser Herz sehnt, aber nicht ohne ihn findet.

Ich glaube an eine Erneuerung, die auch neue Wege gehen wird, um Jesus uns Menschen in Europa wieder neu vorzustellen und erleben zu lassen. Es muß wieder von unseren Kanzeln verkündet werden, daß eine Menschheit wartet, die wieder zu Jesus zurückgeführt werden kann.

Ich glaube an die gleichen Auswirkungen, die wir in Afrika gesehen und erlebt haben, daß wir sie in Europa auch erleben werden. Obwohl Gott nicht kopiert und wir andere Erfahrungen in Europa machen, werden die Ergebnisse die gleichen sein, – Menschen werden gerettet und ewiges Leben bekommen, Kranke werden gesund durch die Kraft Gottes, die sie anrührt, sie werden durch Glauben Dinge erleben, die man früher nur in Missionsberichten gelesen hat, aber nun mit eigenen Augen sieht. Manche werdenumkehren und Jesus finden, andere werden das gleiche sehen, aber ihr Herz verschließen und so bleiben wie sie sind.

Jesus muß man persönlich erfahren und annehmen, damit eine Veränderung im eigenen Leben eintritt.

Reinhard Bonnke:
Die Taufe im Heiligen Geist
34 Seiten
Nr. 5671.30328
DM/sFr 3,50 ÖS 28,-
auch in Englisch erhältlich:
The holy spirit baptism
27 pages
Nr.5671.31152
DM/sFr 3,50 ÖS 28,-

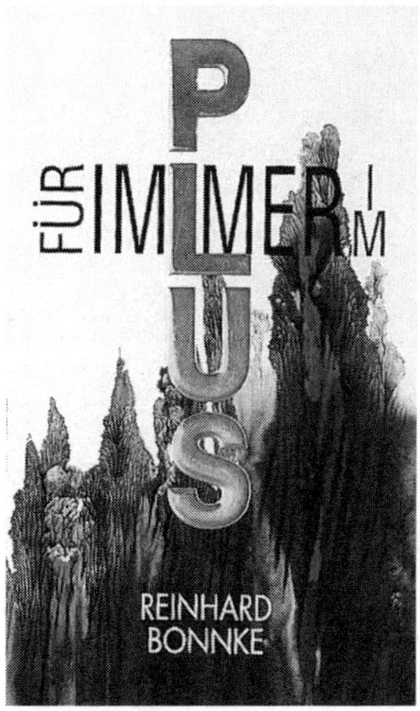

Reinhard Bonnke:
Für immer im Plus
26 Seiten
Nr. 5671.30111
DM/sFr 3,50 ÖS 28,-
Titel mit Mengenpreisen

Afrika Nordwest

Tunis
TUNESIEN
Mittelmeer
Tripoli
Banghaz
Alexandria
Kairo
LIBYEN
ÄGYPTEN
A
Djauf
Assuen
NIGER
Port
Rotes Meer
Faya
Agades
TSCHAD
Khartum
Asmera
Zinder
Tschad-See
El Fashir
N'Djamen
Maiduguri
SUDAN
Sarh
Addi
Wau
ÄTH
ZENTRALAFRIKANISCHE REPUBLIK
KAMERUN
Douala
Yaounde
Bangui
Djuba
Turkana-S.
UGANDA
Bat
Kisangan
Kampal
KENIA
Libreville
GABUN
KONGO
ZAIRE
Victoria
RUANDA
Kigal
Nairob
BURUND
Bujumbura
Brazzaville
Pointe-
Kinshasa
Lake Tanganyika
TANSANIA
GOLA
Kananga
Kalemie

Reinhard Bonnke:
Manifestationen
280 Seiten
inkl. 16 Fotoseiten
Nr. 5671.30320
DM/sFr 22,80 ÖS 167,-
auch in Englisch
erhältlich:
Mighty Manifestations
190 pages
Nr.5671.31320
DM/sFr 19,80 ÖS 139,-

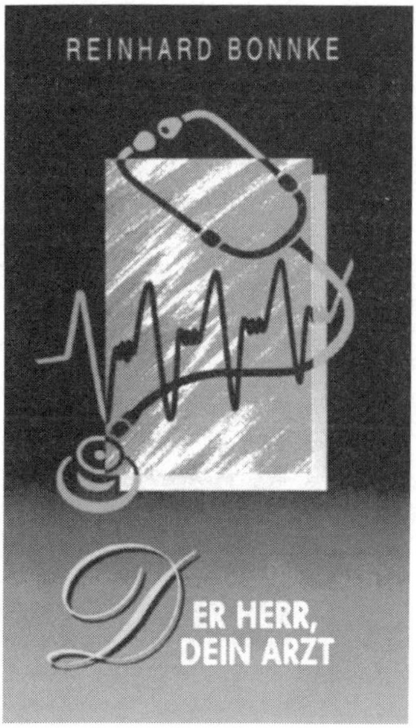

Reinhard Bonnke:
Der Herr, dein Arzt
23 Seiten
Nr. 5671.30321
DM/sFr 3,50 ÖS 28,-
auch in Englisch
erhältlich:
The Lord your healer
22 pages
Nr.5671.31324
DM/sFr 3,50 ÖS 28,-

Reinhard Bonnke:
Vor allem Fürbitte
32 Seiten
Nr. 5671.30325
DM/sFr 3,50 ÖS 28,-
auch in Englisch
erhältlich:
First of all intercession
26 pages
Nr.5671.31113
DM/sFr 3,50 ÖS 28,-

Reinhard Bonnke:
Wenn das Feuer fällt
272 Seiten
Nr. 5671.30002
DM/sFr 18,80 ÖS 138,-
auch in Englisch
erhältlich:
Evangelism by Fire
253 pages
Nr.5671.31002
DM/sFr 18,80 ÖS 132,-
Auch auf Audio
und Video erhältlich.

Reinhard Bonnke:
Unterscheidung
26 Seiten
Nr. 5671.30323
DM/sFr 3,50 ÖS 28,-
(Auszug aus dem Buch
Manifestationen)

Reinhard Bonnke:
Die Salbung
22 Seiten
Nr.5671.30326
DM/sFr 3,50 ÖS 28,-
(Auszug aus dem Buch
Manifestationen)